餘韻研究叢書 117

人性新論

蔡輝振 著

Family Sky 天空數位圖書出版

自 序

筆者自幼，即因家逢變故而流浪他鄉，深知願望之實現有賴學問為基礎，故而進入半工半讀的夜校生涯。在兩度鳳凰花開，驪歌高唱時，完成了大專學業。畢業後即致力所學，將電腦的技術運用於吾人日常生活中，其作品並榮獲德國、美國兩大國際發明展大賽之〝金牌獎〞，以及瑞士日內瓦國際發明展大賽之〝銀牌獎〞，同時入選為中華民國中山技術發明獎的〝得主〞。在形而下之應用科學上雖稍有所得，然對形而上之哲學思想卻無緣一窺堂奧，難免令人遺憾。況哲學為萬物之本源，而應用科學則為其末端，哲學領導科學，倘使無法進入哲學領域，捨本而逐末，應用科學的發展必然有限，這也是筆者由理工轉向研究哲學的原因。

八一年秋天，家兄彰師大教授適應教育部之聘，來港聯教中心講學，筆者亦追隨前來並順利考進香港一所哲學研究所就讀。求學期間，承師長啟蒙，尤其是牟宗三教授，始能踏入哲學領域一探究竟，並對〝人性問題〞產生濃厚興趣。筆者是在一個備受欺凌的環境中長大，親身經歷過無數的人性善惡問題，每當憶起童年往事，真不堪回首。人性到底是善抑是惡呢？這個問題始終在筆者腦海裡環繞。然天下有什麼事比親身經歷更為真實，更讓人深信不移，那種感受有如寒天飲冰水，點滴在心頭，雖然有些問題是無法用科學方法來印證。

姑且不論人性的善惡為何？孟子性善論下的倡仁義、崇禮治，荀子性惡論下的倡刑賞、崇法治或西方柏拉圖的至善論、理想國等，均已歷經二千多年的實踐，然大同之治依舊不可得，這其中必有問題存在，實值得吾人去探討、去研究。

筆者進入哲學領域為時甚短，亦深知以此已歷經二千多年，中西前哲一直不斷探討、研究，至今仍無定論的人性問題來作為研究對象，恐有不自量力之嫌。然筆者如此只緣於執著那一份興趣，勉之為之而已，故文中缺失，在所難免，還望先輩提攜指教。最後謹向愛護我的師長，尤是我的業師卓播英博士、瞿毅老師、家兄，以及其他幫助過我的人致敬。

本書係以筆者之碩士論文《人性、環境、行為之互動說》為基底，後隨著研究的深入，以及個人的體悟，而有所新發現，故曰《人性新論》。特此交代！

蔡輝振 寫於臺中望日臺

2023.春節

摘　要

本書以〝人性新論〞為題，嘗試對已歷經數千年來中西前哲一直衷於研究，至今還未能定論之〝人性問題〞提出看法。並以科學說這個角度來加以探討，先從生命的起源、人類的進化，以至人性的形成說起，以確立人性為後天環境所塑造。再從人性與環境、行為的關係加以研究、分析，以建立三者互動的架構理論，從而確認人類的先天本性，就是〝性私〞。

本文採用〝文獻分析法、批判法，以及演繹法、歸納法〞並用，先行蒐集與研究有關的基本文獻、各家學說資料，並將所得資料予以評估其真實性與價值性，逐篇引述分析、批判，以及演繹歸納來論證，以求獲得結論。全文共分七章，其步驟為：

第一章　緒　論：本章係在敘述筆者之研究動機與目的、研究方法與步驟、研究範圍與限制、名詞概念與釋義，以及文獻檢討與回顧。

第二章　生命的起源：本章係在探討人類最原始生命的起源，一為宗教說；二為哲學說；三為科學說。

第三章　人類的進化：本章係在探討人類的進化過程，從物質演化時期至物種演進時期，再從物種演進時期邁向人類進化時期三個階段。

第四章　人性的形成：本章係在探討人性是如何形成

的，一為上帝旨意說；二為與生俱來說；三為環境塑造說，先從前哲之人性論史來加以分析、批判，後提出己見，以確立人性為後天環境所塑造。

第五章　人性與環境、行為的關係：本章係在分析人性、環境、行為三者相互的因果循環關係，從人性與環境的關係，人性與行為的關係，以及環境與行為的關係探討起，以建立三者互動的架構理論。

第六章　人性的性私：本章係在分析人性的私性是如何形成，並從生存的需求，人性的慾望，以及人性的惻隱依序探討，以確認人類的先天本性，就是〝性私〞。

第七章　結　論：本章係在總結以上所論。

本文研究結果，人性雖由環境塑造而成，仍需藉行為表現，方能識得。而行為能否在環境中充分表現，又會影響人性的發展，於是人性、環境、行為三者，便構成互動的關係。環境塑造了人性，人性表現於行為；行為可改變環境，環境可控制行為；行為可制約人性，人性可影響環境。任何一方的改變，皆會引起另外二方相對應的變化，控制一方即可預測或改變其結果，三者互動的架構理論成矣！，並發現孟子所主張的〝性善說〞非人類的本性，從人類的自然屬性言，人類的先天本性，就是〝性私〞。然要說其善惡，必須加上人類的社會屬性才可以論斷，符合當時的社會道德標準者，即是〝善〞；不符合當時的社會道德標準者，即是〝惡〞。

關鍵詞：人性、環境、行為、互動、性私、哲學。

Summary

This paper, which entitled "The interactions between human nature, environments, and behaviors", attempts to examine the questions of human nature. For the questions of human nature, many philosophers both from East and West have dedicated themselves to this research area for thousands of years; however, it remains undetermined. Therefore, this paper discusses this topic via three steps: first, this paper begins with the viewpoint of the formation of acquired environments. This part consists of three aspects including the origin of life, the evolution of human, and the formation of human nature. All of which is to demonstrate that human nature is shaped by acquired environments and surroundings. Second, this paper analyzes the relationship between human nature, environments and behaviors to establish a frame structure theory of how these three concepts would interact among them. Third, this paper proposes the solutions to questions mentioned in the beginning shall refer to economy, education, and the law. As a result, this paper attempts not only to meet the basic needs of human survival, but also to transform our environments and to regulate behaviors. In time, we will be able to achieve the ideal of great harmony with human nature.

The research methods used in this paper involves: text analysis, criticizing methods, deduction, and induction. First, this paper collects and reviews relevant literature, references, theories, and then assess their authenticity and values. Next, this paper examines individual reference critically as well as applies deductive and inductive methods to analyze them in order to reach a conclusion. The full text is divided into seven chapters:

Chapter 1 Introduction: This chapter describes the motivations and research purposes of the author. It also consists of the research methods and steps; the scope and limitations of this study; the concept of proper nouns and their interpretations; and the literature review in this chapter.

Chapter 2 The origin of life: This chapter is about the origin of the most primitive life of mankind, which regards religious aspect, philosophical aspect, and scientific aspect.

Chapter 3 Evolution of Mankind: This chapter discusses the evolutionary process of human race, which involves from material evolution to species evolution; then from species to human evolution.

Chapter 4 The formation of human nature: This chapter is in the discussion of how human nature has been formed. It suggests that there are three theories for this issue: first, it is formed by God's will; second, it is innate to human; third, it is shaped by environments. This chapter analyzes previous study of history of human nature critically; and then it proposes certain viewpoints to demonstrate that human nature is shaped by acquired environments and surroundings.

Chapter 5 The relationship between human nature, environments, and behaviors: This chapter discovers connections of cause and effect between human nature, environments, and behaviors. The analysis is based on three dimensions: the link between human nature and environments; the link between human nature and behaviors; the link between environments and behaviors. This process is to establish a frame structure theory of how these three concepts would interact among them.

Chapter 6 Selfishness of Human Nature: This chapter analyzes how selfishness of human nature is formed, and discusses the need of existence, human desires, and human compassion, to identify that selfishness is the innate nature of human beings.

Chapter 7 Conclusion: This chapter summarizes the research.

The results of this paper show that although human nature is shaped by the environments, it can only be recognized if it is manifested by behaviors. Whether the behaviors can be fully expressed in the environments will affect the development of human nature. Thus, human nature, environments and behaviors form an interactive relationship. Environments shape human nature, human nature manifests itself in behaviors; behaviors can change environments, environments can control behaviors; behaviors may restrict human nature, human nature can influence environments. Any change in one concept causes a corresponding change in the other two concepts, and the control side can predict or change the result, and the frame structure theory of the interaction of the three concepts is formed. It is also found that Mencius's theory of "Human Nature is Good" does not mean human nature. From the perspective of the natural attributes of human beings, the innate nature of human beings is "selfishness". However, it is necessary to add the social attributes of human beings to judge its good and evil. Those who conform to the social moral standards at that time are "good" and those who do not conform to the social moral standard of that time are "evil".

KeyWords： human nature、environments、behaviors、interactions、selfishness of human nature、philosophy.

目 錄

第一章

緒　論

在形而上之哲學領域裡，論述〝人性〞者眾多，但其主張多缺乏可驗證的事實，在科技文明之今日，實難令人信服。在形而下之行為科學領域裡，論述〝環境及行為〞者亦多，其主張雖可驗證，但又不足以解釋人類錯綜複雜，捉摸不易的行為。將形而上與形而下兩者的領域加以融合，以〝人性與環境、行為〞的關係為題來論述者，則不多見。本文即以此立場，嘗試對〝人性與環境、行為三者之間的互動（interactions）關係〞來進行研究，以避免有所偏執。在進入主題探討之前，先介紹筆者之研究動機與目的、研究方法與步驟，研究範圍與限制，以及名詞概念與釋義。

第一節　研究動機與目的

人性的善惡，一直是前哲所熱衷討論的問題，雖已歷數千年之久，但至今仍無定論，依舊是場結不了案的官司，可見研究人性問題是件非常艱難的工作。且人性的善惡，必須藉由行為表現方能識得。然人類行為錯綜複雜不易掌握，往往因人、因時、因地而異，難有客觀結果，所建立之準則亦難以預測他人或同一人日後行為，故人性問題之研究亦件吃力不討好的工作，遠不如自然科學簡單容易。

雖然如此，但人性的善惡卻關係著人類之禍福，蓋一個思想家對於人性的看法，往往會影響他在其他方面的主張，例如：

一、中國韓非子〝厚賞重刑，以法治國〞之主張來自他對人性好利惡害的看法，他說：「好利惡害，夫人之所有也。」[1]又說：「夫嚴家無悍虜，而慈母有敗子，吾以此知威勢之可以禁暴，而德厚之不足以止亂也。」[2]、「聖王之立法也，其賞足以勸善，其威足以勝暴。」[3]可見韓非子主張法治的理由來自人性好利，禮不足以治國且需厚賞重刑才能見效。秦始皇效之，於是引發人類史上〝焚書坑儒〞的悲劇，其人民也在〝嚴刑峻法、苛刻寡恩〞之環境生活。

二、德國馬克思（Karl Marx, 1818-1883 A.D.）〝無產階級專制的共產社會〞之主張亦來自他對人性好戰的看法，馬氏對人性好戰的看法並非是人類天生好戰，而是受歷史進化中，階級鬥爭之環境所造成，他說：「整個歷史也無非是人類本性的不斷改變而已。」[4]又說：「整個所謂世界歷史不外是人通過人的勞動而誕生的過程。」[5]、「物質生活的生產方式制約著整個社會生活、政治生活和精神生活的過程。……於是這些關係便由生產力的發展形式變成

---

1 見《韓非子・難二篇》。

2 見《韓非子・顯學篇》。

3 見《韓非子・守道篇》。

4 見馬克思：《哲學的貧困》，載於中共中央馬克思、恩格斯、列寧、斯大林著作；編譯局編譯：《馬克思恩格斯全集》第四卷，（北京：人民出版社，1979年），P.174。

5 同前註第四十二卷，P.131。

生產力的桎梏。那時社會革命的時代就到來了。」[6]、「關於外部環境對人的影響，……並使每個人都有必要的社會活動場所來顯露他重要的生命力。既然人的性格是由環境造成的，那就必須使環境成為合乎人性的環境。」[7]、「代替那存在著各種階級以及階級對立的資產階級舊社會的，將是一個以各個人自由發展為一切人自由發展的條件的聯合體。」[8]可見馬克思主張共產社會、無產階級專制的理由乃來自人性好戰之階級鬥爭，認為人性是由階級鬥爭的環境所造成。而階級鬥爭又是歷史社會進化原因，所以唯有建立一個無產階級專制的共產社會，人類才能自由發展。毛澤東信之，於是又引發另一場人類史上〝文化大革命〞的悲劇，其人民也在〝物質貧乏、提心吊膽〞之環境生活。

三、法國盧梭（Jean-Jacques Rousseau, 1712-1778 A.D.）〝民主社會、天賦人權〞之主張即來自他對人性天生善良的看法，他說：「人類天生是善良的。」[9]又說：「人是生而自由的。」、「這種人所共有的自由，乃是人性的產物。」、「任何人對於自己的同類都沒有任何天然的權威。」

---

[6] 見馬克思著：《政治經濟學批判，序言》，載於同註四第十三卷，P.8、9。

[7] 見馬克思、恩格斯合著：《神聖家族》，載於同註四第二卷，PP.166、167。

[8] 見馬克思、恩格斯合著：《共產黨宣言》，載於同註四第四卷，P.491。

[9] 見盧梭：《論人類不平等的起源和基礎》中譯本，（北京：中國商務印書館，1982年），P.159。

[10]、「凡是不曾為人民所親自批准的法律，都是無效的；那根本就不是法律。」[11]、「政府只不過是主權者的執行人。」[12]可見盧梭主張民主社會、天賦人權的理由來自人性天生善良，認為人類天生本善且賦有自由、平等的權力，任何人都不能剝奪，所以唯有建立一個自由、平等的民主社會，人類才能享有幸福。目前世界上所有民主國家無不受他的影響，致力於民主改革，從而使其人民可在〝自由平等、民主政治〞之環境下生活。

我們絕對相信，造成中國歷史上兩大悲劇的人物：秦始皇、毛澤東，並不知道他們所作所為是錯誤的，可怕的是，他們也認為這是一條人類通往幸福之途徑。由此可知，人類的禍福緣於思想家對人性之看法，人性問題若能盡早塵埃落定，那人類史上的無謂悲劇或可避免。由於人性問題之研究複雜而艱辛，目前致力研究者，已屈指可數，更遑論研究生之論文。然存在的問題，避而不談並非上策，亡羊補牢，為時不晚，此即筆者研究之動機。至於目的則有以下幾點：

一、確立人性的善惡是由環境塑造而成。

二、建構人性新論體系。

---

[10] 見盧梭：《社會契約論》中譯本，（北京：中國商務印書館，1980年），PP.8、9~14。

[11] 同前註，P.125。

[12] 同註10，P.76。

第二節　研究方法與步驟

本文之研究方法，係採用〝文獻分析法〞(Documentory Analysis Method)、〝批判法〞(Critical Method)，以及〝演繹法(Deductive Method)〞、〝歸納法〞(Inductive Method)四者並用。先行蒐集與研究有關的基本文獻、各家學說資料，並將所得資料予以評估其真實性與價值性，逐篇引述分析、批判，以及演繹歸納，來論證以求獲得結論。在論述前哲之順序時，係依其出生年代的先後來安排，並以個人為主，如牽涉到學派且主張相同，則以具代表性人物為主。對於介紹他人學說，本身無創見，或紹述前言而未能自成系統之前哲，限於篇幅，在此不贅陳。在論述前哲主張時，如僅介紹其見解而非本文重點，則基於學問之研究，貴在承先啟後，並無需浪費時間重走前哲已走過的路，尤其是西洋方面的蒐集、翻譯及真偽之評估上需大量時間，故參考材料之選擇以較不具爭議性，經教育部編為教材的資料為主。至於所引用外來之人名與學術名詞，原則上僅在第一次出現的後面加註原文且以英文為主，第二次以後原文從略。全文共為七章，其步驟為：

第一章　緒　論：本章係在敘述筆者之研究動機與目的、研究方法與步驟、研究範圍與限制、名詞概念與釋義，以及文獻檢討與回顧。

第二章　生命的起源：本章係在探討人類最原始生命的起源，一為宗教說；二為哲學說；三為科學說。

第三章　人類的進化：本章係在探討人類的進化過程，從物質演化時期至物種演進時期，再從物種演進時期邁向人類進化時期三個階段。

第四章　人性的形成：本章係在探討人性是如何形成的，一為上帝旨意說；二為與生俱來說；三為環境塑造說，先從前哲之人性論史來加以分析、批判，後提出己見，以確立人性為後天環境所塑造。

第五章　人性與環境、行為的關係：本章係在分析人性、環境、行為三者相互的因果循環關係，從人性與環境的關係，人性與行為的關係，以及環境與行為的關係探討起，以建立三者互動的架構理論。

第六章　人性的性私：本章係在分析人性的私性是如何形成，並從生存的需求，人性的慾望，以及人性的惻隱依序探討，以確認人類的先天本性，就是〝性私〞。

第七章　結　論：本章係在總結以上所論。

本文研究結果，人性雖由環境塑造而成，仍需藉行為表現，方能識得。而行為能否在環境中充分表現，又會影響人性的發展，於是人性、環境、行為三者，便構成互動的關係。環境塑造了人性，人性表現於行為；行為可改變環境，環境可控制行為；行為可制約人性，人性可影響環境。任何一方的改變，皆會引起另外二方相對應的變化，控制一方即可預測或改變其結果，三者互動的架構理論成矣！並發現孟子所主張的〝性善說〞非人類的本性，從人類的自然屬性言，人類的先天本性，就是〝性私〞。然要說其善惡，必須加上人類的社會屬性才可以論斷，符合當時的社會道德標準者，即是〝善〞；不符合當時的社會道德標準者，即是〝惡〞。

第三節　研究範圍與限制

界定範圍，可使研究材料之取捨有所依準，研究對象之分際得以劃清。蓋就〝人性新論〞而言，實可依其時間、空間兩角度探之。以前者言，本文將從先秦諸子、古希臘時期起至十九世紀止為經。以後者言，本文將以中西雙方前哲、學派或宗教，論述有關生命、人性、環境、行為等主張，且能自成系統的學說為緯。加之己見，由點而面，由橫而縱，以求獲得客觀結論。

至於限制，則來自本文所涉甚廣與資料來源兩方面。以前者言，本文除時間、空間之深廣外，又涉及宇宙論、人性論、環境論、人類行為學四大領域，故無從一一細論，致非本文重點，皆以概論為之。以後者言，本文受限於筆者語文能力，不能精通數國語言，致本文所參考引用的外國資料，皆以翻譯本為主，甚有轉引情形，在此一併敘明。

第四節 名詞概念與釋義

有關人性問題，自古以來中西論者頗眾，其爭議也多。然綜觀其因有二：一為各家對〝人類的由來〞看法不同，認為人類來自上帝者，當然主張性善或原罪論，如柏拉圖的理性寓於靈魂，靈魂來自具有神性的狄米奧吉；基督教的亞當來自上帝自身之形象等。而認為人類來自進化者，當然主張人性進化說，如達爾文、孫中山先生等皆持人類是進化而來的立場。二為各家皆非就性論性，而是在對〝人性〞或〝善、惡〞一詞之定義有歧見。如孟荀之爭，孟子主張〝性善〞，他認為：在人的先天之心性內，就已具備仁義禮智之善端。故以「惻隱之心，仁也。羞惡之心，義也。恭敬之心，禮也。是非之心，智也。仁義禮智，非由外鑠我也，我固有之也。」[13]來證明性善說。而荀子主張〝性惡〞，他認為在人的先天之性情內，就具備有目好色、耳好聲、口好味、心好利等惡源，這些惡源如果順人之情，則爭奪、淫亂等就會發生。故以「若夫目好色，耳好聲，口好味，心好利，骨體膚理好愉佚，是皆生於人之情性者也。感而自然，不待事而後生之者也。」[14]、「今人之性，生而有好利焉；順是，故爭奪生而辭讓亡焉。……用此觀之，

---

13 見《孟子・告子篇》。

14 見《荀子・性惡篇》。

然則人之性惡明矣。」[15]來證明性惡說。質言之，孟子是以〝心〞言性，而荀子是以〝情〞論性，兩者對於〝性〞的定義不同，實無從爭起。又如王安石論人性之〝善、惡〞，是以行為表達後再經由吾人理智所下的一種批判，是屬後天倫理性之〝善、惡〞，他說：「此七者（喜、怒、哀、樂、好、惡、欲）人生而有之，接於物而後動焉。動而當於理，則聖也、賢也。不當於理，則小人也。」[16]而孟荀論人性之〝善、惡〞，是以人在道德行為上，先天善、惡的傾向，是屬於先天倫理性之〝善、惡〞。基督教論人性之〝善、惡〞，則以亞當、夏娃偷吃禁果而犯罪，致使人類生而有罪，[17]基督教這種〝原罪論〞是屬於宗教性之〝善、惡〞。三者對〝善、惡〞一詞的定義亦各不相同，實難獲得共同結論。由此可知，學問之研究，如無對有關立場及名詞作明確說明與定義，便有各說各話，流於立場不明及名詞上的曖昧與浮泛之弊，蓋牛頭不對馬嘴，徒然無謂之爭。誠如朱子曰：「論性，要須先識得性是個什麼樣物事。」[18]、「諸儒論性不同，非是於善惡上不明，乃性字安頓不著。」[19]

故本文在探討主題之前，先對研究中所涉及的名詞概

---

15 同前註。
16 見《臨川全集論議・性情篇》。
17 參見《聖經・創世篇》。
18 見《朱子語類・性理一篇》。
19 見《朱子語類・性理二篇》。

念加以定義，其名詞主要有〝人性〞、〝環境〞、〝行為〞及〝善、惡〞。茲分述如次：

一、人　性

所謂〝人〞,《辭海》謂:「指人類，係具有生命的存有，是一個有機體並賦有生命的物。」[20]王充謂:「人、物也，物、亦物也。」[21]邵康節謂:「人亦物也，聖人亦人也。」[22]張載謂:「人但物中之一物耳。」[23]羅欽順謂:「盈天地之間者惟萬物，人固萬物中一物爾。」[24]由此可見，人類為萬物中之一物。人類是屬靈長目，在自然界中生物發展階段上居最高位置，其特徵為：具有完全直立的姿勢，解放的雙手，複雜而有音節的語言和特別發達、善於思維的大腦，並有製造工具，能改造自然的本領。現今的人類大致可分為：蒙古、尼格羅以及歐羅巴三種人種，一般認為人類在非洲、亞洲和歐洲地區內定居下來後，三大人種才逐漸形成的。[25]至於人類是如何產生的，依照目前而言，可

---

[20] 見夏征農主編：《辭海》，（上海：辭書出版社，1990年），P.344人類條。

[21] 見《王充論・衡論死篇》。

[22] 見《邵子皇極經・世觀物內篇》。

[23] 見《張子全書語錄（卷上）》。

[24] 見《羅欽順困知記（卷上）》，引自韋政通：《中國哲學辭典》，（台北：水牛圖書公司，1991年），P.11。

[25] 參見夏征農主編：《辭海》，（上海：辭書出版社，1990年），P.348人種起源條。

歸類為兩派學說，一為限定論（peras theory），二為進化論（evolutionary theory）。限定論者認為宇宙萬物皆由上帝（天、神或佛）所創造，其代表有中國之墨子、佛教等以及西洋的萊不尼爾（Cottfried Wilhelm Leibniz, 1646-1716 A.D.）、笛卡兒（Rene Descartes, 1596-1650 A.D.）、基督教（Christianity）等。而進化論者則認為宇宙萬物皆由進化而來，人類亦是如此，其代表有中國的孫中山先生等，以及西洋的達爾文（Charles Robert Darwin, 1809-1882 A.D.）、拉馬克（Jean Baptiste Pierre Antoine De Monet Lamarck, 1744-1829 A.D.）、德夫里斯（Huqo De Vries, 1848-1935 A.D.）等。限定論由於缺乏可驗證的事實，故一般科學家都指向進化論之研究，且有豐富的結果，如解剖學、化石學、生物學、地理學、考古學、人類學以及遺傳學等，在在證明了進化理論是正確的。所以，人類是從單細胞的生物時期進化為動物，再由動物進化成人類，已是目前科學家所一致公認的，尤其是在動物演化成人類之時的關鍵時刻，是生物演化史上的一次大飛躍，是人類與動物的分水嶺，它使人類飛躍成萬物之靈，統率萬物，造就了今日文明。如果沒有這次的大飛躍，則宇宙茫茫，依然是自生自滅的渾沌世界。

所謂〝性〞，《辭海》謂：「係指事物所具有的本質（本性）、特點，如彈性、藥性、人性等。」[26]《詩經》云：「有

[26] 見夏征農主編：《辭海》，（上海：辭書出版社，1990年），P.975性條。

物有則。」[27]程伊川云：「有物必有則，一物須有一理。」[28]朱子云：「天下無無性之物，蓋有此物，則有此性。」又謂：「枯槁之物亦有性，如大黄不可為附子，附子不可為大黃。舟車亦有性，舟只可行於水，車只可行於陸。」[29]

由之，事有事性（理），物有物性，人有人性。徐復觀教授對性之原義認為，應指人生而即有之欲望、能力等而言，有如今日所說的〝本能（instincts）〞。[30]自古以來〝性〞字所代表的意義甚多，如事物的性質、人類的性命、男女的性別、本能的性慾、生殖的性交、天賦的性天、良知的性理、佛教的性相、基督教的性靈（靈魂）等。其意義也因時代背景的不同，各人思想上之差異而各賦予不同的內涵，如《中庸》以天論性，謂：「天命之謂性，率性之謂道。」[31]老子以自然言性，謂：「道之尊、德之貴，夫莫之命而常自然。」[32]老子雖未談到〝性〞字，但徐復觀教授認為老子所謂的道與德在形式之構造上與中庸的〝天命之謂性〞無異，老子的道德論亦是其性命論[33]，而告子則以生來談

[27] 見《詩經．大雅烝民篇》。
[28] 見《二程全書．伊川語四篇》。
[29] 見《朱子語類性．理一篇》。
[30] 參見徐復觀：《中國人性論史》，（台北：臺灣商務印書館，1990年），P.6。
[31] 見《中庸．第一章》。
[32] 見《老子道德經．第五十一章》。
[33] 同註30，P.338。

性，謂：「生之謂性。」[34]，孟子以心論性，謂：「惻隱之心，人皆有之。」[35]荀子以情言性，謂：「今人之性，生而有好利焉……然則從人之性，順人之情，必出於爭奪。」[36]韓非子更繼承其師荀子的性惡論，發展出以利來談性，謂：「醫善吮人之傷，含人之血，非骨肉之親也，利所加也。」[37]董仲舒以陰陽言性，謂：「身之有性情也，若天之有陰陽也。」[38]，王充則以稟氣來談性，謂：「稟氣有厚泊，故性有善惡也。」[39]韓愈以三品論性，謂：「性之品有上中下三。」[40]周濂溪以誠言性，謂：「大哉乾元，萬物資始，誠之原也；乾道變化，各正性命，誠斯立焉。」[41]張載則以天地與氣質來談性，謂：「形而後有氣質之性，善反之，則天地之性存焉。」[42]二程以理氣論性，謂：「性即理也，所謂理，性是也。」[43]、「性即氣、氣即理，生之謂也。」[44]王安石以性情合一言性，謂：「性情一也……性者情之本，情者性之用，故吾曰：性情一也。」[45]王陽明以良知論性，謂：「心

---

[34] 見《孟子．告子篇》。
[35] 同前註。
[36] 見《荀子．性惡篇》。
[37] 見《韓非子．備內篇》。
[38] 見董仲舒：《春秋繁露．深察名號篇》。
[39] 見《王充論．衡率性篇》。
[40] 見《韓昌黎集．原性篇》。
[41] 見《周子通書．誠上篇》。
[42] 見《張子全書．正蒙誠明篇》。
[43] 見《二程全書．伊川語八上篇》。
[44] 見《二程全書．二先生語一篇》。
[45] 見《臨川全集．性情篇》。

之本體則性也。」[46]又謂:「夫心之本體即天理也,天理之昭明靈覺,所謂良知也。」[47]孫中山先生以進化言性,謂:「人類初生之時,亦與禽獸無異,再經幾許萬年之進化,而始長成人性。」[48]佛教以佛來談性,謂:「一切眾生皆有佛性。」[49]又謂:「見性成佛。」[50]而基督教則以原罪(original sin)論性,謂:「亞當、夏娃偷吃禁果而犯罪,致使人類生而有罪。」[51]

〝人加性〞即等於〝人性〞(Human Nature),《辭海》謂:「指人類的共性(共同的本性),係人的自然屬性與社會屬性的統一。人性是具體的,在不同的歷史發展時期和不同的社會團體中,由於不同之生活環境,文化教育、心理特徵等因素,它有著不同的表現和演變。」[52]在中國,〝性〞字之原始,係由〝生〞字而來,[53]始見於周朝時期的《書經》,謂:「故天棄我,不有康食,不虞天性,不迪率典。」

46 見《陽明全書・傳習錄上篇》。
47 見《陽明全書・答舒國用篇》。
48 見孫中山:《孫文學說》,載於中國國民黨中央黨史史料編纂委員會編輯:《國父全集》第二集,(台北:中央文物供應社,1961年),P.44。
49 見《大般涅槃經》,載於《大藏經》影印日本《大正藏》第十二冊,(台北:新文豐出版公司),P.404。
50 見《惠能六祖壇經・般若品篇》。
51 見《聖經・創世篇》。
52 見夏征農主編:《辭海》,(上海:辭書出版社,1990年),P.344人性條。
53 參見傅斯年:《性命古訓辯證》。

[54]然此時期所論的〝性〞皆指意志的天或指自然的天，直至春秋時期的孔子，才將天性落實到人性裡面，而奠定人性論之基礎，但具體論述人性的善、惡則至戰國時期的孟子才明確提出。隨後即百家爭鳴，莫衷一是，我們可將中國的人性論史大致上歸納為如下之幾種主張：

性自然　論：老子、莊子、戴東原等。

性相近　論：孔子等。

性　善　論：孟子、陸象山、佛教等。

性　惡　論：荀子等。

性中性　論：告子、公都子、王安石、王陽明等。

性善惡混論：韓非子、董仲舒、揚雄、王充、韓愈、李翺、周敦頤、張載、程明道、程伊川、朱熹等。

性進化　論：孫中山先生等。

在西洋，最早論及有關人性與罪惡問題，應在約西元前七世紀的時期，其中以荷馬（Homeros, 約前 9、8 世紀）與嚇西奧（Hesiodos, 約前 8 世紀）最具代表性，他們用詩歌的方式寫成，如生命之短暫、罪惡之源流及作惡後之

54 見《書經商書・西伯戡黎篇》。

責任等。[55]然此時期所論的皆為神話，直至西元前四世紀時期的蘇格拉底（Sokrates, 470-399 B.C.），才將神話裡的善、惡，落實到倫理道德的善、惡來，而奠定人性論之基礎，但具體論述人性的善、惡則由其大弟子柏拉圖（Plato, 427-347 B.C.）提出，所以研究哲學的人總喜歡將蘇格拉底比喻為西方的孔子，將柏拉圖比喻為西方的孟子。

隨後亦如中國的人性論史一樣，百家爭鳴，莫衷一是。我們亦可將西洋的人性論史大致上歸納為如下幾種主張（由於西洋的前哲論人性，並不像中國那麼具體，故僅能從他們的文獻中推論，歸納其主張）：

原　罪　論：基督教（Christianity）等。

性　善　論：蘇格拉底（Sokrates）、柏拉圖（Plato）、亞里士多德（Aristoteles）、盧梭（Jean-Jacques Rousseau）、康德（Immanuel Kant）等。

性　惡　論：霍布士（Thomas Hobbes）、叔本華（Arthur Schopenhauer）、馬克思（Karl Marx）等。

性中性　論：洛克（John Locke）、杜威（John Dewey）等。

---

[55] 參見鄔昆如：《西洋哲學史》，（台北：國立編譯館，1991年），P.24。

性善惡混論：羅素（Bertrand Russell）等。

性進化　論：達爾文（Charles Darwin）等。

經上所述，吾人當可大略了解中西前哲，對人性問題的主張，見解不一，各持己見。其論性所站的立場或對性的釋義更是不同，有的以性之內義來論性，有的以性之外義來論性，有的是論自然生命之性，有的則是論道德心之性，真令後學眼花撩亂，無所適從，誠如金岳霖所說：「哲學是概念的遊戲。」吾人不管其立場或釋義如何，蓋學問之研究，無非在於解決人類所面臨的問題，以增進其福祉，若無以致用之學問則毫無意義。誠如前中央研究院院長胡適引用皮爾士（Charles Sanders Peirce, 1839-1914 A.D.）的話解釋說：

> 他（指皮爾士）這一段話的意思是說，一切有意義的思想都會發生實際上的效果。若不論認他或不認他，都不發生什麼影響，都沒有實際上的分別，那就可說這個思想全無意義，不過胡說的廢話。[56]

因此，本文之研究，係落實在現實的生活裡，從經驗上著手，由下而上以探討人性之善惡是上帝的旨意、或與生俱來的自然生成、抑是受後天環境的塑造（shaping）。

---

[56] 見胡適：《五十年來之世界哲學》，載於《胡適文存》第二集第二卷，（台北：遠東圖書公司，1953年），PP.282、283。

故對〝人性〞一詞的定義，係遵從《辭海》上之意。何以要自然屬性與社會屬性的統一呢？蓋人類是由動物進化而來，人的自然屬性，即是求生的本能，亦即告子所謂的：「食色，性也。」[57]這與動物的求生本能並無兩樣，若僅論其自然屬性，則不能謂之〝人性〞。人與動物是有區別的，就如吾人謂動物為禽獸一樣的區別，人有理性，有善惡觀念，懂得是非等能力，然而禽獸沒有。而這個能力是由於人類在進化過程中，不斷的與環境競爭累積而成，並不斷的在學習擴充中（吾人在出生時，即具有這種能力的質，但仍需經過一段社會環境的學習教育，方能發展出此等能力，如無與社會環境的學習教育便跟禽獸無異，就像電影裡的人猿泰山）。這是社會屬性的，所以論人性必須是自然屬性與社會屬性一併論述，方能謂之〝人性論〞。

二、環　境

所謂〝環境〞（environment），《辭海》謂：「指圍繞著人類的外部世界，係人類賴以生存和發展的社會和物質條件之綜合體。」[58]它的內容包含有自然環境，如：水、空氣、生物、陽光、氣候、岩石、土壤等；社會環境，如：家庭、學校、團體、鄉村、都市、國家、經濟、教育、政

[57] 見《孟子・告子篇》。

[58] 見夏征農主編：《辭海》，（上海：辭書出版社，1990年），P.1537環境條。

治；以及文化環境，如：科學、藝術、宗教、道德、語言、法律、風俗習慣等。目前論述環境對人類的影響，大致上可歸類為三派學說，一為環境決定論（environment determinism）、二為環境或然論（environment probabilism）、三為環境適應論（environment adaptationism）。環境決定論者認為一個民族的物質背景，包括自然資源、氣候、地理上之便利條件，在其文化形成中是主要的決定因素，反對用歷史和傳統、社會和經濟因素以及任何其他文化因素來解釋社會的發展。代表者有：亞里士多德（Aristoteles, 384-322 B.C.）、拉采爾（Friedrich Ratzel, 1844-1904A.D.）等；環境或然論者認為居住地只能創造供人類選擇的可能性，最極端的環境或然論者甚至否認環境會影響人們選擇時所採取的形式。代表者有：維達爾．白蘭士（Paul Vidal de la Blache, 1845-1918 A.D.）、白呂納（Jean Brunhes, 1869-1930 A.D.）等；而環境適應論者則認為物質環境只是總環境的一部分，而總環境包括社會和經濟因素、文化傳統以及各社會及其所處環境間的交互影響。代表者有：羅士培（P M RoXby, 1880-1947 A.D.）、巴羅斯（H.H. Barrows 1877-1960 A.D.）等。

姑且不論其環境決定論、環境或然論或環境適應論者認為環境對人類的影響如何，蓋環境在人類之進化過程中有其直接的關係是無庸置疑的。本文之研究即在探討人性與環境之間有何關係或影響，故對〝環境〞一詞的定義，係採《辭海》之意。

三、行　為

所謂〝行為〞（behavior），《辭海》謂：「係指生物以外部和內部活動為中介與周圍環境的相互作用，內部行為即心理活動。」[59]行為的種類有：個體行為（individual behavior）、社會性行為（sociality behavior）、偏差行為（abnormal behavior）、利群行為（prosocial behavior）等。而所謂〝個體行為〞，從狹義上說，指能被觀察到或是能用儀器測得到的個體活動而言，從廣義上說，除直接能觀察及測量的外顯活動之外，尚包括間接推知的內在心理歷程（mental process）、意識歷程（conscious process）與潛意識歷程（unconscious process）。[60]所謂的〝社會性行為〞，指個人在群體中、人際關係中以及社會文化的約束之下所展現的行為。[61]易言之，即個體所展現的行為符合社會標準（social standard），該標準包含有道德性及法律性的約束。所謂的〝偏差行為〞，係指一個人的行為完全由其所處身之社會團體的標準來評判，凡不符合其社會團體的標準

---

59 見夏征農主編：《辭海》，（上海：辭書出版社，1990年），P.897行為條。

60 參見張春興、楊國樞：《心理學》，（台北：三民書局，1992年），P.7。

61 參見張華葆：《社會心理學》，（台北：三民書局，1987年），P.2。

者，即是偏差行為。[62]所謂的〝利群行為〞，係指不求報償，也不望他人感謝而有利於他人之行為。[63]

心理學家認為影響人類行為的發展，來自於先天性遺傳（congenital heredity）及後天性環境（a posteriori environment）兩大因素的交互影響（cross impact）。遺傳因素包含人類求生本能，如：饑則求食、渴則求飲、慾則求足等，以及血統上的特徵，如：智力、體形、膚色等。而環境因素則包含物質，如：食物、氣候等，以及人文，如：教育、社會、文化等。目前研究有關人類行為的理論，大致上有四派學說：一為行為論（behavior theory）、二為認知論（cognitive theory）、三為心理分析論（psychoanalytic theory），以及四為人本論（humanism）。行為論係研究可觀察和測量的有機體外部行為，其代表有：史基納（Burrhus Frederic Skinner, 1904-? A.D.）、班吉納（A.Bandura）等。認知論係研究腦部主動地將輸入之訊息加以處理、轉換的方法，其代表有：皮亞傑（Jean Piaget, 1896-1980 A.D.）、柯柏（L.Kohlberg）等。心理分析論係強調在兒童時期時，由於性及攻擊衝動受到壓抑，而造成了潛意識動機，其代表有：佛洛依德（Sigmund Freud, 1856-1939 A.D.）、艾力

---

62 參見西爾格德（Emes R.Hilgard etc.）等著；張東峰、鄭伯壎合譯；楊國樞、張春興合編：《心理學》修訂版，（台北：桂冠圖書公司，1989年），P.650。

63 參見呂俊甫：《發展心理與教育》，（台北：臺灣商務印書館，1991年），P.134。

遜（Erik Homburger Erikson, 1902-? A.D.）等。人本論則強調個人的主觀經驗、抉擇的自由，以及邁向自我實現（self-actualization）的動機，其代表有：馬士洛（Abraham Harold Maslow, 1908-1970 A.D.）、勞吉士（Carl Ransom Rogers, 1902-? A.D.）等。

雖然社會學家與心理學家不遺餘力的在研究有關人類行為的問題，但各家所提出之理論，均不足以解釋人類複雜多變，捉摸不易的行為。人類行為是否真如人本論學派所謂的具有自我實現至善之境的動機，抑是行為論學派所謂的完全取決於環境之影響，此即本文所要探討的問題，換言之，即是人性與行為之間有何關係或影響及環境與行為之間有何關係或影響的研究。故對〝行為〞一詞的定義，筆者認為：即指人類個體以其外部和內部活動為中介與周圍環境的相互作用。外部活動係指可作觀察與測量的活動，而內部活動則指心理歷程、意識歷程以及潛意識歷程。

四、善　惡

所謂〝善、惡〞（good, evil），《辭海》謂：「指善良、美好的，與惡壞、不好的，係用於對人的行為進行道德評價，凡是符合一定社會的道德原則和規範的行為，就是善，反之就是惡，具有時代性和民族性。」[64]簡單說，指人的

---

[64] 見夏征農主編：《辭海》，（上海：辭書出版社，1990年），PP.2164

行為符合其所處身之社會標準者，即是善，不符合其所處身之社會標準者，即是惡，該社會標準包含有道德性與法律性，會隨著時代或環境不同而改變，也因不同的民族或不同的社會團體，會各有不同的社會標準。善、惡的種類可分為宗教性的善、惡，如基督教原罪論；物理性的善、惡，如天災地禍；倫理性的善、惡，如道德法律。

本文所探討的即是人性善、惡的問題，是屬倫理性的善、惡。故對〝善、惡〞一詞的定義，係採《辭海》之意。

綜上所論，本文係在研究人類的本性，到底是善呢？或是惡呢？它與環境之間有何關係？與行為之間又有何影響？環境與行為之間的關連如何？以行為科學的立場來說，人類的個體行為可分外部活動與內部活動。外部活動係以個體行為的引發，不論是自我意識（self-conscious）的引導或是受環境刺激（environment stimulus）的反應（response），以其所處身之社會標準來衡量其行為是否合乎社會性行為，如果符合甚至是利群行為則是善，如果不符合甚至是偏差行為則是惡。而內部活動係以個體行為的引發以致到符合社會性行為，其過程是否為自發性（emitted）的或是約束性（sanctioned）的，如果是自發性的，人類本性則是善，如果是約束性的，人類本性則是惡，或是無善惡，完全取決於環境因素。有些動機論（motivism）者認為，行為的善、惡，應決定於其動機是否為善，如果

善條、2061惡條。

是善意，其結果縱然是惡，他仍然是善，也就是主張道德取決於人自身理性之主觀道德律（subjectiver moral law），偏重行為的動機，其代表者有：康德（Immanuel Kant, 1724-1804 A.D.）等。而有些結果論（consequentism）者認為，動機為個體行為的內部活動，無法作觀察與測量，當然亦無法得知其善意或惡意，故應以其可觀察與測量的外部活動（外顯行為）來衡量其行為的善、惡，也就是主張道德取決於與他人利害關係之客觀道德律（objective moral law），偏重行為的結果，其代表者有：邊沁（Jeremy Bentham, 1748-1832 A.D.）、穆勒（John Stuart Mill, 1803-1873 A.D.）等。筆者則認為，人類個體行為的內部活動與外部活動，均有其交互作用（interactions）的影響，若單執一邊，恐有所偏，故本文除研究人類個體行為之外部活動外，亦探討其內部活動，同時研究其因果的關係。

第五節　文獻檢討與回顧

本單元之文獻檢討與回顧，係回顧有關人性方面的前人研究成果，以便了解截至目前的研究狀況，以供本研究之參考。茲分錄如下：

一、專書論文（按時間排序）

1.艾弗瑞．阿德勒（**Alfred Adler**）著，蔡美玲譯：《了解人性》，（台北：遠流，**1990** 年）

該書以一個重要概念--〝生命目標〞貫穿全書，指出人的心理生命為了保護自身在環境中安然存活，常常會發展出一種朝向支配與超然的傾向。這種傾向的形成，與兒童初來到人世時的脆弱有直接的關係，天生殘障的兒童，以及成長環境匱乏的兒童，為了抵抗外界不利的條件，更會激發出扭曲的支配慾與超越需求。作者並指出，解決人與人互相競爭的困境，其唯一的路徑是培養出〝社會感〞，才能真正讓人類團結，防止文明的崩潰。[65]

2.臺大哲學系：《中國人性論》，（台北：三民書局，**1990** 年）。

---

[65] 引自該書之介紹。

該書認為〝人性論〞是研究中國哲學的主要課題。一個人本主義的中國思想傳統，人性論不僅是一種哲學思想，甚且是中國哲學的核心思想。中國哲學中天道性命等重要哲學觀念，皆以人性論之論證為主要思想內容或證成之者。因此臺大哲學研究所於民國七十八年六月上旬召開〝中國哲學之人性論研討會〞，會同國內知名學者專家一百餘人共同討論，會期三天，過程熱烈而精彩。這些論文彙集成書，可見這本書的文章可謂是中國哲學界有關〝人性論〞研究的代表作，也是哲學思想的精華，理應獲得社會的肯定和迴響。[66]

3.王元明：《人性的探索》，（天津：南開大學出版社，1993年）。

該書分別闡述了中國古代社會、近代社會、現代西方的人性理論和馬克思主義人性學說。[67]

4.大衛．休謨（David Hume）著、關文遠譯：《人性論》，（台北：臺灣商務印書館，2002年）。

該書以一個具有判斷力和學識的人，很容易看到這樣一個事實，即那些最為世人稱道，而且自命為高高達到精確和深刻推理地步的各家體系，他們的基礎也是很脆弱

---

66 引自該書之介紹。
67 引自該書之介紹。

的。盲目接受的原理，由此而推出來的殘缺理論，各個部分之間的不相調和，整個體系的缺乏證據；這種情形在著名哲學家們的體系中，到處可以遇到，而且為哲學本身帶來了恥辱。[68]

5.呂俊甫著、洪蘭、梁若瑜譯：《華人性格研究》，（台北：遠流出版社，2014 年）。

該書以文化的角度來看華人的性格類型，從家庭、學校、價值觀、國民道德及人際關係等議題來探討。作者以中國、臺灣、香港及美國四地的華人為研究對象，使用問卷調查、面談、觀察參與者等方法，同時兼顧質與量的研究，極富學術價值，是一把開啟認識華人的鑰匙，也是一面華人自我檢視的明鏡。[69]

6.洪鎌德：《個人與社會：馬克思人性論與社群觀的析評》，（台北：五南圖書，2014 年）。

該書在闡揚馬克思的人本主義、人文思想和人道精神。首先，他說人性為社會關係之總和，人要通過生產勞動才能開物成務利用厚生；唯有在合作和諧的社群中，人才能成就自己和幫助別人。在自我實現之前，人如何爭取自由、克服異化和追求解放成為馬克思從青年、中壯年到

[68] 引自該書之介紹。
[69] 引自該書之介紹。

老年著書立說與革命實踐的中心。其次，該書便以馬克思和恩格斯對人性、自由、解放、異化、正義、平等、倫理、民主、社群和國家諸人文現象和社會制度之唯物史觀的看法，解釋他倆何以批判資本主義制度，以及經由建立社會主義來實現未來共產主義之最終目標。最後，有異於教條主義者只重視馬克思的辯證唯物主義和歷史唯物主義，該書注重馬恩的批判精神和社會實踐，目的在彰顯其思想之活潑、創意之充沛和觀念之創新。要之，該書為關懷 21 世紀個人生涯與當前世局者不可不讀之導論性著作，更盼讀者經由此書登堂入室，認識影響近現代最重要人物的馬克思及其革命夥伴恩格斯之學說。[70]

7.路文興：《人性學論》，（台北：唐山出版社，2015 年）。

該書以社會討論稿出版，請公眾審閱、評判、修正、補充，以至博學者重著，甚至人性化運動，由人民共同建立起完整、系統、科學的《人性學》，或可堪稱人類憲法。人性研究由來已久，自古以來，哲學家、人類學家、心理學家、社會學家等，關於人性研究從未間斷，卻沒有建立起《人性學》這一人類的第一學科。人性研究尚未形成獨立的學科體系，且有被政治家忽視的趨勢，這或許是直到

[70] 引自該書之介紹。

20 世紀人類仍遭受政治災難的根源。《人性學》意旨全球〝人民主義〞、〝全民民主制〞。[71]

二、期刊學報

1.彭鵬仿：〈人性的自私與自私的人性〉，載於《益楊師專學報》第21卷第4期，2000年07月，頁56、57。

該文以人性的自私不等於自私的人性，人的本性是否自私不得而知，但人的共性是自私的，〝需要〞不僅有縱向的層次，還有橫向的層次，這是正確認識人性自私的前提因素。[72]

2.陳瑛、林桂榛：〈〝人性〞新探〉，載於《南昌大學學報（人社版）》第33卷第1期，2002年01月，頁25~29。

該文以人性問題的提出乃源自人〝形而上〞的思維傾向，人性是什麼？人性如何？古今中外學者對此作了不同的定義和界說：中西人性論有著各自的路徑、內容以及對社會文化的影響；中國當前則有〝社會屬性說〞、〝兩性說〞、〝共同本性說〞三種主要的人性論。總結中西人性探究理論的得失，可知合理之人性探究應遵循的若干基本規則或前提。而人性的新理論界說可以為〝追求生存優

---

[71] 引自該書之介紹。

越〞。[73]

3.尚新建：〈啟蒙與人性〉，載於《雲南大學學報（社會科學版）》第4卷第1期，2005年，頁11~19。

該文以西方近代發生的啟蒙，是整個西方文化的重新塑造，其重要特徵之一是〝關注人性〞。啟蒙思想家為什麼如此注重人性？人性研究在什麼意義上成為其他科學的基礎？啟蒙思想家眼中的人性具有什麼特徵？他們產生何種影響？以上諸類問題，正是該文試圖討論和回答的。[74]

4.張玉峰：〈道德、人性、人的本質〉，載於《天水行政學院學報》2006年第2期，頁46~49。

該文以許多學者一般從〝人性〞、〝人的本質〞上來理解〝人〞，但他們卻認為人性、人的本質是同一個概念，其實二者是有區別的。另外，道德與人性、道德與人的本質的關係也是不同的。[75]

5.陳嘉明：〈人性、人性化與中國的現代性〉，載於《廈門大學學報（哲學社會科學版）》2008年第4期，頁5~10。

該文以〝人性化〞構成理解與解釋中國現代性的一個

[72] 引自該文之摘要。
[73] 引自該文之摘要。
[74] 引自該文之摘要。
[75] 引自該文之摘要。

重要因素。人性乃是為歷史與現實經驗所證明瞭的事實。中國經濟改革的成功，在哲學的意義上得益於人性的回歸；但另一方面，中國現代社會轉型時期所遇到的基本社會問題與障礙，則與人性這一〝雙刃劍〞的負面結果有關。因而人的自利自愛本性與現代性的人性化目的之間，存在著內在的衝突，這是比韋伯的價值理性與工具理性更為根本性的矛盾。與〝理性化〞相比，〝人性化〞顯然是一個更高的範疇。它已成為世界潮流。作為後發的現代性國家，我們應當以人性化為目標。

6.郝彩平、邱紀坤：〈人性與道德〉，載於《天府新論》2008年06月，頁35、36。

該文以道德與人性的關係是一個重要問題，其原因在於，道德對人而言無疑是人之為人的基本標誌之一。在一定意義上說，人需要道德，正是人性的一種需要，人性的一種表現。道德是構築在人性王國基地上的城堡，人性又是使道德規範具有生命力的不竭源泉。[76]

7.皮曉燕：〈人性的反思〉，載於《資治文摘（管理版）》出版日期不明，頁40。

該文以人的自然本性一旦衝破了道德的底線，被膨脹了的私欲腐化，本性便會蛻變。本文通過事實論證人性扭

[76] 引自該文之摘要。

曲，將導致傳統道德顛覆，破壞自然生態平衡，禍害人類的生存的問題。在此基礎上，呼籲人性回歸。[77]

8.徐蓮梅：〈人性與社會〉，載於《東方優良教師》2010年08月，頁103、104。

該文以人性思想是社會制度構建的基本依據，人性思想直接調整著人性的發展方向，所以對人性的認識不可不關注。該文首先從歷史角度分析了社會人性思想對社會制度、人的思想的影響；其次，重點分析了當代人性思想的演變、實質及其對社會發展的消極影響，目的在於引起人們對當代人性問題的關注、思考。[78]

9.姚豔：〈人性與教育〉，載於《高等函授學報（哲學社會科學版）》第25卷第3期，2012年03月，頁53、54。

該文以中國正處於思想觀念轉變和社會經濟結構變革的轉型時期，在這期間觀念和行為難免各行其道，相互之間缺乏和諧，思想觀念在很大程度上已落後於生產力發展需要。在現實生活中，人性在不同程度上已發生了扭曲和異化，如普遍存在的冷漠自私、唯我獨尊等折射出更深層次的教育問題，給教育工作者帶來了嚴峻的挑戰。[79]

---

[77] 引自該文之摘要。
[78] 引自該文之摘要。
[79] 引自該文之摘要。

10.高兆明：〈欲望與人性〉，載於《上饒師範學院學報》第35卷第4期，2015年08月，頁1~7。

該文以基於當代中國現實，在人性及其超越性角度認識欲望。欲望是人性的一部分，人無法擺脫欲望，人能做的只是擁有什麼樣的欲望，以及通過何種方式滿足自己的欲望；欲望有多樣性內容，人超越自然欲望不僅是應然的，而且是可能的；社會的制度性安排可以控制個人欲望及其滿足方式，社會長治久安和有效治理有賴於對其成員欲望的合理認識。[80]

三、學位論文

1.黃良德：《孟荀人性要義--論人性存有價值》（新北：輔仁大學哲學研究所碩士論文，1991年）。

該文就人性之本體義說，其本無善惡，是非等價值評判語，但若就其本身所具存之性能與自然傾向所含具之潛能而言，則其實已含藏有善惡之玄機，且我們常將性義因已（理論）之所需，而將其純化（性善或性惡等）以利於說明，卻不明言其存在乃有多層之面相，故而常有各是其所是以論人之非等不對調之爭執產生。然若真究其本及其所據以成之指向與關懷義而言，則其又何以有別乎？故此

[80] 引自該文之摘要。

處我們乃先肯定有一共同生發、承受之價值主體存在，但至於其究竟如何存在，則暫將善惡等價值評判語放入括弧，僅著重於使所顯發、或將發顯者符應於中道之潛能（價值傾向）存在義及如何使內外皆得、情理俱合之和諧者。而其所關涉者，乃在於使此〝好善惡惡〞之本能充而為大，使人向善之意志能堅持地、踐履成德，以成一大和諧、正理平治之格局者。但有以人性乃一由潛至顯之發展歷程，以明人之何以有共同的基礎，共同的取向，但卻仍成不同之人格，而此中則隱含有一天道垂成、天人合德之人格趨向與完成義者也。[81]

2.陳超群：《王充《論衡》之人性論研究--人性問題的重構與再評價》（新北：華梵大學東方人文思想研究所碩士論文，1996年）。

該文的研究對象，是以〝疾虛妄〞為畢生志業的東漢思想家王充，主要研究方向著重在王充有關人性問題的論述。研究的進程則是透過對王充的主要著作《論衡》原典的解讀，重構出王充有關人性問題的論述。並且以相關史書、同時代其他各家有關論述以及現代學者已有的研究成果為輔，嘗試更深層的理解其學說背景，並呈顯出王充人性論社會批判層面的價值意義。該文的主要討論線索，是由王充批判當時天人感應的信念，重新界定人在自然與社

81 引自該文之摘要。

會中的地位開始；進而，探討形神問題的範疇，論述王充對於自身的探索與認識。最後，從性命論的開展，指出王充〝性成命定〞的社會批判意義，闡明王充企圖建立新知識分子的理想與其革新社會倫理價值的意義與貢獻。[82]

3.伍啟迪：《科學與現實--論尼采在《人性、太過人性》中的自由精神》（新竹：國立清華大學哲學研究所碩士論文，2008年）。

該文以尼采思想的核心在於對人生的反思。關於人生到底是什麼的問題，其之所以值得探問，因為人們久久受制於一種自我欺騙之中。該文首先敘明，尼采在《人性，太過人性》一書中如何強調科學對人產生的影響。讓人藉以認識自己，這就是尼采所看到的，科學作為人類最晚來的，然而卻是最豐富的成果，它的意義所在。操守和知識，此二者是人類文化的結果。然而，人類自大的傾向卻使人迷失於某種不合乎現實的想像之中：人把自己想得過高，以為自己的生命是根本地不同於禽獸，從而以為藉由逐漸擺脫生命中比較接近禽獸的部分，使自己成為一位理想的〝道德人〞或者〝科學人〞，這樣他便能夠得到進步。可是，尼采相信人類真正的進步，卻在於人類開始對自己具有更為深刻的認識，更加明白關於生命的實際情況。對於一位〝認識者〞，他知道只要自己一日還是處於生命之中，

82 引自該文之摘要。

無論如何，他都不可能擺脫屬於生命的任何部分。[83]

4.陳姿伶：《孟子人性論現代詮釋的爭議與釐清》（新北：淡江大學中國文學系碩士班碩士論文，2012年）。

該文以孟學孕育之歷史背景，從其學術淵源，在近當代之論點，皆對周代之文化背景有所省思。但對於周代之文化體制，卻有不同之見解。在對周代政治社會之不同見解中，〝人〞之意義和價值，亦會隨之有所不同。相繼之關於〝性善〞之〝性〞，該如何解讀？自然會出現分化。在近當代之分化詮釋下，以傅佩榮先生之〝性向善〞，和李明輝先生、林安梧先生對〝性向善〞之質疑，為一項重大之詮釋爭議。〝心性天一也〞、〝天道性命相貫通〞、〝盡心知性以知天〞，在《孟子》文本中，〝天人合一〞為其〝心性論〞之基本理路，〝道德思想〞之體系。無論性向善或性本善，皆在承認天人合一為前提下，所進行之詮釋系統。但針對天人合一之系統下，所詮釋之〝道德問題〞，亦引發出諸多爭議。道德問題在《孟子》文本中，確曾多次與〝天〞同時出現，勞思光先生之〝義命分立〞說，將天從〝道德問題〞中排除，將天視為與道德問題無關，此〝道德主體性〞，與唐君毅先生之〝義命合一〞，以〝感通〞而言之〝性情心〞，〝天人合一〞為宗旨之中國哲學系統，有極大之〝對立性〞。有〝對立性〞之意義

83 引自該文之摘要。

時，則仍有待進一步作商榷和研究。[84]

5.陳亭云：《席勒論美育與人性之教養》（台中：東海大學哲學系碩士論文，2012年）。

該文以現今社會所謂的教育，大多只是〝知識的增進〞，只著重於智育的發展，而非完整的對一個人進行培養。儘管吾人所提倡的是〝德、智、體、群、美〞五育並進，但真有實際進行與成效嗎？看到社會版面所報導的犯罪事件層出不窮，而其中居然不乏為高級知識分子所犯下的罪行，每每聽聞如此的消息，屢屢令人不可置信。令人們所驚訝的是，為何吸取了那麼多的知識、獲得高學歷的人會犯罪呢？而這卻讓人更加害怕，因為高級知識分子幾乎都是功成名就的人，一般大眾不認為也不相信他們會犯罪。或者，在獲得了社會上所稱羨的高學歷之後，卻說那其實是令人不快樂的，甚至讓人放棄了自己生命或去傷害別人，在發生那樣的不幸的同時，作為一個人似乎也喪失了〝人性〞。[85]

6.翁政賢：《張載哲學論對孟子人性論之承繼與開展》（嘉義：南華大學哲學與生命教育學系碩士論文，2012年）。

該文以張載由孟子之性善而開展：一、由〝天之氣〞

84 引自該文之摘要。

85 引自該文之摘要。

之清虛明鑑，通澈宇宙之本源，從氣上說〝虛〞，無限之太虛之清通虛明照鑑得萬物而有感，氣之〝大化流行〞展〝天德〞之遼闊，天道之〝生生〞，而證〝天人之合一〞。二、由〝天地之性／氣質之性〞而攝〝生之謂性／即心言性〞，於〝性者萬物之一源〞，證成人本具之內在道德性，為秉諸於天地之根源之性。三、由〝天道即性〞與〝大心〞證成人由〝盡心知性以知天〞。由存之養之，擴之充之，完其人格，敦敘人倫。誠明盡性而能窮理成性，舉〝天德良知〞與〝見聞之知〞，而得見不陷溺物象之至，除〝成心〞得顯〝仁之原〞，〝大其心〞顯見〝民吾同胞，物吾與也〞，故張載之天道合人道而朗現天地萬物為一。張載承繼孟子性善論，由變化氣質、與大心功夫，證成〝天人合一〞之儒家義理，不愧為發展孟子哲學之大儒。[86]

7.蘇彥蓁：《康德、孟子與荀子人性論比較研究》（台中：東海大學哲學系碩士論文，2012年）。

在中西哲學會通的議題上，由於孟子與康德都是自律道德，所以我們總是習以為常地將孟子與康德聯想在一起，但是若說康德人性論比較像孟子這種說法，是不夠準確的；另外，或是將康德根本惡的概念比附荀子，認為康德也是主張性惡，這種論述是太過片面的。以上皆不能正確表達康德與中國儒學人性論中西會通之全貌，所以必須

---

[86] 引自該文之摘要。

三者一起討論才能有個完整的答案。首先，孟子與荀子在人性論差異上最關鍵的一點，即是：人性有兩個面向。荀子只看到人性的經驗層面，而孟子不僅看到人有經驗層面，也有慧見洞知人性有超越層面。雖然孟子承認人性有兩個面向，但是對於人為善的論述較多，關於人為惡的部分，相對的也就很少去正視，而這被忽略的部分，恰好是荀子的學說所強調的。因此，雖然〝性善〞與〝性惡〞表面上好像水火不容，但是實際上是互相補足，殊途同歸。康德與孟、荀人性論比較有個結論，這結論就是〝康德人性論含孟、荀之成素〞。這種綜合並不是將孟子之〝性善〞與荀子之〝性惡〞粗糙地〝黏〞起來，然後成為康德之人性論，而是運用〝人之雙重性格〞及〝自律道德／他律道德〞這兩個理論基礎將三者架構起來，以重組與再現中國儒學孟、荀之人性論，此為該文之主旨。[87]

8.林文隆：《弗洛伊德人性論研究》（台中：東海大學哲學系碩士論文，2013年）。

該文以〝精神分析之父〞弗洛伊德揭開潛意識的神秘面紗，創建精神分析方法，大膽討論性學，重新詮釋了人類文明的動力。透過弗洛伊德精神分析的理論，可以讓我們對人有更深一層的體認與鑑別，人在外部因素與內部因素的作用下，顯現出各種奇異症狀與行為表現。弗洛伊德

---

87 引自該文之摘要。

的理論假設雖然未必全然正確，但他開拓了人原本只重視的意識與理性。雖然，弗洛伊德未依傳統的意識心理學出發，因而顛覆了學院派的觀點，打破了傳統的思維，創造了潛意識（unconscious）的新觀念，作為其理性行為表象背後真正的原因，引起了一個新的論點〝動力心理學〞。弗氏強調性本能與慾望，運用物理學的觀念，假設心理能量守恆原則，大膽的假設，逐步探索發現人性道路上的障礙與壓抑（repression）。這種可以感受、觀察和推理的理論或許可以參考，彌補形而上善惡辯證的玄虛，反思人除了理性之外的可能。對人性論的好奇與疑惑，深埋心中多年，極度奢望能窺探人之所以為人的真正意義與價值何在，撰者期盼該文能帶給對人性論同感好奇和興趣的同好，藉以開展一條可供探索的道路。[88]

9.楊境庭：《王充人性論研究》（雲林：國立雲林科技大學漢學資料整理研究所碩士論文，2013年）。

該文以探究王充的人性論為主要的研究議題。漢代充滿陰陽讖緯之思想，性、命之說充斥著〝天人相應〞、〝人副天數〞的觀點，王充著《論衡》以破除漢代迷信的治學現象，以〝疾虛妄〞的態度衡量言論是非真偽之標準。該研究乃探討王充對於人性的看法，究竟是善，是惡？抑或是不善不惡的生物性？該文先介紹王充之時代背景與其

[88] 引自該文之摘要。

人，並兼論其思想淵源為何，再以其所著〈本性〉、〈率性〉二篇專論人性之篇章展開探討，得到其將人性三分的結論：〝中人以上〞、〝中人以下〞，以及〝中人之性〞。其中可知王充強調中人之性可以移易，透過教育可以趨向善性；另有三命三性之說，可以作為輔助理解王充整體人性論之資料。而王充批評諸家人性說，該文分別列舉孔子、孟子、告子、荀子與董仲舒等人的人性說意旨，對照王充的批評，觀察王充評斷是否得宜。王充以大量的事例堆疊，作為反駁諸家的依據，又以先入為主的〝氣性〞、〝人性應有善有惡〞等觀點作述評，也悖離了諸家人性說的原旨。[89]

10.蔡金昌：《魏晉南北朝人性論研究》（台中：國立中興大學中國文學所博士論文，2013年）。

該文之探討以先秦人性思想為開端，定立往後中國人性論的主軸議題，並就兩漢氣化觀到玄學貴無論、崇有論與至虛論的進程檢視傳統人性思想的演變狀況。加以魏晉南北朝佛教般若學、涅槃學、瑜伽行學在人性論的基礎上開出的佛性思維，及道教於此潮流中亦漸形成的道性思想，由是以見中國人性範疇之拓展。在聖人觀方面突破傳統成德致聖的唯一徑路，使得人格的最高理想價值不只局限於世間的德性圓滿，出世間的成佛、成道，實擴大並超

[89] 引自該文之摘要。

出了傳統人性思維下的聖人格局。相對的，聖人的內在依據是在德性之上開顯超越於德性的佛性與道性，使得人性的內涵更加深廣。更由詮釋的角度收攝傳統氣化論、本體論的架構，透過對心識的重視，產生以心性為主軸的人性論趨勢，表現出魏晉南北朝人性論對傳統人性論的繼承及轉化，成為此時期的重要特色，在中國人性思想史的發展上具有重大的意義。[90]

11.陳薇：《王安石人性論研究》（新北：華梵大學東方人文思想研究所碩士論文，2013年）。

該文以王安石的人性論大抵分為四個時期：初期繼承孟子的性善論；中期接近揚雄的性善惡混論，調節傳統性善與性惡的人性論主張；後期則追溯告子的性無善無惡論，重視後天的習與情，藉以推動變法，改革國家；晚期因為政治上變法失敗及愛子的死亡，王安石回歸認同孟子的性善論，認為人性本善。他人性論的思想，主要透過對於傳統人性論的繼承與批判，批判孟子的性善論、荀子的性惡論、揚雄的性善惡混論及韓愈的性三品論，直接上緣孔子的人性理論，建立自己的人性論思想。主要內涵為人性無善惡，強調性情一也、善惡由習、五事成性、盡性天命的觀念，重視後天人為的力量，注重後天的習與情。可見，王安石的人性論思想融合三教，促使儒家回到學術思

---

[90] 引自該文之摘要。

想的主流地位；且因為王安石對孟子的推崇，確認孟子在儒家道統的地位，對義理和性命道德之學的重視，或許也影響理學發展之方向。[91]

12.林璟鋒：《荀子與霍布斯對人性的探討研究》（嘉義：南華大學哲學與生命教育學系碩士論文，2014年）。

荀子和霍布斯兩位中西哲學家相距近二千年，但卻同時對人性有著相近的觀點：人的本性在原始的自然狀態下是惡的。霍布斯在自然狀態的人性私欲基礎上，建立了自然律的政治哲學；荀子則為針對人性之惡而建立其政治制度與倫理綱常；依此，這讓他們二位產生相當的關連性。荀子認為人的本欲是惡的，但這種本性是可以靠著聖人創造的道德規範和法律等外在的力量來改變，其最終目標即是將人的社會轉變到善的境地。而霍布斯則認為只要自然狀態可能，人性的惡是不可以改變的，只有形成一個政治強權—國家，經由群眾互訂契約，授予它絕對的權力，才能真正維護人類的和平與安全。[92]

13.吳倚晴：《論人性尊嚴作為人體試驗之規範界限--以赫爾辛基宣言為討論中心》（新竹：國立清華大學科技法律研究所碩士論文，2014年）。

---

[91] 引自該文之摘要。

[92] 引自該文之摘要。

該文檢視目前國際上普遍認同的生物醫學人體試驗最高指導原則－赫爾辛基宣言，進而發現其條文中明確指出，生醫人體試驗中，受試者之尊嚴應如同其生命、健康、隱私等，應在醫學研究中受到保障。該文分別由倫理及法律的角度探討〝人性尊嚴〞，釐清人性尊嚴的內涵，並嘗試將人性尊嚴客體公式實際運用於赫爾辛基宣言所規範之試驗對象的檢視，並透過德國學者Günter Dürig的客體公式審視不同受試者所應受到的不同對待，以及如何始得符合人性尊嚴的要求。人性尊嚴作為一切人類所共有的理性本質，其存在不受任何外在條件影響，它可以同時作為道德之概念及法律上權利，亦可作為檢視生醫人體試驗的標準，並作為生醫法律規範界限的客觀解答。該文之最終目的在於使人性尊嚴可具體地在生物醫學領域中發揮引導性的規範作用，並實際運用人性尊嚴客體公式作為審查生醫科技人體試驗之評估標準。[93]

14.吳茂傳：《焦循人性論研究》（彰化：明道大學國學研究所碩士論文，2014年）。

該文以研究焦循人性論為主題，人性論為焦循哲學思想重心。站在中國哲學史上，關於人性論述之異論紛紜，孟子〝性善論〞一直被視為重要的人性哲學理論，焦循人性論是以《孟子》學為基底，在其《孟子正義》一書，幾

[93] 引自該文之摘要。

乎囊括了清代乾嘉以前《孟子》學的研究成果，《正義》書中可見其性理諸義，結合戴震之說法，並以《易》、《論語》、《中庸》一貫仁恕之旨融會暢發，尤為此疏精要所在。焦氏自云：〝循讀東原戴氏之書，最心服其《孟子字義疏證》〞其孟子思想繼承戴氏脈絡而發展，繼承戴震新義理學〝理者，存乎欲者也〞之〝通情遂欲〞觀。探究焦循人性論之旨要，是以焦循精擅《易》學，其《易》理中寄寓深刻的人性論，運用《易》理變通詮釋《孟子》之學。[94]

15.陳威儀：《王充人性論研究》（新北：華梵大學東方人文思想研究所碩士論文，2014年）。

該文認為王充以自然之道代替董仲舒建立的意志天的觀念，對於兩漢充斥著天人感應、讖緯迷信的思想有廓清改革之功，認為自然才是決定一切的存在，並建立以自然為命題的人性論。在中國思想史上有關於人性問題的討論，就是人性善惡之辯，有孟子的〝性善〞說，荀子的〝性惡〞說，更有告子的〝無善無惡〞說及揚雄的〝善惡相混〞說。王充在《論衡．本性》篇中，對孟子、告子、荀子、陸賈、董仲舒、劉向等，關於人性善惡問題的思考進行議論，進而提出了自己的主張，即人性有善有惡論。他主張〝稟天地之性，懷五常之氣〞，以氣作為萬物生成的本源，

---

94 引自該文之摘要。

來探討人性形成的基礎，認為人性有善有惡，性的善惡與稟氣的厚薄有直接的關係，稟氣厚者性善，稟氣薄者性惡；認為人性是人承受了具有道德屬性的氣而形成的，而富貴貧賤則是命中注定。性與命既相互聯繫，又有所區別，此構成王充獨特的人性論。他透過對人性及人文教化的看法，確認人能經由人文教化，使人從物質文明提升至精神文明，認清人性的本質，使人的生活有意義，提升人們的生命價值，最終實現人生的理想及目的。[95]

16.劉俊甫：《王夫之《讀四書大全說》的人性論》（台北：國立台北大學中國文學系碩士論文，2014年）。

該文主要是疏理王夫之《讀四書大全說》中與人性論有關的概念，試圖呈現船山如何詮釋理學中的這些人性論議題，並藉此指出船山與理學在核心論題與精神方向上的一致之處。[96]

17.戴光陽：《啟發惻隱之心：道為照亮苦難、肯定人性、援之以手而綻放的光》（台北：國立台北科技大學應用英文系碩士論文，2015年）。

該文所探討的歷史事件及相關文學作品涉及二次大戰希特勒對猶太人的大屠殺、德勒斯登轟炸、廣島原爆、盧

---

[95] 引自該文之摘要。
[96] 引自該文之摘要。

安達大屠殺等，包含專欄評論、自傳小說、日記、文學作品、電影、漫畫等題材，作歷史、哲學、精神分析、教學法等的剖析和討論，並與當今世界亂象作批判，也試圖為學生打開惻隱之心，藉由認識歷史、文學作品，找出一個正面、充滿憐憫的關懷，對弱者伸出援手、注入人性光輝。[97]

18.熊偉均：《論《孟子》人性論之〝本善〞與〝向善〞詮釋》（台北：國立臺灣大學哲學所碩士論文，2015年）。

該文的目標在探求理解《孟子》〝性〞論的適當方式，並反思不同理解方式，對於詮釋與建構《孟子》之人性理論產生了什麼樣的影響。該文係從朱熹透過《孟子集注》所開展之〝人性本善論〞開始進行研究，並點出朱熹對於〝性〞進行本質性的理解在理論本身與文本詮釋兩方面所產生的影響。緊接是以當代學者傅佩榮之《孟子解讀》為研究核心，探討其如何透過對於《孟子》文本進行全面性的翻譯與詮釋，建構出〝人性向善論〞的理論體系，並由此開展出〝性〞的動態特色。該文以分析並統整朱熹與傅佩榮的詮釋建構為主，同時尋找當代學者研究《孟子》是否也有〝人性向善〞的相關主張，並介紹當代學者批評〝人性向善〞的論點。最後進入西方學界的脈絡，以葛瑞漢、

[97] 引自該文之摘要。

安樂哲與華靄仁三位的孟子研究為討論主軸，三者皆揭示了孟子論〝性〞的傾向以及能動特色。在該文的最後，為目前的研究成果進行統合與反思，揭示〝人性向善〞是理解《孟子》〝性〞論的較佳方式。[98]

19.謝希樸:《孟子人性論的再詮釋--借助康德哲學的觀點》（台中：東海大學哲學系碩士論文，2015年）。

該文以人性論在哲學上的地位極為特別，一方面對於人性概念的界定本身就很模糊，另一方面論及人性者皆須處理人性是善抑是惡的問題。然而在這樣的提問中，即〝人性善〞或〝人性惡〞這樣的論斷究竟意味著什麼？其所反映的思維又是怎樣？該論文擬定以孟子這位作為中國儒學的人性論代表的思想為核心，並從康德的道德哲學與人性論作為對照，透過對照康德的道德與人性理論的思想，看出人性論的根本問題，這樣的進程來反觀並解釋孟子思維的獨特性。在這樣中西哲學的對照中，我們亦特別論述牟宗三與譚家哲兩家對這一問題的看法，從孟子人性論為軸、康德的對照，並摻以不同闡釋者，該論文企圖從中對人性論問題之意涵作一更清楚的闡釋。[99]

20.羅惠齡：《當代《孟子》人性論的省察--以漢學家的詮釋所展開的反思》（新北：淡江大學中國文學系博士

---

[98] 引自該文之摘要。
[99] 引自該文之摘要。

論文，2016年）。

該文以當代《孟子》人性論的省察--以漢學家的詮釋所展開的反思為主題，共分七章進行論述，旨在針對當代學者有關孟子研究的一些爭議性課題，試圖通過思想史的省察及文獻分析等程序，予以廓清與重釋。首先立基於歷史發展脈絡，掌握孟子經典文獻語義，探掇詮釋關懷的歷史意識，衡定評騭詮釋架構之義理價值。其次藉由學術研究成績斐然的勞思光先生與當代新儒家的重要代表人物牟宗三先生，對於孟子詮釋的差異所作的反省，深刻觸及儒家哲學的內在問題，此後關於孟學的探討必然是在他們基礎上的進一步躍升，並試圖為孟子智慧架構出一個開放性的理論系統。接著，追問葛瑞漢、華靄仁，以及安樂哲三位西方漢學家，何以因著解釋傳統經典間的迥異思維，而造成各種不同理解的根據。最後，廓清傳統與當代，為其論點展開貫串鋪陳，既須疏理西方詮釋孟學所引發的爭議，同時又讓其經典發光，並提供另一資藉系統，冀望為孟學詮釋脈絡，提供更佳的論述角度。[100]

21.邱子樵：《論休謨之道德來源--以《人性論》為核心探討》（新北：輔仁大學哲學研究所碩士論文，2016年）。

該文以休謨認為理性僅服膺於情感，在推理的過程

[100] 引自該文之摘要。

中，理性是情感的奴隸。對後世道德情感主義者以及道德心理學造成極大的影響。該文係以休謨生平背景作為以及懷疑論思潮為出發點，讓讀者理解，整體時代背景下思潮與學說的轉變。其次，說明休謨倫理思想建構之根基。最後，爬梳與整理休謨《人性論》中關於道德倫理學和情感論之整體架構與原理。[101]

綜觀前人研究的成果，有關人性方面的研究，雖有部分引西方學者之主張，然大致圍繞在性善、性惡，以及性無善惡之說。本文將立於此等研究成果的基礎上，作縱橫之延伸。

[101] 引自該文之摘要。

第二章

生命的起源

根據科學家推測，我們所寄居的太陽系之存在，大約有一兆年以上，地球的年齡則至少也有四、五十億年之久，而生物是在地球之地殼冷固以後才產生的，生命的起源當然更少於地球的年齡，大概也有三十億年左右。可是生命是怎麼產生的呢？這是一個非常深奧且難以回答的問題，難到讓許多宗教家、哲學家、科學家，以及無數學者窮畢生之精力與智慧，歷數千年之久的摸索，研究，迄今還未能有一個滿意且正確的答案。本文為探討〝人性〞，不得不要先從〝生命的起源〞問題談起，因人性之善惡，必須藉由〝行為〞的表現方能識得，而促使行為活動者，則是〝生命〞。易言之，人是因有生命，才會有行為活動，有了行為活動，才能識得人性是什麼。所以要探討人類的本性，必先瞭解人類生命的源由，它的發展過程以及所受的環境背景等，才能得到客觀的結果。因此，本章擬先就前哲對有關宇宙生成，生命源由的主張，分為三種學說：一為宗教說、二為哲學說、三為科學說，加以探討。

第一節　宗教說

世界上大小宗教之多，種類之雜，恐難於實際去統計。然對宇宙生成，生命源由的主張，卻無多大差異，這以基督教的〝上帝創生說〞最具代表性，其他宗教如有不同，充其量也僅是形式或名稱上而已。大概唯有佛教的說法與基督教較為不同，前者具哲學性，後者則具神話性。故以下的論述，將以這兩大世界性的宗教為主：

一、基督教

《聖經》上說：

> 起初神創造天地。地是空虛混沌，淵面黑暗，神的靈運行在水面上。神說要有光就有了光。神看光是好的就把光暗分開了。神稱光為晝，稱暗為夜，有晚上，有早晨，這是頭一日。神說：諸水之間要有空氣，將水分為上下。神就造出空氣，將空氣以下的水，空氣以上的水分開了，事就這樣成了。神稱空氣為天，有晚上，有早晨，是第二日。神說天下的水要聚在一處，使旱地露出來，事就這樣成了。神稱旱地為地，稱水的聚處為海，神看著是好的。神說：地要發生青草，和結種子的菜蔬，並結果子的樹木，各從其類，果子都包著核，事就這樣成了。於是地發生了青草，和結種子的菜蔬，各從其類，並結果子的樹木，各從其類，果子都包著核……，是第五日。神說：地要生出活物來，各從其類，畜牲，昆蟲，野獸，各從其類，事就這樣成了。於是神造出野獸，各從其類，畜牲各從其類，地上一切昆蟲，各從其類，神看著是好的。

又說：

> 神說：我們要照著我們的形象，按著我們的樣式造人，使他們管理海裡的魚，空中的鳥，地上的牲畜，和全地，並地上所爬的一切昆蟲。神就照著自己的形象造人，乃是照著他的形象造男造女。神就賜福給他們，又對他們說，要生養眾多，遍滿地面，治理這地，也要管理海裡的魚，空中的鳥，和地上各樣行動的活物。神說：看哪，我將遍地上一切結種子的菜蔬，和一切樹上所結有核的果子，全賜給你們作食物。至於地上的走獸，和空中的飛鳥，並各樣爬在地上有生命的物，我將青草賜給他們作食物，事就這樣成了。神看著一切所造的都甚好，有晚上，有早晨，是第六日。天地萬物都造齊了。到第七日，耶和華神用地上的塵土造人，將生氣吹在他鼻孔裏，他就成了有靈的活人，名叫亞當。[1]

天地萬物就這樣子在祂七天之內被造成，人類的第一個生命也就在祂一口氣之下產生。

二、佛　教

佛教以〝真如或曰：真心或曰：如來藏〞為宇宙本體，

[1] 見《聖經・創世篇》。

用三法印、四諦、十二因緣等來說明宇宙人生的輪迴問題，並認為天地萬物皆由因緣（緣起）的聚散而生而滅，所以說：眾因緣生法，我說即是無，亦為是假名，亦是中道義。[2]茲列舉十二因緣來進一步說明：

十二因緣是以十二個因果關係之條目，成一系列解釋宇宙人生輪迴的現象，此十二條目為：

1.無明（梵 avidya）：無知狀態、無意識的本能活動。

2.行（梵 samskara）：潛在的意志活動，具有創作性，就是由無明所造善惡諸業。

3.識（梵 vijnana）：認識，分別作用。

4.名色（梵 namarupa）：精神與物質，名稱與形態，心與身。

5.六處（梵 sad ayatana）：六種認識機能，眼、耳、鼻、舌、身、意。

6.觸（梵 spaysa）：是感覺作用，感官與對象的接觸。

7.受（梵 vedana）：是領納，對所觸的境，生起苦樂的感受。

8.愛（梵 trsna）：是貪愛，所觸的境，生起慾望，盲目的佔有慾。

---

[2] 參見龍樹：《中論》，載於《大藏經》影印日本《大正藏》第三十冊，（台北：新文豐出版公司），P.33。

9.取（梵 upadana）：執著，對一切物的追求和執持。

10.有（梵 bhava）：生命的存在，自我的表現。

11.生（梵 jatc）：受胎，出生。

12.老死（梵 jara marana）：老去、死亡。

由第一條目無明起，宇宙本來是一個大渾沌，一團漆黑，此中沒有方向，也沒有光明。由無明到行，開始由混一的狀態轉向分化，有些盲目的意志活動在翻滾。由行到識這些盲目的意志活動凝結成稍具固定方向的認識活動。但這只是妄情妄執的認識，只是一種虛妄的執取，執取外界種種為有其自性而已，並無所謂認識。執取的認識活動開始後，便有進一步具體化的表現，此中即分開執取的主體與被執取的客觀（此中的主客只是泛說，並無其本分的意思），或者說，有形式與物質的出現，這即是識之下的名色，這是客體方面。另一方面，對於這客體的認識，必要藉主體的認識機能：眼、耳、鼻、舌、身、意。前五者對應於物質，後六意則對應於形式，這即是六入。必須要說的是，這六入仍不是一種具形的認識機能。而只是一種潛勢，一種執取的潛勢而已，其時自我，靈魂尚未完成，何來具形的認識機能呢？六入既成，即展開對外界的搜索執取活動，由觸而受，由受而愛，由愛而取，這都是很自然的現象，自然生命的表現即是如此，接觸之便有感受，或是順的，或是逆的，順即是樂，逆即是苦，趨樂而厭苦，那也是自然的，故有愛，有憎。愛即取之，憎即捨之。故最後還歸於執取，以致執取整個自己，這便是自我的出現，靈魂的形式。或者說，這便是個體生命的形成。執取可以有表面的，亦可以有深沈的，可以是零碎的，也可以是全面的。深沈而全面的執取，即是對自我的執取，而成個體生命，這即是〝有〞，有而生，積無量數的惡業而成的個體生命受胎而生，由生而老死，老死後精神的個體生命不隨物理的生命個體老去腐化而逍逝，本著其惡業向另一現成的生命個體受胎而生，在生死的世間輪轉。[3]

一代高僧僧肇對宇宙生成，生命源由也有較具體的說明，他說：

> 以知一故，即分為二。二生陰陽，陰陽為動靜也。以陽為清，以陰為濁。故清氣內虛為心，濁氣外凝為色，即有心色二法。心應於陽，陽應於動；色應於陰，陰應於靜。靜乃與玄牝相通，天地交合故。所謂一切眾生，皆稟陰陽虛氣而生，是以由一生二。二生三，三即生萬法也。既緣無為而有心，復緣有心而有色。故經云：〝種種心色。〞是以心生萬慮，色起萬端，和合業因，遂成三界種子。[4]

---

[3] 參見鍾偉光：《龍樹緣起觀之研究》，（香港能仁學院哲學研究所碩士論文，1983年），PP.13~22。

[4] 見僧肇：《寶藏論》，載於《大藏經》影印日本《大正藏》第四十五冊，（台北：新文豐出版公司），P.148。

第二節 哲學說

自古以來，前哲對宇宙生成，生命源由的主張非常之多，在這些主張中，有的是具有科學基礎，有的則是哲學性的玄思，實有釐清之必要。故凡屬不能用科學方法去驗證的思想主張者，皆在本節加以論列，並分成中國與西洋兩個部分來論述：

一、中　國

在中國，最早談到有關宇宙生成，生命源由者，應是在上古三代時期的〝神話〞，該神話中認為世界的一切都是由〝神〞所主宰的。勞思光教授認為：《詩經・周頌》〝維天之命，於穆不已。於乎不顯，文王之德之純。〞中的〝天之命〞與商頌〝天命玄鳥，降而生商。〞中的〝天命〞，是中國古代的〝形上天〞觀念，亦是原始信仰中的〝神〞。[5]《詩經・大雅》亦云：「天生蒸民。」[6]

然而以自然哲學的立場來具體論述者，則始見於春秋

[5] 參見勞思光：《新編中國哲學史（一）》，（台北：三民書局，1991年），PP.91、92。

[6] 見《詩經・大雅》。

時代老子所著之《道德經》。[7]他認為：天地萬物就在一個道生一，一生二的宇宙法則下，自然而然的生成，無需人為的安排，只要順其自然，守其自然，萬物自可各遂其生。故曰：「有物混成，先天地生。寂兮寥兮，獨立不改。周行而不殆，可以為天下母。吾不知其名，字之曰道。」[8]又曰：「道生一；一生二，二生三，三生萬物。萬物負陰而抱陽，沖氣以為和。」[9]、「大道氾兮其可左右，萬物恃之而生而不辭，功成不名有，衣養萬物而不為主。」[10]

次見於孔子所贊之《周易》，[11]〈繫辭傳〉上云：「是

---

[7] 案《道德經》一書是否為老子所作頗有爭議；史記：老莊申韓列傳對於老子之記載欠精確；馮友蘭根本懷疑老子的存在（見所著《中國哲學史上冊》，香港：三聯書局，1993年，P.162~164）；而胡適與蔣維喬則承認老子有其人，生在孔子之前，為道家之祖；譚正璧亦承認老子有其人，道德經確為他所作（見所著《國學概論新編》，高雄：河洛圖書出版社，1978年，P.96）；筆者認為譚正璧之說頗為可信，故從之。

[8] 見《老子道德經．第二十五章》。

[9] 見《老子道德經．第四十三章》。

[10] 見《老子道德經．第三十四章》。

[11] 案《周易》是否為孔子所作亦有爭議，按《周易》的內容，分為辭（經）與傳兩部，辭為釋卦之文，又分為卦辭與爻辭兩種，卦辭定全卦的意義；爻辭解釋每爻的意義。鄭玄認為卦辭與爻辭皆為文王所作；馬融認為卦辭為文王所作，爻辭為周公所作；皮錫瑞則認為皆為孔子所作，傳為釋辭論卦之文，共有七種十篇，故稱十翼；也有人不信孔子所作，是其弟子所作；錢玄同則認為易經與孔子沒有任何關係；《史記．孔子世家》認為十翼為孔子所作；筆者認為縱非孔子所作也不出他所刪訂，故從《史記》之說。

故易有太極、是生兩儀，兩儀生四象，四象生八卦。」[12]又云：「天地絪緼，萬物化醇；男女媾精，萬物化生。」[13]、「有天地然後有萬物，有萬物然後有男女，有男女然後有夫婦。」[14]人類的生命，就是在這麼一個宇宙的基本元素（太極）隨著萬物演變的法則生化出來。

但墨子卻認為宇宙萬物皆由有意志的上天來主宰安排的。故謂：「天下有義則生，無義則死……然則天欲其生而惡其死，欲其富而惡其貧，欲其治而惡其亂，此我所以知天欲義而惡不義也。」[15]復謂：「愛人利人者，天必福之；惡人賊人者，天必禍之。」[16]

荀子則不認為天是有意志的，可主宰宇宙萬物，他說：「天行有常，不為堯存，不為桀亡。」[17]又說：「星隊（墜）木鳴，國人皆恐，曰：『是何也？』曰：『無何也？』是天地之變，陰陽之化，物之罕至者也，怪之可也，而畏之非也。夫日、月之有蝕，風雨之不時，怪星之黨見，是無世而不常有之，上明而政平，則是雖並世起無傷也。上闇而政險，則是雖無一至者無益也。」[18]他認為這一切都是自

---

[12] 見《易經・繫辭上傳》。
[13] 見《易經・繫辭下傳》。
[14] 見《易經・序卦傳》。
[15] 見《墨子・天志上篇》。
[16] 見《墨子・法儀篇》。
[17] 見《荀子・天論篇》。
[18] 同前註。

然的現象，人類的生命也是在這樣列星隨旋，陰陽大化之下，自自然然的生成。故又說：「列星隨旋，日月遞炤，四時代御，陰陽大化，風雨博施，萬物各得其和以生，各得其養以成，不見其事而見其功，夫是之謂神。皆知其所以無成，莫知其無形，夫是之謂天。」[19]

莊子對宇宙生成、生命源由的看法與老子相同，他說：「泰初有『旡』，旡有無名。一之所起，有一而未形。物得以生謂之德。未形者有分，且然無閒謂之命。留動而生物，物成生理謂之形，形體保神各有儀，則謂之性。」[20]莊子的〝旡〞與老子的〝無〞是相通的，老子的無與道亦是互通的，故莊子的一為旡所生，與老子所說的道生一是同義。復說：「天無為以之清，地無為以之寧，故兩無為相合，萬物皆化，芒乎？芴乎？而無從出乎？芴乎芒乎？而無有象乎？萬物職職，皆從無為殖。」故又曰：「天地無為也，而無不為也；人也，孰能得無為哉？」[21]他認為一切萬物皆由宇宙的基本元素〝旡〞，順著自然法則的演變而自己生化出來。

而列子的看法則是：宇宙萬物皆由太易順著自然法則演變而來，他說：

---

[19] 同註16。
[20] 見《莊子・天地篇》。
[21] 見《莊子・至樂篇》。

> 夫有形者生於無形，則天地安從生？故曰：有太易，有太初，有太始，有太素。太易者未見氣也，太初者氣之始也，太始者形之始也，太素者質之始也。氣形質具而未相離，故曰渾淪。渾淪者言萬物相渾淪而未相離也。視之不見，聽之不聞，循之不得，故曰易也。[22]

又說：

> 易變而為一，一變而為七，七變而為九，九變者究也。乃復變而為一，一者形變之始也。清輕者上為天，濁重者下為地，沖和氣者為人，故天地含精，萬物化生。[23]

管子的看法為：萬物皆為水所生，他說：「人，水也，男女精氣合，而水流形。」[24]又謂：「是故具者何也？水是也。萬物莫不以生。故曰：水者何也？萬物之本原也，諸生之宗室也，美惡賢不肖愚俊之所產也。」[25]

准南子則說：

> 天墜未形，馮馮翼翼，洞洞屬屬，故曰太昭。道始

---

[22] 見《列子・天瑞篇》。
[23] 同前註。
[24] 見《管子・水地篇》。
[25] 同前註。

於虛霩，虛霩生宇宙，宇宙生氣。氣有涯垠，清陽者薄靡而為天，重濁者凝滯而為地。清妙之合專易，重濁之凝竭難，故天先成而地後定。天地之襲精為陰陽，陰陽之專精為四時，四時之散精為萬物；積陽之熱氣生火，火氣之精者為日；積陰之寒氣為水，水氣之精者為月；日月之淫精者為星辰。[26]

天地就是由太昭這個基本元素所生化的，而人類呢？為陰陽二氣所混生。故又說：

古未有天地之時，惟像無形；窈窈冥冥，芒芠漠閔，澒濛鴻洞，莫知其門。有二神混生，經天營地，孔乎莫知其所終極，滔乎莫知其所止息。於是乃別為陰陽，離為八極，剛柔相成，萬物乃形。煩氣為蟲，精氣為人。是故精神天之有也，而骨骸者地之有也，精神入其門而骨骸反其根，我尚何存。[27]

董仲舒以〝元〞為宇宙的基本元素，亦是萬物的本質，並認為人類為天地之精所生，為天地所養。他說：「一元者大始也。」[28]又說：「天地之精，所以生物者，莫貴於人。」[29]、「天覆育萬物，既化而生之，有養而成之。」[30]

---

[26] 見《淮南子·天文訓》。
[27] 見《淮南子·精神訓》。
[28] 見董仲舒：《春秋繁露·玉英篇》。
[29] 見董仲舒：《春秋繁露·人副天數篇》。

而王充認為，人類是由五行之氣偶然混合所產生的，他說：「故天用五行之氣生萬物且一人之身，含五行之氣。故一人之行，有五常之操。」[31]又說：「儒者論曰：天地故生人，此言妄也。夫天地合氣，人偶自生也，猶夫婦合氣，子則自生也。夫天不能故生人，則其生萬物亦不能故也。」[32]

周濂溪則融合了儒、道、陰陽、五行等家的學說而創立太極圖，具體的論述宇宙生成，生命之源由，是為中國首位有較完整的本體論（ontology）者。他說：

> 無極而太極，太極動而生陽，動極而靜，靜而生陰，靜極復動，一動一靜，互為其根，分陰分陽，兩儀立焉。陽變陰合，而生水火木金土，五氣順布，四時行焉。五行一陰陽也，陰陽一太極也，太極本無極也。五行之生也，各一其性，無極之真，二五之精，妙合而凝，乾道成男，坤道成女，二氣交感，化生萬物，萬物生生，而變化無窮焉。惟人也得其秀而最靈，形既生矣，神發知矣，五性感動而善惡分，萬事出矣，聖人定之以中正仁義，而主靜立人極焉。故聖人〝與天地合其德，日月合其明，四時合其序，鬼神合其吉凶。〞君子修之吉，小人悖之

30 見董仲舒：《春秋繁露・王道通三篇》。
31 見《王充論・衡物勢篇》。
32 同前註。

凶。故曰：〝立天之道，曰陰與陽；立地之道，曰柔與剛；立人之道，曰仁與義。〞又曰：〝原始反終，故知死生之說。〞大哉易之，斯其至矣！[33]

邵康節以易經為藍圖，更進一步的說明宇宙萬物的生成，他說：「太極既分，兩儀立矣，陽上交於陰，陰下交於陽，四象生矣。陽交於陰，陰交於陽，而生天之四象，剛交於柔，柔交於剛，而生地之四象，於是八卦成矣。八卦相錯，然後萬物生焉。」[34]又說：「太極之儀，一動一靜交而為四象之太少，萬物之生，由變化感應皆八卦之類一唱一和，交而為十六事之錯綜圖具乎。」[35]

張載認為，宇宙萬物皆為〝氣聚〞所生，〝氣散〞則滅，他說：「太虛不能無氣，氣不能不聚而為萬物，萬物不能不散而為太虛。」[36]又說：「氣之聚散於太虛，猶冰凝釋於水，知太虛即氣，則無無。」[37]

集宋代理學之大成的朱熹則認為，天地萬物是由〝理氣〞流行發育而成，他說：「天地之間，有氣有理。理也者形而上之道也，生物之本也；氣也者形而下之器也，生物之具也。是以人物之生，必稟此理然後有性；必稟此氣然

[33] 見《周子．太極圖說》。
[34] 見《邵子皇極經．世觀物外篇》。
[35] 見《邵子皇極經．世觀物內篇》。
[36] 見《張子全書．正蒙太和篇》。
[37] 見《張子全書．正蒙太和篇》。

後有形。」[38]又說：「未有天地之先，畢竟也只是『理』。有此『理』便有此天地，若無此『理』便亦無此天地，無人無物，都無該載了。有理，便有氣流行，發育萬物。」[39]、「且如天地間人物草木禽獸，其生也莫不有種，定不會無種子白地生出一個物事。這都是氣，若理只是個淨潔空闊底世界，無形跡，他卻不會造作。氣則能醞釀凝聚生物也。但有此氣，則理便在其中。」[40]、「一元之氣，運轉流通，略無停間，只是生出許多萬物而已。」[41]

戴東原反對朱熹〝理氣〞二元論的說法，他批評說：

> 宋儒以理為如有物焉，得於天而具於心，人之生也，由氣之凝結生聚，而理則湊泊附著之。其所謂理，別為湊泊附著之一物，猶老、莊、釋氏所謂〝真宰〞、〝真空〞之湊泊附著於形體也。理既完全自足，難於言學以明理，故不得不分理氣為二本而咎形氣，蓋其說雜糅傅合而成，令學者眩惑。[42]

他認為：陰陽五行之氣就是道就是理，萬物稟受此氣，而始有其形質，這就是氣化，但氣本身則無形質。天地、人物、事為皆有其理，而理是在氣中。簡言之，五行（水、

---

[38] 見《朱子大全・答黃道夫書》。
[39] 見《朱子語類・理氣上篇》。
[40] 同前註。
[41] 同註38。
[42] 見戴東原：《孟子字義疏證》卷上。

火、木、金、土）為宇宙萬物的基本元素，隨著氣化流行，而生出萬物。故謂：「道猶行也，氣化流行，生生不息，是故謂之道。易曰：『一陰一陽之謂道。』鴻範『五行：一曰水，二曰火，三曰木，四曰金，五曰土。』行亦道之通稱。」[43]又謂：「陰陽發見天成其象，日月以精分地成其形，山川以勢會日月者，成象之男女也，山川者成形之男女也，陰陽者氣化之男女也。」[44]

康有為以〝元氣〞起造天地，生化萬物，他說：

> 夫浩浩元氣，造起天地。天者，一物之魂質也。人者，亦一物之魂質也。雖形有大小，而其分浩氣於太元，挹涓滴於大海，無以異也。孔子曰：〝地載神氣；神氣風霆，風霆流形；庶物露生。〞神者，有知之電也。光電能無所不傳，神氣能無所不感。神鬼神帝，生天生地。全神分神，惟元惟人。微乎妙哉，其神之有觸哉。無物無電，無物無神。夫神者，知氣也，魂知也，精爽也，靈明也，明德也；數者，異名而同實。有覺知則有吸攝，磁石猶然，何況於人？不忍者，吸攝之力也。故仁智同藏，而智為先；仁智同用，而仁為貴矣。〞[45]

---

43 見戴東原：《孟子字義疏證》卷中。
44 見戴東原：《集法象論》。
45 見康有為：《大同書・第一章》。

譚嗣同以〝以太〞（ether）為宇宙萬物的本質，生化眾生，他說：

> 偏法界，虛空界，眾生界，有至大之精微，無所不膠粘，不貫洽，不筦絡，而充滿之一物焉。目不得而色，耳不得而聲，口鼻不得而臭味，無以名之，名之曰以太。其顯於用也，孔謂之仁，謂之元，謂之性。墨謂之兼愛。佛謂之性海，謂之慈悲。耶謂之靈魂，謂之愛人如己，視敵如友。格致家謂之愛力，吸力。咸是物也。法界由是生，虛空由是立，眾生由是出。[46]

又說：

> 以太之用之至靈而可徵者，於人身為腦。於虛空則為電，而電不止寄於虛空，蓋無物不彌綸貫徹。腦其一端，電之有形質者也。腦為有形質之電。是電必為無形質之腦。人知腦氣筋通五官百骸為一身，即當知電氣通天地萬物人我為一身也。[47]

而李大釗認為：吾人之生命永遠在大實在的瀑流中流轉，隨著大實在的奔流，以為擴大、繼續、進轉、發展，以致生生不息。故他說：「大實在的瀑流永遠由無始的實在

---

[46] 見譚嗣同：《全集仁學》卷上。

[47] 同前註。

向無終的實在奔流。吾人的『我』，吾人的生命；也永遠合所有生活上的激流，隨著大實在的奔流，以為擴大，以為繼續，以為進轉，以為發展，故實在即動力，生命即流轉。」[48]又說：「宇宙進化的機軸，全由兩種精神運之以行，正如車有兩輪，鳥有兩翼，一個是新的，一個是舊的。但這兩種精神活動的方向，必須是代謝的，不是固定的；是合體的，不是分立的，才能於進化有益。」[49]

金岳霖則將中國哲學中常見的〝混沌，萬物之所從生〞予以全新的解釋，他說：「道無始，無始底極為無極。」[50]又說：「無極無為，就其無為而言之，無極為混沌，萬物之所從生。」[51]在中國傳統哲學裏的〝道〞，係指宇宙萬物生成的自然法則，金氏將這個自然法則的〝道〞務於內容就是〝式〞和〝能〞，故說：「道是式一能。」[52]他的〝式〞和〝能〞相當於朱熹所謂的〝理〞和〝氣〞，〝能〞有出入，出入之間就有輪轉現實底可能與輪轉現實的可能，如果能輪轉變成〝現實〞就是〝式〞。再者，金氏的〝無極〞，並非一般概念中的〝無中生有〞，而是在理論上說，無始有個極限，這個極限謂之無極。他解釋說：

---

48 見李大釗：〈今〉，載於《李大釗選集》，（北京：人民出版社，1959年），P.95。
49 見李大釗：〈新的！舊的！〉，載於同前註，P.97。
50 見金岳霖：《論道》，（北京：中國商務印書館，1985年），P.178。
51 同前註，P.179。
52 見金岳霖：《論道》，（北京：中國商務印書館，1985年），P.19。

> 道無始，所謂無始就是說無論把任何有量時間以為道底始，總有在此時間之前的道；這極是極限的極，是達不到的極。它雖然是達不到的，然而如果我們用某種方法推上去，無量地推上去，它就是在理論上推無可再推的極限，道雖無有量的始，而有無量地推上去的極限。我們把這個極限叫作無極。[53]

對於〞混沌〞他也解釋說：

> 本條所說的混沌，就是那〞混沌初開，乾坤始奠〞的混沌。本條說無極為混沌，萬物之所從生。這〞從〞是無量時間的〞從〞。在有量時間，萬物之所從生的仍是萬物。就橫面的分析著想，如果我們分析下去，無論我們在甚麼階段打住，在那一階段，萬物之所從生的仍是萬物。只有理論上的極限才是混沌，才是這裏所說的萬物之所從生的所〞從〞。但是絕對的〞無〞，毫無的〞無〞，空無所有的〞無〞，不可能的〞無〞不能生〞有〞，也不會生〞有〞。能生有的〞無〞，仍是道有〞有〞中的一種，所無者不過是任何分別而已。這就是說，無極的無是混沌。[54]

簡單地說，萬物即是從混沌隨著自然法則的〞式〞和〞能〞輪轉變化而成。而出佛入儒的熊十力以〞翕、闢〞

---

[53] 同前註，P.178。

[54] 同註51，PP.179、180。

來闡明宇宙萬物之生成變化，他的〝翕〞與〝闢〞就如《易經》上的〝乾〞與〝坤〞，乾為陽，坤為陰，孤陰不生，獨陽不長，陰陽合而成太極，陰陽動而生化萬物。翕與闢亦是從相反相成的渾一體，生生不息的變化萬物。如《易經》云：「夫乾，其靜也專，其動也直，是以大生焉。夫坤，其靜也翕，其動也闢，是以廣生焉。」[55]故他說：「翕闢云何，實體變成大用，決(絕)不單純。定有翕闢兩方面，以相反而成變。翕，動而凝也，闢，動而升也。凝者，為質為物。升者，為精為神。蓋實體變成功用。即此功用之內部，已有兩端相反之幾，遂起翕闢兩方面之顯著分化。萬變自此不竭也。」[56]、「精神與物質本非兩體，不可剖析，實體變成功用，即此功用之內部起分化，而為翕闢兩方面。闢，為精神。翕，為物質。質則散殊。精乃大一。翕闢以相反而歸統一，完成全體之發展。」[57]

二、西　洋

在西洋，最早論及有關宇宙生成，生命源由者，由先蘇格拉底期諸子斷簡中的記載，應是在西元前七世紀以前古希臘時期的神話，其中以荷馬及赫西奧最具代表性。他

---

55 見《易經・繫辭上傳》。

56 見熊十力：《體用論》，（台北：臺灣學生書局，1976年），PP.248、249。

57 同前註，P.253。

們認為：神的來歷起自海洋，以水為諸神的發祥地。以渾沌、以太和愛神（eros）當作宇宙萬物的起源。[58]

有哲學之父之稱的泰勒士（Thales, 624-546 B.C.）也認為：宇宙的本源或根本物質為水，它是觸發一切存在者成變化的唯一實在。萬物本源的水所以能夠變化而為萬物，乃是由於水本身具有一種生氣活潑的生命原理。故他說：「**萬物充滿著諸神。**」[59]他所謂的〝神〞，已超越了古希臘神話中的〝神〞，而進入抽象的、象徵性〝生〞的意義。他以水為宇宙萬物的本質，經由〝生〞與〝變〞而產生了萬物，把神話中高不可攀的〝神〞，落實到自然哲學中的〝生與變〞，故亞里士多德稱他為哲學之父並不為過。

與泰勒士同為米勒學派（Miletos School）的亞諾芝曼德（Anaximandros, 610-546 B.C.）則認為：宇宙太初（arche）是〝無限〞和〝無界限〞（apeiron），因了〝愛〞和〝恨〞的動力，使熱和冷、乾和濕、夜和光、上升和下降；因了上升和下降的作用而形成了上有蒼穹，下為土地的宇宙。地球的初期又冷又濕，生命就在潮溼中產生，故人類的遠祖是魚；先在水中生活，然後才漸漸習慣陸地的乾燥生活，

---

[58] 參見鄔昆如：《西洋哲學史》，（台北：國立編譯館，1991年），P.24。

[59] 引見傅偉勳：《西洋哲學史》，（台北：三民書局，1990年），PP.15、16。

[60]他是最早提出進化論的人。

亞諾西姆內（Anaximenes, 585-528 B.C.）雖繼承其師亞諾芝曼德之學，然他對宇宙生成，生命源由的看法與其師不同，他認為：無邊無際的〝氣〞才是宇宙的太初，萬物之所以有生滅現象，乃是由於氣之凝聚和分散，氣稀為火，稍凝為風，然後雲霞；重凝為水，更密為土，再硬為石，天地萬物都可用這六種元素變化方式而成。[61]他是第一位將不可見（氣）與可見（火、風、雲霞、水、土、石）加以聯繫的人。

而畢達哥拉斯學派（Pythagoras School）創始人畢達哥拉斯（Pythagoras, 570-469 B.C.）則把〝數〞作為宇宙的太初，〝數〞是一種形式，唯有〝形式〞才能使那無限變成有限，使太初簡單的變成現在複雜的，他受了奧而菲靈魂由於罪惡的懲罰，受困於肉體之內的影響，而主張輪迴之說。所以他認為：宇宙構成之形式是一種輪迴之數，〝數〞是支配輪迴的法則，也是宇宙生成變化的法則，宇宙間一切都在輪迴之數中，萬物就這樣變化出來的。[62]

以主張萬物流轉說（panta rhei theory）而成名的赫拉

---

[60] 參見鄔昆如：《西洋哲學史》，（台北：國立編譯館，1991年），P.30。
[61] 同前註，P.31。
[62] 參見傅偉勳：《西洋哲學史》，（台北：三民書局，1990年），PP.33、34。

克利圖斯（Herakleitos, 544-484 B.C.）認為：〝火〞才是萬物的原質（arche），又是萬物生成變化之理（logos）。他說：「這個有秩序的世界，既不為神，亦不為人所創造，它在過去、現在以及未來始終是依從準繩點燃及熄滅的永恒靈火（pyraeizoon）。」[63]所以他認為宇宙萬物皆為火所生，亦覆歸於火。他進一步以火、風、水、土這四種物質元素來作為宇宙存在的四階層構想，把太初時的情況看作火，以〝濯足流水，水非前水。〞[64]來觀察一切都在生成變化過程之中，有如物品與黃金之間的交換關係。[65]從火生水，由火生地的方向為下降之道（hodos kato）；從地變水，由水變火的方向則為上昇之道（hodos ano），下降之道與上昇之道兩者交互的流轉，就成了他的〝萬物流轉說〞。

伊利亞學派（Eleatic School）的創始人色諾芬尼（Xenophanes, 570-475 B.C.），以神的〝唯一性〞來統攝萬物的〝眾多性〞，把萬物之眾多性消融於神之唯一性中。史載，他有一次觀察天象而說出：〝神性唯一〞，也就是全部。[66]他的〝一神〞概念是全耳、全目、全靈，在同一地方永不移動，卻推動著萬物，使天地萬物生成變化，以致

---

63 見Herakleitos：〈斷簡三十〉，引自傅偉勳：《西洋哲學史》，（台北：三民書局，1990年），P.24。

64 參見Herakleitos：〈斷簡十二〉，引自同前註，P.25。

65 參見Herakleitos：〈斷簡九十〉，引自同註62，P.25。

66 參見鄔昆如：《西洋哲學史》，（台北：國立編譯館，1991年），P.46。

生生不息。

而唯物論（materialism）始祖恩培多列斯（Empedokles, 492-432 B.C.）則受了赫拉克利圖斯的啟示，把火、風、水、土這四種元素規定為宇宙的〝根原〞（rhizomata），由於這四種元素的離合，於是有生滅的現象，生滅現象的繼續不停就成了現在的宇宙。而推動四元素離合的力量則是〝愛〞（philia）和〝恨〞（neikos），愛是四元素〝合〞的動力，而恨是四元素〝離〞的原因，宇宙萬物的生成變化都是由於這〝愛〞和〝恨〞的推動，並經過一定的法則而發生。[67]

德謨克利圖斯（Demokritos, 460-370 B.C.）繼承其師路西帕斯（Leucippus, 500-440 B.C.）所創之原子論（atomism）學說，認為恩培多列斯所主張之火、風、水、土四種元素仍然不算是宇宙之根原，在四元素之後，應有更原始的元素存在，那就是物體細分之後，不能再細分的〝原子〞（atoma），是純物質的東西，這原子便是宇宙萬物的最終實質，是永恆不生不滅的。原子量的多寡再加上空間的互異，就會形成輕重軟硬等性質，也會造成上升下降的運動，宇宙萬物的生滅現象，便在這運動中發生。[68]簡單地說，萬物的生成變化皆由原子量的多寡來決定，而這個〝決定〞是機械因果論的必然性現象。

---

67 參見鄔昆如：《西洋哲學史》，（台北：國立編譯館，1991年），P.57。

68 同前註，PP.59、60。

對〝物質（hyle）〞的機械因果關係不滿的亞那薩哥拉（Anaxagoras, 500-428 B.C.），對立的提出〝精神（nous）〞為萬物的起因，他說：「怎末能從不是頭髮的東西變成頭髮？」以及「怎末會從非肉的東西生成肉？」[69]由於這二個問題，使他感覺無目的的機械因果關係之解釋不合實際，不能解決宇宙萬物的生成問題。因為，很顯然的頭髮之長成並不是人真的吃了頭髮，肉之長成也不是因為人吃了肉。所以宇宙萬物不是完全以〝量〞就可以解釋的，它更需要的是〝質〞的變化，但質的變化之推動力從何而來，是什麼動力使不是頭髮的東西變成頭髮，不是肉的東西變成肉呢？那就是〝精神〞，唯有精神是思想的主體，它自己知道目的，也自己選擇目的。

奠定西洋哲學基礎的大哲人蘇格拉底，由於當時詭辯學派（sophistes）的混亂，使他不再探究宇宙萬物的生成，以及太初的問題，而把整個哲學的思考中心放到〝人生〞方面來。他那句有名的〝認識你自己〞（gnose seauton），開創〝認識論（epistemologie）〞的先河，也發現了思維概念的抽象作用，這個作用啟發了後來的柏拉圖而成為〝觀念論（idealism）〞的創始人。

柏拉圖除了繼承其師對人生方面的研究外，更進一步

69 見Anaxagoras：《斷簡十》，引自鄔昆如：《西洋哲學史》，（台北：國立編譯館，1991年），P.61。

探討宇宙生成的問題，他認為，現實存在的世界是一種〝混合物〞（to eikton），而由〝非限定〞（apeiron）與〝限定〞（peras）所形成。非限定指謂具有空間、場地等義之〝扣拉〞（chora），而限定則指〝形相〞，然而有了形相與扣拉，還不能生成整個自然宇宙，它須要有一個動力因來構劃混合物而成現實世界，那就是〝狄米奧吉〞（demiurge），意即具有神性的工匠，祂是智慧、理性的，能予摹寫形相，將其刻印於扣拉中而成為現實的自然宇宙。[70]而〝混合物〞係由土、水、火、風四大元素之間不斷的循環變化所形成的。這四大元素只是形成宇宙的身體部分，然而狄米奧吉推動宇宙生成之時，必須仿照形相或原型，俾使現實宇宙能夠分享形相界的至善至美，自然宇宙如欲充滿美善，必須含有理性成素，理性寓於靈魂，靈魂亦須寓於身體。因此，所謂世界須是具有靈魂與身體的一種〝生物〞，靈魂既較身體顯佔生成的優位，〝世界靈魂〞（the world-soul）的形成應該早在世界身體之前。柏氏認為，狄米奧吉能將永恆不變而自我同一的〝自同〞（tauton）與雜多可分而生滅變化的〝他異〞（thateron）混合起來，形成所謂世界靈魂，世界靈魂滲透世界身體，環繞而成日月星辰等天體。由於天體有規律地不斷循環而產生時間。世界的空間性來自扣拉，時間性則來自世界靈魂。世界靈魂以及一切不朽的靈魂，一方面歸屬不生不滅的睿智界，另一方面又屬於生成

[70] 參見傅偉勳：《西洋哲學史》，（台北：三民書局，1990年），

界，因為此類靈魂具有生命且能變化的緣故。人類靈魂猶如世界靈魂，亦由狄米奧吉混合〝自同〞與〝他異〞而形成。兩者的差異只在前者的混合及其成素較為不純而已。[71]

柏拉圖把一切的存在都放進觀念中，而他的弟子亞里士多德（Aristoteles, 384-322 B.C.）則把所有觀念拉下來，放入宇宙萬物中，並以著名的四因說來說明世界的生成變化。這四因即是：〝形相因〞（eidos）指謂事物的實體，〝質料因〞（hule）指謂物質要素，〝動力因〞（arkhe）指謂運動變化的來源，而〝目的因〞（telos）則指謂事物生成變化的終極目的，亦即是善。舉例來說，建築師心中所構劃的房屋藍圖是形相因，木材磚瓦砂土等為質料因，建築師與工匠等是動力因，將所蓋成的〝現實〞房屋供人居住，則為目的因。亞氏並將形相因與質料因串聯一起，形成層層相接的存在構造，在〝存在層級〞（hierarchy of existence）的最低一層即是原初質料，但因未具任何形式，尚無具象的現實存在性格。原初質料與熱冷乾濕結合而成土、水、火、風四大元素，這四大元素又轉相構成無機物質以及生物中的單純組織，有機物的形成，又以無機物等為質料因，顯現而為更高一層的存在。存在層級如此銜接不斷地逐層上升，直至人存在中最高的靈魂〝層域〞，亦即所謂的〝主

P.100。

71 參見傅偉勳：《西洋哲學史》，（台北：三民書局，1990年），PP.101、102。

動理性〞（active reason），才開始脫離質料的因素，而成純粹形式。更上一層，是為〝天體的睿智〞（intelligences of spheres），亦係純粹形式，無有質料混雜在內，存在層級的最高一層則為〝上帝〞（theos）自體，亦稱〝形相之形相〞。上帝自體不變不動，而為最完善完美的〝圓極〞（entelecheia），祂雖是不變不動，然一切存在者的生成變化卻須依賴祂的推動（動力因）。上帝是一切運動的永恆根源，亦是宇宙萬物生成變化的終極目的（目的因），祂首先推動天體運動，而後一切宇宙存在者便隨之開始運動變化。亞氏的〝上帝〞是形上學的最高原理，而非基督教所信奉的〝上帝〞（God）。[72]

而斯多亞學派（Stoic School）的奠基者克里西帕斯（Soloi hrysippus, 280-207 B.C.）則設法使亞里士多德對宇宙的二分法走向統一的路上去，他認為：形相與質料，精神與肉體是統一的，整個世界都是統一的。所以他以一元的唯物論來說明宇宙萬物的生成變化，〝火〞是宇宙原質，一切存在都由火構成，皆具形體，沒有虛空存在，靈魂與上帝也不外是物質的存在。他主張：原始的聖火即是上帝，亦即內在的理性。上帝亦是宇宙的意識，宇宙的生成程序概依神之意旨進行。因此，一切存在不是原始的聖火（上帝自體），便是上帝的分化狀態。宇宙生成之後，上帝與宇

72 參見傅偉勳：《西洋哲學史》，（台北：三民書局，1990年），PP.128~134。

宙構成靈魂與肉體的關係，上帝是推動宇宙運動變化的內在力量或活動原理。宇宙的生成程序是週而復始的循環過程：上帝自體或即原始的聖火分化而逐次產生空氣、水與地，宇宙因之形成。但在宇宙劫滅之時，必有一場大火，燒盡宇宙的一切，復歸為火。如此構成永劫的循環變化程序，每一時期的宇宙都是按照永恆不變的必然法則生成而毀滅。因為上帝即是理性，宇宙乃由理性規制。理性既含攝著合法則性，宇宙的生滅亦受絕對不變的必然因果法則所支配，而彰顯出秩序、和諧與美。人類靈魂是理性的，來自聖火，首先噴進人類的第一祖先，而後代代相傳。[73]

以主張快樂主義（hedonism）而聞名的伊比鳩魯學派（Epicurean School）創始人伊比鳩魯（Epicurean, 341-270 B.C.）並不同意蘇格拉底、亞里士多德或克里西帕斯等所主張的宇宙生成變化，都有其趨向目的的〝目的論（teleologie）〞或超自然作用的上帝旨意說。他以德謨克利圖斯所主張的宇宙生成變化，都有其必然的法則，毫無目的可言的〝機械論（mechanism）〞來說明萬物的演變。他認為：原子與空虛為構成自然宇宙的兩大終極要素，原子數量無限，且不可分，只具大小、形式與重量上的差異而已。宇宙肇始之時，原子由於自由意志之力互相衝擊碰撞，產生迴旋運動，而形成機械化的宇宙秩序。人的靈魂乃由圓滑的原子所成，而在胸部形成理性，肉體一死，靈

---

[73] 同前註，P.161。

魂的原子亦隨之分離，死只不過是一種知覺〝缺如〞（steresis）的現象而已。所以他說：「死對於我們並不算什麼，因為我們生存之時，死未伴隨；當死來臨之時，我們已不存在。」因此，我們對於死亡毫無恐懼的理由。[74]

普羅提諾斯（Plotinus, 204-269 A.D.）繼承其師新柏拉圖主義（Neo-Platoism）的開創者阿摩紐斯（Saccas Ammonius）之學說，同時融合了柏拉圖、亞里士多德、新畢達哥拉斯學派等之思想，而奠定宗教哲學的基礎。他形上學的終極原理即是〝上帝或太一（the one)〞，超越一切思維與存在，寂然獨存。他認為：整個宇宙的生成變化是一種日光的流出（emanation）作用，上帝或即〝太一〞有如太陽之光，神之法身〝射出一道霞光出來〞，普照四方，無處不及。一切上帝以外的現實存在便是日光如此層層流射出來的結果。上帝自體亦不因流射出各層存在世界而減損自己的本質內容。從〝太一〞最初流出的是所謂〝睿智〞（nous)，它並不在時空之內，故是超感覺的存在。睿智亦即等於柏拉圖的形相界整體，從睿智再流出的是所謂〝靈魂〞，亦即柏拉圖所說的〝世界靈魂〞，不具形體而又不可分，成為感覺界與睿智界的接觸點，遍在於感覺世界，多數但具統一。因此，人生的終極目的乃是在乎淨化自己的靈魂；通過哲學的思索，逐漸擺脫感官知覺的束縛，同時

---

[74] 參見傅偉勳：《西洋哲學史》，（台北：三民書局，1990年），PP.164、165。

層層超昇靈我，最後踰越睿智界，而與〝太一〞形成神祕恍惚的結合。[75]

最負盛名的教父聖奧古斯丁（St. Augustinus, 354-430 A.D.）則認為：世界的創生乃是由於神對理性動物的深愛，欲使人類分享神之福祉。世界創造之前，只有上帝自體存在，並無所謂原初質料的存在可能。上帝根據至善的自由，決定了世界的產生與存續，除了上帝本身的意旨之外，別無其他的原因促使世界的創生。至於被造事物的形式，奧氏看成神性觀念的分有或分殊影像，每一事物皆有兩種存在意義，一是在乎事物本身，另一是在神性觀念之中。所謂事物存在於神性觀念之中，不外是說事物即是上帝，猶如藝術作品即指藝術家自己，因為作品原存在於他的心中。所謂事物存在於自己，意指被造事物只是神性模型的模仿；正如藝術作品原是藝術家心中藍圖的近似性產品一樣。世界的一切事物彰顯出一種梯層構造，各依各的完美程度決定不同的存在方式與運動目標。[76]

繼聖奧古斯丁之後，對於宇宙萬物的生成變化較有見解的應是葉里格那（Johannes Sc-otus Eriugena, 810-877 A.D.），他將自然分為四大階段，〝自然〞係指包括上帝及自然宇宙在內的一切存在而言。他的第一階段即是上帝自

---

75 同前註，PP.171~173。

76 參見傅偉勳：《西洋哲學史》，（台北：三民書局，1990年），P.199。

體，特稱〝創造而不被創造的自然〞(natura quae creat et non creatur)。上帝乃是一切事物的原因，但祂自己毋需預設祂的原因。他是自無創有的第一原因，同時又是一切事物所以生成變化的目的因。第二階段是上帝本身啟示而成的〝觀念〞，稱為〝創造而又被創造的自然〞(natura quae et creatur et creat)。神性觀念構成形相因，而為一切被造事物的本質原型。神性觀念的產生乃是永劫的神之顯現，而非一種時間性現象。一切事物參與或分有觀念的原型，形成一切存在者的分殊本質。到了第三階段，乃有現實事物的顯現，而為所謂〝不創造而被創造的自然〞(natura quae creatur et non creat)，形成狹義的自然宇宙。此一宇宙乃是神自無中創造而成的現實存在世界。在第四階段，一切存在復歸上帝，上帝成為一切事物的目的，於此上帝指謂一切在一切之中，故稱〝既不創造又不被創造的自然〞(natura quae nec creat nec creatur)。[77]

有哲學天才之稱的聖多瑪斯（Aquinas Thomas, 1224-1274 A.D.）認為：上帝是絕對無限的第一原因，宇宙創生之前並無所謂〝原初質料〞存在，因為上帝自虛無造成萬有。萬有的本質早在上帝之中形成〝觀念〞(範型)，上帝乃將〝觀念〞分別塑成萬事萬物，被造事物依其個別的有限存在樣態再現前在於上帝之中的（觀念）完全性。

---

77 參見傅偉勳：《西洋哲學史》，（台北：三民書局，1990年），PP.199、200。

假設若上帝本來根據睿智的神意自由地選擇了此一世界的創生，則不論主張世界是永劫存在的或是在時間過程當中產生出來的，對於我們來說都是絕對不可能的論辯。能夠供給我們臆斷的唯一基礎是：上帝通過啟示顯現祂的意旨，而使我們建立一種信仰，既然理性無法獲致有關世界始源的結論，我們只有相信世界有其始源；然而，我們對此無由論證亦不能確實地認知。世界的產生，毫不減損上帝之本質。上帝創造世界之時，並非根據盲目的必然性，而是完全依照上帝本身的睿智與自由意志。[78]

歐洲文藝復興時期的代表者布魯諾（Giordano Bruno, 1548-1600 A.D.）則主張在無限的宇宙之中，無限地分布著許多世界（mundus）或即太陽系，不斷生成衰滅。神不外是宇宙的生命自體，在宇宙生命之中，一切個物的對立全然解消。神性包括一切的對立，既是最大又是最小：祂一方面是一切生命的時空無限性宇宙本身，故是最大；另一方面是形成一切有限存在的個體規定的生命萌芽，故是最小。而這三種〝最小〞概念是：數學的極微是點，點是線的原理；物理學的極微是原子，為物體的原理；至於形上學的極微則是單子（monade），乃為個體的本質。單子就是無限的世界活力，永恆的原動力；一切物體都有生滅變化，單子本身則是不滅。換言之，神是宇宙單子，遍在於宇宙各處；宇宙單子是世界活鏡，既是全體，又與一切

[78] 同前註，PP.184、201。

事物不同。[79]

理性主義的始祖笛卡兒用懷疑的方法來論證〝上帝〞的存在，並進一步的推論整個宇宙的運動來源與變化過程，都是由這位全知全能的上帝在推動，祂是運動變化的第一原因。上帝對於宇宙的運動變化始終保持同等的能量，因此能使整個宇宙現象永遠生滅變化不已，宇宙的能量恆存原是上帝不斷創造能量的結果。他又認為：物質世界內並無其他法則，唯一存在著的只是必然的法則。創造宇宙的主宰（上帝），於最初之時，即將一種直線的運動給予物的質粒，然後這些質粒循旋渦形式向四周分布，形成星體，形成行星，末了又形成其他的天體。關於此世界的科學推至終極只是一個機械的問題，物質的世界根本即是一架機械，一串無定的運動鏈鎖，它的發動者，乃是〝上帝〞。至於〝心〞恰和〝物質〞相反，它的特質，是活動，是自由；正像在物體內，沒有非佔積的成份，在心靈內，亦無非思想的成分，它的一切，均不佔據面積，均不包涵物質性，物體是非心靈的東西，心靈是非物體的東西，此二種本質，全然互相排斥，互相反對：前者絕對不具靈魂，後者絕對不具物性。在它們的屬性互相排斥的兩種本質間，決不能有相互的活動之存在，人為一複合的東西，為靈魂與身體的複合體。靈魂從它自己的性質中，求獲它那

---

79 參見傅偉勳：《西洋哲學史》，（台北：三民書局，1990年），P.235。

可感性的觀念；反之，身體為一自動機關，它的活動，乃為靈魂的意志所引起。身體與靈魂二者，各度不同的生活，前者受制於必然性，後者具有自由的意志，又因它不依身體，為其存在條件，故能免於毀滅。這二個部分，是如此的排除著，雖當它們共同組成生人時，亦不能使靈魂與身體二者結成真正的聯合體。[80]

為了解決笛卡兒〝心物二元論（mind-body dualism）〞如何交互作用的難題，笛卡兒學派（Cartesians）的代表者格林克斯（Arnold Geulincx, 1625-1669 A.D.）提出〝機會因說〞（occasional cause theory）來解消這個困難。他認為：活動者在任何真正的活動必須知道他在活動，且知他如何活動。物質存在因無意識，不能自知物質本身的活動以及如何活動。我（精神實體）亦未在我的身體或其他物體真正產生過任何（活動）結果，因為我實不知此類結果如何產生出來。心物兩者既非真正的動力因，唯一可能成立的解釋是：我的意志活動原是一種機緣或即〝機會因〞。上帝藉諸我的意志活動（機緣）而在身體上面產生運動變化。同樣地，身體的物理活動亦是一種機緣，上帝藉此機緣，在我的意識之中產生精神現象。格氏舉一比喻說，心物猶如兩個鐘錶，彼此毫無交互作用，卻能始終保持同樣的時刻。這是由於上帝永恆地調節心物兩錶的同時性，而使兩

[80] 參見威柏爾（Alfred Weber）、柏雷（Prof.R.B. Perry）合著：《西洋哲學史》，（台北：水牛出版社，1989年），PP.256~258。

者之間具有〝相應〞（correspondence）關係之故。〝相應〞不是交互作用，因為心物兩者不是運動的原因，心物只能同時產生互相呼應的活動，真正的原因則是上帝自己。上帝在一開始即已適為製造兩錶機件，使其始終保持完整的同時性（相應一致）關係，毋需上帝時時調整。[81]

同為笛卡兒學派的馬爾布蘭西（Nicolas Malebranche, 1638-1715 A.D.）遵循格林克斯的〝機會因說〞，同時強調了觀念論，排斥唯物論要素，終將心物二元論解消於〝神學的觀念論主張〞裏。他認為：真正的原因是心靈能予知覺因果必然連結性的一種原因。人的心靈在前後關聯的事象之間只能發現一種〝定常系列〞（regular sequence）的關係，卻仍不是必然連結性（necessary connection）關係。因此，人不可能是真正的原因，真正的原因必須是創造主，而與世界事物的必然連結性因果秩序有所關涉。換言之，真正的原因必屬上帝自體。舉例來說，上帝藉用我的意志（心）當作機緣，而使我的雙臂（物）活動。我（的意志）只是雙臂活動的自然原因，或不如說是機會因，真正的原因歸諸上帝的意志力量，世界一切事物的運動變化莫不可用此一學說予以解釋。[82]

[81] 參見傅偉勳：《西洋哲學史》，（台北：三民書局，1990年），PP.281、282。
[82] 參見傅偉勳：《西洋哲學史》，（台北：三民書局，1990年），PP.282、283。

〝汎神論（pantheism）〞的主張者蘇比諾莎（Baruch spinoza, 1632-1677 A.D.）則認為：上帝乃是唯一的〝自因存在〞（ens causa sui），或即〝實體〞本身，祂是宇宙的第一原因，特稱〝能產的自然〞（natura naturans），不變而又不可分，亦稱太一，實與創造性的宇宙統體無異。就宇宙統一性的側面言，宇宙即是上帝或即〝能產的自然〞；就宇宙分殊性的側面言，宇宙即是上帝的無限屬性分化而成的現實世界或即〝所產的自然〞（natura naturata），如一角銅幣，表面喻指上帝，背面喻為宇宙，表裡如一，〝神即自然〞（deus sive natura）。在永恆相下直觀之，則是太一，是上帝；在現實相下經驗之，則是宇宙，是自然。在永恆相下，整個自然只是一種必然的秩序，一切有限原因系列論理上或存在學上必須依靠自本自根的無限實體或即〝能產的自然〞。蘇氏雖說上帝本身由於自本自根，故是自由；但祂對於宇宙的創造，沒有自由可言。上帝無法不創造世界，也無法創造不同於祂所已創造的有限事物；因此，上帝的活動並非來自意志的自由。蘇氏的上帝不是人格神，故無自由意志，與耶教的上帝是有區別的。上帝既無自由意志，人類更是沒有自由可言，所謂人的自由原是基於一種無知。我們沒有層層挖掘欲望、理想、選擇、行為等等的決定性原因系列，因此妄想我們具有所謂自由，一切目的因僅不過人的虛構而已。[83]

---

[83] 同前註，PP.293、294、296、267。

與亞里士多德並稱為西洋哲學史上的兩大學聖萊不尼爾以他成名的單子論（monadologie）來說明宇宙萬物的生成變化，他認為：單子是一種力量，是一種能，而且又是宇宙萬物之最終元素。單子有無限之數目，以便構成世界各種事物。單子與單子間沒有交往，稱為〝單子無窗戶〞：意即自己走不出去，別的單子也進不來。也就是說，一個單子不可能影響別的單子，每個單子都是完全獨立的，每個單子雖然無窗戶，可是卻代表整個宇宙，單子就是一個小宇宙，稱為〝宇宙之鏡〞，只要看見單子，就可窺見宇宙。雖然單子與單子間沒有交往，但卻有一種先天的〝預定和諧〞（harmonia praestabilita），這〝預定和諧〞意謂所有的單子，尤其構成某物體的許多單子，都向著一個預定的目的前進。單子本身的運動變化是機械式的，但是所有的單子當作整體看時，則有一個共同的目標。這種使單子〝預定和諧〞的力量是精神的，雖然先天存在於每個單子之中，但因了〝單子無窗戶〞，無法與別的單子內的這種〝目的性〞取得聯繫，仍然需要一外在〝精神的力量〞來支持。單子有兩種：一種是〝必須的〞，常常清晰明瞭，是永恆的真理。這真理是發自〝理性〞的，故是必須的。另一種是〝偶有的〞，是日常生活的事實，多是感官的，因而不很清晰亦不很明瞭。必須的單子是〝中心單子〞，是把各種單子聯繫起來，使成為一體的綜合體。另一種偶有的單子是普通的單子，等於小宇宙，每個單子相互之間沒有交往，它們的行動都由〝中心單子〞的預定和諧來指引。每一個單子都向著同一方向前進，都向著這〝中心單子〞。這種〝預定和諧〞是天生的，意即和單子的存在本質一起就存在。如此，單子的本質一方面是〝無窗戶〞，與其他單子毫無關係；他方面則有一種預定的聯繫，使各個獨立的單子不致如一盤散沙，卻能構成和諧的宇宙萬物。一切單子都〝預定〞了，〝和諧〞地向著中心原理移動。單一單子的運動變化是〝機械〞的，全體單子則是〝目的〞的，早就〝預定〞的。這個〝預定和諧〞只能由上帝而來，上帝既然造了這世界，當然造了一個最完美的宇宙。神早就考慮了許多可能的世界，早就作了選擇，造了現在有的這個世界，故是在許多可能的世界中最好的一個。[84]

主觀觀念論（subjective idealism）提倡者費希特（Johann ottlieb Fichte, 1762-1814 A.D.）認為：〝人〞就是一切，別的一切都依〝人〞而存在，外界事物沒有獨立存在的可能，人無極限，人本身就是無限的，一切之一切都在〝人〞之內，都由人創生及引導；故〝人〞與〝物〞之間根本就沒有距離存在；〝物〞存在於〝人〞之中，是〝人〞的產品，與〝人〞分不開的內在產品。人的〝意識〞可創造一切，而一切也存在於意識中。〝意識〞就是〝絕對我〞（das absolute ich），〝絕對我〞自身之無限而產生一切。〝絕對我〞本身之無限就是本身之自然，或本身之自動自發

[84] 參見鄔昆如：《西洋哲學史》，（台北：國立編譯館，1991年），PP.385~388。

（spontaneitat des ich）；這自我的〝自動自發〞不但產生了一切之思想，甚至創造了一切感官以及感官世界的存在。而〝存在〞之終極是〝精神〞，既認定〝一切皆由精神而來〞，這精神無論怎麼改變，本質為〝創造〞總不改變。這精神一方面是主觀的，另一方面又是絕對的。主觀與絕對連在一起時，就必然產生〝創造〞的事實。至於精神如何產生物質呢？他說:「意識對自己的直觀以及對自己的能力之注視就會產生一切。」[85]

客觀觀念論（objective idealism）提倡者謝林（Fridrich Wilhelm Joseph Schelling, 1775-1854 A.D.）繼費希特之〝一切為絕對我的產物〞理論，更進一步，將精神與心靈推廣到無機物，以〝宇宙中的自然萬物皆有活的生命—精神的表現〞，以自然為可見的精神，精神為不可見的自然，融合為一。他認為：宇宙間的自然萬物皆有生命，連地球與天體亦然，因此，宇宙間才能產生出有生命之物。無機物是植物的萌芽，動物是植物的高度發展。故自然界的宇宙萬物中，皆有生命性的精神存在其中，此精神是宇宙萬物變動的原動力；礦物性的實質內，有不成熟的精神；生命的現象是精神的活動表現；靈肉合成的人，最現出精神存在的活動力，此精神可稱為於宇宙魂。因此，謝林主張宇宙間的事物，皆在生成變動中，其方式，如費希特及康德所

---

[85] 參見鄔昆如：《西洋哲學史》，（台北：國立編譯館，1991年），PP.463~465。

言的，〝正、反、合〞三形式，事物先有正反的對立，如漲與縮，動與反動，而後有統一性的綜合，連人的思想亦是如此，如人思想中有物質存在（正），與物質相反的思想為形式存在（反），物質與形式合二為一，才是一個有組織的綜合性統一體。[86]

絕對觀念論（absoluter idealism）提倡者黑格爾（Georg Wilhelm Friedrich Hegel, 1770-1831 A.D.）將宇宙萬物的生成變化分為無機界、化合體、有機界三個演進階段，第一階段〝無機界〞乃宇宙間的原始質料，此物質在空間與時間內，藉〝運動〞的調和，而使物質分散為諸天體，而趨於個體化。〝化合體〞乃演進的第二階段，是宇宙間元素的交互動作，藉反對、調和、分離、結合，使物質內部也跟著改變組合，如樹木變成炭，物質的外部改變了，內部的本質也跟著改變。〝有機界〞乃演進的第三階段，物體的內部改變，發展到最高級，乃成為有生命的物體，其過程，由地球的灰土產生植物，由植物進為動物，由動物成為人類。在人類的系統中，人由野蠻發展成為精神境界的文化人。[87]

悲觀主義者（pessimist）叔本華（Arthur Schopenhauer, 1788-1860 A.D.）則認為：世界的本質即是〝意欲〞（wille）。

---

[86] 參見張振東：《西洋哲學導論》，（台北：臺灣學生書局，1989年），P.191、192。

[87] 同前註，P.199。

意欲不是我們的表象，它就是人存在的〝自體〞（an-sich）。因此意欲不受時空與因果形式的制約。而肉體是自我意欲的客體化，如腦髓、胃腸、性器等等分別是由認知意欲、消化意欲、生殖意欲的自我客體化的自然結果。現象界中的一切存在者皆是意欲外在化的結果，不論是在無機物或有機體中處處可以發現經驗上的確證。流水自高而下，磁針指示北方的力量，無一不是宇宙意欲的外在表現。世界的本質即是〝盲目的生存意欲〞（blinder wille zum leben）。宇宙的生存意欲（物自體）是盲目的衝動，無限的擴展，永恆的生成。他更進一步的把生存意欲視為意欲衝動的〝絕對非理性〞（absolute unvernunft）自體，現象界是此一非理性的意欲衝力逐步客體化或外在化的自然產物。意欲客體化的最低層級是重力、不可入性、電氣、化學性質等等自然界的各種力量，而後通過植物界、動物界、乃至人類，盲目的意欲逐漸彰顯而為表象世界。隨著認知主體（人存在）的意識活動，具有主觀客觀、時間空間、多元性、因果性等形式的（高層意義的）現象世界亦終於出現了。永劫前衝著的意欲在每一發展階段分別形成各種不變的〝類型〞。[88]

辯證唯物論（dialecticus materialism）者馬克思受黑格爾觀念論的正反合辯證法及費爾巴哈（Ludwing

[88] 參見傅偉勳：《西洋哲學史》，（台北：三民書局，1990年），PP.454、455。

Feuerbach, 1804-1872 A.D.）唯物論的影響，以唯物辯證法（material discursive）來闡明宇宙萬物的生成變化。他認為：思想是因物質存在而產生，故物質是一切學理的基礎。世界的本質是物質的，物質是宇宙事物的第一性，精神（意識）是宇宙事物的第二性，物質是運動變化的，其變化有一定的規律。物質變化的規律，便是唯物辯證法的三大法則，其基礎是建立在物質的內在矛盾上。這三大法則為：第一、〝對立統一〞的法則：是兩事物互相排斥，互相否定，相繼著是兩事物的互相對立鬥爭。然後在優勝劣敗的鬥爭中，一形態轉變為另一形態，由對立而統一。第二、〝由量到質，及由質到量〞的轉變法則：量的變化，是事物程度的變化；質的變化是事物種類的變化。量的變化，是事物在逐漸變化中形成；質的變化，是在飛躍式的改變形成。〝對立統一〞的法則，是在量與質的兩種變化的法則中形成，量的逐漸變化程度達成全部時，便為飛躍式的質的變化，變成了新質後，又依據〝量變〞的過程向前推進，繼續不已。第三、〝否定的否定〞法則：為〝對立統一〞法則的進一步現象，即一事物，被對立的事物所否定，或一物成為另一物，一質成為另一質時，仍繼續不斷的向對立的方向進行，如第一階段的形成為第二階段所否定，第二階段又為第三階段所否定，此〝否定的否定〞，在物質的變化中，繼續不已，[89]萬物便在這三大法則的變化下，產生生滅的

[89] 參見張振東：《西洋哲學導論》，（台北：臺灣學生書局，1989年），PP.209、210。

現象。

哈特曼（Eduard Von Hartmann, 1842-1906 A.D.）則提出〝無意識〞來作為宇宙之本體，他認為：宇宙間有一絕對實體，這絕對實體就是〝無意識〞，這〝無意識〞也即是宇宙之本體。這實體有二屬性：〝意念〞和〝想像〞。前者是無理性的本能，後者是理知。世界未成之前，二者是和諧的。忽而，意志走出自己的範圍，來到時空中，於是成了不和諧的。因而需要救援，這救援的方法是：理性應當起來發揮作用，如果人類大多數都會善用理性，則世界的不和諧又會走向和諧之路，又可回復到原有之境地。[90]

生命哲學（lebensphilosophie）的代表者柏克森（Henri Bergson, 1859-1941 A.D.）用〝生命〞一詞來反對機械論者的主張。他認為：存有就是〝生命活力〞（elan vital），是人的內在性質，是意識的，是自由的。在人的生活過程中，從來不會發生兩件完全相同的事。人生是不能用機械的公式來演算的，它是一條不可能割斷的〝連續〞，是一種〝延續〞（dure'e），這〝延續〞最主要的內容是〝自由〞，人生的每前進一步，都是自由抉擇的一段里程，都是一步創造性的發展。〝延續〞是整個的生命。理性、精神只是生命中之一環，只是生命中之一小部分，是系統化的一個小節；

---

[90] 參見鄔昆如：《西洋哲學史》，（台北：國立編譯館，1991年），PP.551、552。

系統只是生命中很少呈現的一小狀態，絕不是真正的存在。所以精神只是物質的原因，物質也只是精神作用之條件而已。柏氏的生命哲學既不偏重精神，也不偏重肉體；而是以〝整個的人〞的生命作出發點。人是唯一的，不可分的，沒有靈魂和肉體之區分，也沒有精神和肉體之差異。靈肉在人之中已經成為不可分的唯一主體。因此，真實不等於〝是〞，而等於〝變成〞（se fait），人就是將變成自己者；甚至，神也是那位將變成自己者。世上的一切都是那〝變成〞的結果，都是無靜止之生命，都是純粹的行動，絕對的自由。神就是創造性的生命活力，一切的一切都從之而出。[91]

謝勒（Max Scheler, 1874-1928 A.D.）繼胡塞爾（Edmund Husserl, 1859-1938 A.D.）所開創的現象學（phanomenologie）之主張，而完成了此派學說的系統，他以〝精神〞與〝壓力〞（geist and drang）二元之爭來說明宇宙萬物的生滅現象，並以〝價值〞作為出發點。他認為：價值不是依附在事物上的屬性，而有自身的存在。它有特殊的性質，自滿自足，舉凡心靈之一切情感都向著〝價值〞，都依存於〝價值〞。就在人的情意當中，覺得出勝利和失敗，也覺得出自己與世界之對立，分離與合一的可能，不自由與自由之爭，就在個人之內也覺得到精神與壓力之

91 參見鄔昆如：《西洋哲學史》，（台北：國立編譯館，1991年），PP.561、562。

二種原則：前者使人自由，活在世界上而不屬於此世；後者則拉人墮落至物質境地。這精神和壓力也就形成了宇宙變化之二大力量，也形成了人類現實與理想之區分，也就是有所謂光明與黑暗之對峙。等這對峙過去，最終之得勝者就是純理想、純光明、純自由之神。謝勒的神觀念是宇宙和人類的最終依靠，他企圖解釋宇宙及人類的一總現象及內在奧祕。把宇宙的外在世界和人類的內在世界，都以極端的二元論加以區分：〝精神〞與〝壓力〞，精神代表理想，代表光明，更是自由的化身；而壓力則是現實，奴役和黑暗的寫照。個人的成功失敗以及宇宙的生成毀滅都要看此二種力量的最終回合。此二元之爭不但成了宇宙和人類的本質，甚至也成了〝神〞的特性，是最高的精神在支持著這生成變化的二元，是最高之精神在判定人類及宇宙之生滅。[92]

而存在主義（existentialism）的代表者雅士培（karl Jaspers, 1883-1969 A.D.）則認為：〝生存的人〞，離不開存在的宇宙，也離不開存有的神。三種存在，雖各有不同的立場，但就存在的人來說，可以將兩種溝通；換言之，三種存在可以連貫，也因此，他主張溝通交往（communication）的方法。其過程是由宇宙萬物的物質存在，進步到人的〝自我〞存在；由〝存在〞的自我超昇，到完全完美的神；此〝進步〞與〝超昇〞的方法是〝跳躍〞

---

[92] 同前註，PP.578~580。

而不是串進，因為三種不存在的立場是殊異的性質，彼此中間不連續。雅士培又認為，人在宇宙中，如鑄死在機械齒輪上的牙齒，失去了人自己的獨立存在性，無法離開宇宙而生存；但人的內在精神可以自由的超越宇宙萬物，不受時空的限制。也因此，他又主張人是物質生存與精神生活的合成體，在宇宙萬物與神的信仰中實現自己。[93]

[93] 參見張振東：《西洋哲學導論》，（台北：臺灣學生書局，1989年），P.242。

第三節　科學說

凡前哲對宇宙生成，生命源由的主張，具有科學基礎並能用科學的方法去驗證者，皆編列在本節亦分成中國與西洋兩個部分來論述：

一、中　國

在中國，最早談到有關自然科學的概念者，應首推戰國時期的荀子，他說：「大天而思之，孰與物畜而制之？從天而頌之，孰與制天命而用之？望時而待之，孰與應時而使之？因物而多之，孰與騁能而化之？思物而物之，孰與理物而勿失之也？願於物之所以生，孰與有物之所以成？故錯人而思天，則失萬物之情。」[94]他這種制天命與戡天主義，利用自然，征服自然的概念，已具備了自然科學的眼光，與英國培根（Francis Bacon, 1561-1626 A.D.）所主張的〝研究自然、征服自然〞相似，只可惜，國人多崇孟抑荀，以致自然科學無由興起。直到清朝鴉片戰爭的失敗，國人才被西洋的大砲所轟醒，於是紛紛提出向西洋學習民主與科學，這就是近代史上有名的〝以夷為師〞，然為時已晚，中國的自然科學已落後西洋一大截。所以我們在整部

---

[94] 見《荀子・天論篇》。

中國哲學史中，在清代以前很難找到一位以自然科學的方法，去具體論述宇宙生成，生命源由的學者。在清代以後，才有國父孫中山先生，此後雖有蔡元培先生、胡適先生等也曾有所論述，不過他們僅藉孫中山先生的主張來說說而已，本身並無創見。

蔣介石先生，雖承襲孫中山先生的主張，不過另有補述。祁致賢教授，亦以闡揚孫中山先生的主張為主，但卻頗有創見，故本節的中國部分，將僅論述此三人耳。

孫中山先生學貫中西，融合雙方文化之大成，獨創三民主義，救中國永存於世界，集思想家、政治家、軍事家、實業家、革命家於一身，放眼天下，自古能有幾人？楊希震教授稱之為孔子以後繼往開來的大聖，[95]並不為過。孫中山先生的宇宙論，係採英國博物學家達爾文進化論的觀點，以自然科學的方法具體論述萬物生成變化的過程，他說：

> 進化論乃十九世紀後半期，達爾文氏之『物種來由』出現而後，始大發明者也。由是乃知世界萬物皆由進化而成，然而古今來聰明睿知之士，欲窮天地萬物何由而成者眾矣！而卒莫能知其道也。而作者則以為進化之時期有三：其一為物質進化之時期，其

[95] 參見楊希震纂輯：《國父思想》，（台北：建華印書公司，1972年），P.55。

二為物種進化之時期，其三則為人類進化之時期。元始之時，太極動而生電子，電子凝而成元素，元素合而成物質，物質聚而成地球，此世界進化之第一時期也。今太空諸天體多尚在此期進化之中，而物質之進化，以成地球為目的。吾人之地球，其進化幾何年代而始成，不可得而知也。地球成後以至於今，按科學家據地層之變動而推算，已有二千萬年矣。由生元之始生而至於成人，則為第二期之進化。物種由微而顯，由簡而繁，本物競天擇之原則，經幾許優勝劣敗，生存淘汰，新陳代謝，千百萬年，而人類乃成。[96]

又說：

人類奮鬥，可分作幾個時期：第一個時期，是太古洪荒沒有歷史以前的時期。那個時期的長短，現在雖不知道，但是近來地質學家由石層研究起來，考查得有人類遺跡憑據的石頭，不過是兩百萬年。地質學家考究得人類初生在二百萬年以內，人類初生以後到距今二十萬年，才生文化。二十萬年以前，人和禽獸沒有什麼大分別，所以哲學家說人是由動物進化而成，不是偶然造成的，人類庶物由二十萬

[96] 見孫中山：《孫文學說》，載於中國國民黨中央黨史史料編纂委員會編輯：《國父全集》第二集，（台北：中央文物供應社，1961年），PP.43、44。

> 年以來，逐漸進化，才成今日的世界。現在是什麼世界呢？就是民權世界。[97]

可見孫先生的宇宙論是進化的，天地萬物，由進化而成，進化者是自然之道。

蔣介石先生除了繼承孫中山先生的遺志外，他的宇宙論亦延襲孫先生的主張，並加以補充說：

> 科學告訴我們，地球之由氣體而液體，而固體，亦是由於它不斷的運行而起變化。地球成了固體後，還是在不斷的運行之中，於是由物質而物種而人類，再由於人類不斷的行，於是更創造了一個新的宇宙—社會。[98]

據此，蔣先生的宇宙論除是進化外，更認為唯有〝行〞才能創造出一切。

祁致賢教授除贊同孫中山先生的進化學說外，他還提出自己的創見，以〝相關動變〞作為宇宙萬物進化的動力，他說：

> 萬物之所以成為萬物，都是起於內在相關而有

---

[97] 見孫中山：《孫文學說》，載於同前註第一集，PP.74、75。

[98] 見蔣中正：《反共抗俄基本論》，載於張其昀主編：《蔣總統全集》，（台北：國防研究院、中華大典編印會合作，1968年），P.248。

〝體〞，由於外在相關而有〝用〞。近世科學中之根本科學是物理學和化學。物理學的研究重心是時、空、質、能。核子物理學昌明以來，得知能量可以轉變為物質，物質亦可以轉變為能量。能量有熱能、機械能、聲能、光能、電能、磁能，各種能均可以互相轉變，並具有不滅性，以及轉變為物質的性能。能量只是轉變，不會消失，能量不滅定律由此產生。轉變基本原因是什麼？是多元相關。能量轉變為物質，最小的單體叫作分子，化學又把分子分割為原子。分子是同元素或異元素兩個以上的原子組成。原子的微粒非常之小，在一滴水中，便含有三千三百兆兆個原子，用數字來寫，是三，三〇〇(3,300)後面再加十八個零。

原子雖小，其內部大半還是虛無的空間。原子是由荷陽電的原子核，與其周圍荷陰電的游電子組成的。原子核是由超粒子、中子、質子、介子、微粒子組成的；這些是原子核因以形成的內在相關。原子核形成以後，發生外在相關的作用，與游電子多元交感，而形成原子，原子組成分子，分子組成物質，一層次、一層次，都是由於內外的相關，交互感應，而生生不息，由簡而繁，向前進化。物質進化時期如此，物種進化，人類進化，生元（細胞）組成生物體，是內在相關；生物體接受環境刺激，而發生反應，是外在相關，也都是在相關動變。[99]

簡言之：祁氏認為萬物生成變化的動力因是〝相關動變〞，而蔣介石先生則認為這個動力因是〝行〞。

二、西　洋

在西洋，自然科學發源於十五世紀時期的意大利，以波蘭天文學家哥白尼（Nicolaus Copernicus, 1473-1543 A.D.）為代表。哥氏雖生於波蘭，早年留學意大利，畢生從事天文問題的研究，他以科學的方法，用實際觀察來探究宇宙的奧祕，終於發展出〝太陽中心說〞（helio-centric theory）而成名。他認為宇宙是圓形的，太陽是宇宙的中心，所有天體皆繞著太陽作圓周運動。故他說：「球形是萬物中最完美的形狀」[100]又說：「中央就是太陽，在這華美的殿堂裏，為了能同時照亮一切，我們還能把這個發光體放到更好的位置嗎？」[101]、「天體的運動乃是圓周運動」[102]。雖然哥氏的〝太陽中心說〞與實際不符，但最重要的並不是他在理論上的對錯，而是在他打破傳統以形而上的

[99] 見祁致賢：《人理學》，（台北：遠流出版公司，1992年），P.58、59。

[100] 見哥白尼（Nicolaus Copernicus）：《天體運行論》，引自倉孝和：《自然科學史簡編》，（北京：北京出版社，1988年），P.355。

[101] 同前註，P.356。

[102] 同註100。

玄思來解釋宇宙萬物的問題，直接以科學的方法，通過經驗的觀察，這對十六世紀以後自然科學的興起具有重大的影響。

繼哥白尼之後，著名的自然科學家有：德國天文學家克普勒（Johannes Kepler, 1571-1630 A.D.）、英國男爵弗蘭西斯培根、英國物理學家牛頓（Sir Isaac Newton, 1642-1727 A.D.）、意大利物理學家伽利略（Galilea Galilei, 1564-1642 A.D.）等。克普勒依哥氏的〝太陽中心說〞而發現〝克普勒行星運動定律〞（Keplers Planetary motion laws），培根以開創〝歸納法〞（induction）而成名，而牛頓由蘋果落地的現象發現〝牛頓萬有引力定律〞（Newtons gravitation law），伽利略則以〝慣性定律〞（inertia law）而揚名於世。

他們雖在各自的領域裏，均有輝煌的成就，然在宇宙萬物的生成變化方面並無建樹，僅有伽利略的宇宙觀較具代表性而已。伽氏對宇宙的看法是：自然宇宙是一部巨大的數學機器，而由時空內的物質運動所構成。人類只是數學性的外界戲劇衍生出來的插曲而已。唯一真實的宇宙必須通過數學的解釋才能成立，力量、初性、原子以及可以化成量性單位的時空等則是構成客觀真實的宇宙系統的基本成素。力量才是現象生滅的終極原因，而所謂原子運動則不過是第二義的原因。終極原因的主要特徵便是同一性、齊一性與單純性，無一不與量化條件發生關聯，物質可分解為無限微小而不可分的原子，只是初性或即數量、大小、形狀、位置等等數學性質。至於次性，乃是經由原子的運動，在感官所引起的從屬經驗而已。初性的世界屬於知識的領域，絕對客觀而不變，乃是科學家所能肯定的唯一實在；次性的世界則屬感覺經驗的領域，相對主觀而變化多端，不具知識意義。科學家的基本工作便是要將主觀性質還元而為量化性質，譬諸熱量，疼熱的主觀感覺是果，物質運動才是真實的原因。[103]在伽氏的眼中，我們人類只不過是數學性的外界戲劇所衍生出來的插曲而已，這種解釋似乎又回到以前形而上的玄思，實難令人相信。

西洋的自然科學雖發源於十五世紀，興於十六世紀，然對宇宙生成，生命源由方面的研究，則是到十八世紀時期進化論，才有具體的成果。其中以達爾文的〝物競天擇說〞（natural selection theory）最具代表性。在他之前，有進化論的先驅者布豐（Georges Louis Lecler Buffon, 1707-1788 A.D.）、拉馬克等。繼他之後，有斯賓塞（Herbert Spencer, 1820-1902 A.D.）、劉文厚克（Antonie Van Leeuwenhoek, 1632-1723 A.D.）、雷迪（Francesco Redi, 1626-1697 A.D.）、浦歇（Felix-Archimede Pouchet, 1800-1872 A.D.）、巴斯德（Louis Pasteur, 1822-1895 A.D.）（為方便起見將以上學者集中討論，不依年代順序）、赫克

[103] 參見傅偉勳：《西洋哲學史》，（台北：三民書局，1990年），P.249。

爾（Ernst Haeckel, 1834-1919 A.D.）、德夫里斯以及夏爾丹（Pierre Teilhard Chardin, 1881-1955 A.D.）華名德日進等。茲說明如下：

布豐是一位自然科學家，他以實際對自然的觀察及實驗，來解釋自然的現象，布氏推崇經驗哲學，反對科學受形而上學和宗教觀念的影響。因此，他說：「在物理學中人們必須盡最大的努力避免向自然之外去尋求原因。」[104]布氏對宇宙的生成發展認為：太陽系的形成是由於彗星一度接近太陽，並從切線方向與太陽相撞，把太陽整個質量的六五〇分之一以液態和氣態物質拋向空間，這些物質逐漸凝聚為各個行星，因而行星以相同的方向在差不多相同的平面上運動。由於離心力，當行星高速轉動時也可能拋出一些物質，它們凝聚為行星的衛星，地球就在這種力學的規律下產生。他再把地球的歷史分為七個時期：1.地球脫離太陽，並由於離心力從地球拋出了月亮，地球開始凝固；2.在地球凝固的過程中，由熔融的玻璃狀的物質組成的原始山脈和礦藏開始形成；3.地球進一步冷卻，水氣和其他發揮物質開始凝結，覆蓋了地球表面的大部分，水中開始有了生命；化學反應非常活躍，由最初的玻璃狀物質組成的岩石開始沈積為土壤、石灰岩、煤層，並開始堆積起來；

---

[104] 見布豐（Buffon: *Theorie de la teree*）：《地球的理論》，引自倉孝和：《自然科學史簡編》，（北京：北京出版社，1988年），P.646。

水的作用在這個時期很活躍，形成岩洞，沖刷著大地，形成沈積物；4.火山活躍，地震頻繁，由於水的浸蝕作用，大地的形態逐漸形成；5.動物開始出現；6.大陸分離了，地球表面開始形成目前的形狀；7.人出現了，並成為大地的主人。[105]

布氏對生物的生成發展則認為：有機分子形成不久，它們幾乎同時形成了各種有生命的有機物，其中有不少由於不能維持個體的生存或不能進行生殖活動而消失了。而那些由於具備生存條件而活下來的，大體上具有基本上類似的結構，它們繼續發展形成體型較小的動物，發源於西伯利亞，向南散布到南歐、非洲、南亞甚至北美。只有南美洲有一種為其他大陸所沒有的原生動物。這些小動物在遷移的過程中，由於環境的影響有些種發生了變化。大型的哺乳類，由於生殖緩慢變種較小，較小的哺乳類（例如齧齒類、老鼠、兔子均屬此類）由於多產而變種較多，這就是布氏著名的〝轉變論〞（variationism）。[106]

生物學的創立人拉馬克在解釋生物的發展時認為：從低等動物到高等動物的進化階梯，形成了從單細胞機體一

[105] 參見布豐（Buffon: *Epoques de la nature*）：《自然的時期》，引自同前註，PP.647、648。

[106] 參見哥白尼（Copernicus: *De revolutionibus*）：《天體運行論》，引自倉孝和：《自然科學史簡編》，（北京：北京出版社，1988年），PP.648、649。

直到人類的一個不斷的生物鏈條。在這個鏈條上，一般地不應該有什麼缺環，有的動物即使滅絕了，會由牠們的後代來補足，即使還沒有找到，牠們也會在地球上什麼地方等待人們發現。巨大的生物鏈條並不是處處連續的，而生物進化的階梯也不可能近乎一條直線，由於環境直接作用造成動物肢體上的殘缺是不能遺傳的；另一種由環境的影響而引起的動物習慣上的變化，例如器官使用得較多或較少而引起的變異；是永久性的，能導致遺傳。長頸鹿由於要吃高樹上的葉子而發展了長頸，鼠因為世世代代在地下生活而喪失了眼睛的視力。但是，為什麼會如此呢？他設想有一種內在的因素，稱之為〝內在的感覺〞，當環境的變化使動物產生了新的需要，正是這種內在的因素促使器官發生變化以適應這種需要，於是就發生變異，這就是拉氏著名的〝適應論〞（adaptation theory）。[107]

奠定進化論體系的達爾文，則以〝物競天擇說〞來闡明萬物的生成演化現象，他認為：有機體的變形與它們的種的分化，其所以可能者，乃全由它們中間的自然競存與生存競爭使然。競爭結果，適者生存，不適者淘汰，個中情形，宛如園藝家與家畜飼養者，他們全憑人工淘汰法，以取變種。達氏選定家鴿〝作為研究家養變異的材料。〞[108]

---

107 參見拉馬克（Lamarck: *Philosophie zoologique*）：《動物的哲學》，引自同前註，P.651。

108 參見達爾文（Darwin: *On the origim of specis*）：《物種起源》中譯本，（北京：科學出版社，1972年），P.18。

他觀察鴿子，發覺其中之一，多一尾羽；又發現一鴿，亦具此特徵。他命二者交合，所生雛鴿，較諸原始種類，竟多出二根，三根，或四根以上的尾羽，終於他獲得了扇尾鴿。他用同一方法，又獲得球胸鴿，雅各賓鴿，翻飛鴿，傳書鴿，及其他變種。同此原則，又被養馬，養犬，養牛的人沿用著他們依據某種特點，選擇一定配偶，使之交合，這樣，這班藝術家，竟造成了無限新種。他們根據一定觀點，用人為淘汰法，求達他們的目的；其在自然界，卻無一定目的，只用生存競爭法，求獲相同結果，即種的變化。競爭結果，就完成一種淘汰作用或選擇作用，就中最強壯的與最聰明的，因為某種原由或其他原由，適於生存者，就被繁殖著；而其他不適者，則均歸於滅亡。這不僅是一切社會進步的原理，而且是自然界一切發展的第一因。因此，他說：

> 生活條件的變化，在引起變異上具有高度的重要性，一方面對於整個機構起了直接作用，另一方面又能間接地影響到生殖系統。變異的發生，如果說在一切境況之下都是天賦的和必然的事，那大概不會正確。遺傳性與返祖性的強弱，決定變異的能否繼續。變異性受許多未知的定律所控制，其中相關生長大概最為重要。有些可歸因於生活條件的一定作用，但究竟到多大程度，我們還不知道。身體上各部分的使用與不使用，對於變異應當有些效能，

也許相當巨大。所以最後的結果，成為非常複雜。在有些場合之下，不同的原種雜交，對於我們現有的品種的起源，有它的重要性。在任何地方，當若干品種一經形成後，牠們的偶然雜交，加以選擇淘汰，無疑地對於新亞品種的成立有很大的幫助；但是雜交的重要性，在動物以及種子繁殖的植物，曾經不免過於誇張。在這一切的變化原因之上的是選擇的積累作用，不論是有計畫的和速成的，或是無意識的和緩慢的，但是更為有效的，它似乎是最突出的力量。[109]

又說：

當時我根據長期對動物和植物生活方式的觀察，就已經胸有成竹，能夠去正確估計這種隨時隨地都在發生的生存鬥爭的意義，馬上在頭腦中出現一個想法，就是：在這些（自然）環境條件下，有利的變異應該有被保存的趨勢，而無利的變異則應該有被消滅的趨勢。這樣的結果，應該會引起新種的形成。[110]

---

[109] 見達爾文（Darwin: *On the origim of specis*）：《物種起源》中譯本，（北京：科學出版社，1972年），P.30。

[110] 見達爾文（Darwin: *Recollections of the development of my mind and cha-racter by charles Darwin.*）：《達爾文回憶錄：我的思想和性格的發展回憶錄》，引自倉孝和：《自然科學史簡

達氏又認為：自然選擇雖然緩慢，但是比人工選擇更有力量，〝它使每個生物，對於有機的及無機的生活條件的關係，得到改進；因此在許多場合，這結果必然是生物體制的一種進步。〞並且〝引起生物的滅絕〞，[111]他用了很多地質學和古生物學的例證說明了這一點。因此，巨大而突然的變異是不可信的，他亦舉出胚胎學方面的證據，他說：

> 胚胎學上一切種類的相似性當歸因於現存物種的祖先，都在幼稚時期以後始起變異，而新獲得的性狀之傳遞給後代，也在相當時期才得出現，這樣，胚胎幾乎是不受影響的，並可作為那個物種過去狀態的一種紀錄。所以現存物種的發育初期，常和屬於同一級中的古代已絕滅的類型相似，這種巨大的而突然的改變，在胚胎上不曾留有任何痕跡。依我看來，承認這一切，是已經走上了神秘的領域，不再屬於科學的領域了。[112]

達氏對於物種的地理分布作了詳盡的考察，他從生物的相互親緣關係：形態學—胚胎學—退化器官方面的考

編》，（北京：北京出版社，1988年），P.679。

[111] 參見達爾文（Darwin: *On the origim of specis*）：《物種起源》中譯本，（北京：科學出版社，1972年），P.83。

[112] 見達爾文（Darwin: *On the origim of specis*）：《物種起源》中譯本，（北京：科學出版社，1972年），P.156。

察，得出的結論是：「同一物種的一切個體，不論在何處發現，都是源於共同的祖先。」[113]、「棲居在這個世界上的無數的種、屬和科，在他們各自的綱或類群之內，都是從共同的祖先傳下來的，而且在進化的過程中都發生過變化。」[114]〝物競天擇說〞的原則不僅可用於解剖學與生理學，且可用於動物心理學。諸如蜘蛛、螞蟻、蜜蜂、海狸以及鳥類等的本能，達氏認為：所有這一切只是〝遺傳的習慣〞而已，均只是〝生存競爭〞與〝自然淘汰〞所產生的〝第二天性〞而已。凡現世代所認為天生的東西，在原始的祖先中，並不是天生的；某幾種動物的本能中所表顯著的神奇的藝術，推究其極，均只是長期進化的結果，均只是逐漸完成的結果。推此以言理知的習慣，亦以同一方式獲得淵源。精神主義所認為天賦的觀念，康德所認為屬於智慧本身的觀念，不容說都是現下的心靈組織的一部分，但在我們原始的祖宗時代，它們並非天生的東西。

我們的祖先，皆憑日常經驗，取獲這些觀念；既獲取之，又因其在天擇中，具有效用，故以〝理知的習慣〞與〝理知的性氣〞的形式，傳給吾人，所以由我們看來，倒變是天生的東西了。再者，根據達氏的物競天擇自然演化的必然結果，人類將是從人猿進化而來，如果要再往前推溯的話，可能是古代的一種有袋動物、水生動物，再往前

---

113 同前註，P.270。

114 同註112，P.302。

可能是由單細胞的生物開始演化的。故他說：

> 根據人類胚胎構造—人類和低於人類的動物的同源器官—人類所保留的殘跡（退化）器官—返祖的傾向，我們便能想像到我們早期祖先的往昔狀態；並且能夠大致地把他們放在動物系列中的適當的地位。於是，我們可以知道人類起源於一個身體多毛的、有尾的四足獸，大概具有樹棲的習性，是居住在舊世界中。如果一位博物學者對這種動物加以檢查，大概會把牠分類在四手目中，其確切程度正如把舊世界和新世界猴類的更古祖先分類在這一目中一樣。四手目和所有其他高等哺乳動物大概來自一種古代的有袋動物，有袋動物經過一長系列的形態分歧，來自某一種與兩棲類相似的動物，而這種動物又來自某一與魚類相似的動物。我們可以看到，在朦朧的過去，所有脊椎動物的早期祖先一定是一種水生動物，有鰓，雌雄同體，而且其身體的最重要器官（如腦和心臟）是不完全的或者是完全不發達的。這種動物同現存海鞘類（ascidians）的相像，似乎勝於同任何其他已知類型的相像。[115]

斯賓塞繼達氏的進化觀念，把人與社會同化於物質的

[115] 見達爾文（Darwin: *The descent of man and selection in relation to sex*）：《人類的由來及性選擇》，引自倉孝和：《自然科學史簡編》，（北京：北京出版社，1988年），P.688。

自然界中，完成了他的宇宙哲學體系。他對宇宙萬物的原始問題認為：無神論者認為宇宙是自有的，沒有原因，也沒有開始；但〝無原因，無開始的起始點是人不可思議的。〞反之，有神論者認為〝宇宙萬物是神的創造〞，但若追問〝誰創造了神〞，又是一個不可思議的問題。同理，物理的科學觀念也是如此，何為〝物質〞，其最基本的成份是原子，而原子之本質是可分或不可分？若原子不可再分，而原子由分子來，分子是可分的物質體、原子仍然應該再繼續分下去。若說原子仍可繼續無限制的分離下去，而最後的東西，又究竟該是什麼？故人的認識能力有限，對許多事物承認其存在，對其本質實體，根本不可知。相對的、經驗的、有限的現象界是可知的世界，可知的事物皆是進化的；而進化的過程皆有現象性，其基層是無機物，由無機物進化為有機物（生物），從生物界進化為意識界，從意識界進化為道德生活與社會生活。換言之，現象界的任何狀態或任何種類，皆是演化的結果。故他說：「進化是物質的綜合以及隨之而發生之運動的消失，在此歷程內，物質從不確定的與散漫的單純性，變而為確定的與黏和的複雜性，其在留存的運動方面，又經歷同一變化。」[116]此變化的法則即是斯氏所主張的：〝相關分化與統一的法則或曰組織遞增的法則。〞自然發生說的主張者劉文厚克，利用顯微鏡檢視

[116] 見斯賓塞（Herbert Spencer）：《第一原理》，引自威柏爾（Alfred Weber）、柏雷（Prof.R.B. Perry）合著：《西洋哲學史》，（台北：水牛出版社，1989年），P.514。

各種來源的水滴，發現無數的微小生物，因而相信生命是由自然發生的。[117]

生源論的主張者雷迪，並不相信自然發生說，且對腐肉會自然生出蛆來持懷疑的態度。他親自作實驗將一些魚、肉放入一個大瓶中，上面蓋了細網，這樣可使空氣進入，卻可防止蠅類飛進，為了進一步的防範，更將此瓶子放在一個圍有細網的籠子裏。結果：魚、肉始終未見有蛆的出現，但在蠅飛舞的細網上卻生出蛆來，如果將蠅隔離，就不會有蛆的發生。由於這個實驗使雷氏更加確定〝生命僅能由生命而來。〞[118]

亦是自然發生說的主張者浦歇，用浸液作了無數的實驗，他知道生源論者相信自然空氣常會遭受活的微生物污染，為了避免此問題，他在一項實驗中自己製造了空氣。他預備了乾草浸液，然後加上氮和氧以形成浸液上的空氣，幾天後，浸液中仍是充滿了微生物。由此，蒲氏下了一個自認有理的結論：〝自然發生是可能的。〞[119]

---

117 參見摩爾（John M.Moore）、爾歐森（Ingrith Olren）合編；孫克勤譯：《最新生物學（上）》，（台北：徐氏基金會，1979年），P.25。

118 同前註，PP.23、25。

119 參見摩爾（John M.Moore）、爾歐森（Ingrith Olren）合編；孫克勤譯：《最新生物學（上）》，（台北：徐氏基金會，1979年），P.31。

浦歇的主張立刻受到另一位生源論者巴斯德的反駁，他認為蒲氏的結論是錯誤的。巴氏用酵母和糖作出浸液，暴露於空氣之後，很快就會有生物生長，但是，如果小心的不使浸液和空氣接觸，就不會長出生物來。因此，他相信〝生命僅能由生命而來。〞[120]

以出版〝宇宙之謎〞（die weltratsel）而聲譽遠播的赫克爾，用〝本質的法則〞及〝普遍的進化律〞這兩大溶劑來解釋宇宙一切的變化現象，並將生物發展到人類的過程分為下列二十二個階段：從單子生物→原始單細胞動物→原始多細胞動物→纖毛虫類→有腸原始動物→扁形虫→軟體動物→袋形虫→無頭動物→脊索動物的圓口類→軟骨魚→鰾肺魚→兩棲動物（sozobranchia）→兩棲動物（sozura）→原始羊膜動物→原始哺乳動物→袋鼠→狐猴→有尾猿→無尾猿→猿人→人。[121]

主張〝突變論〞（mutation theory）的德夫里斯則根據紅杆月見草（oenothera lamarckiana）突然發生顯著變異的現象，而提出〝突變論〞，他認為：新物種是通過不連續的偶然顯著變異，而一下子出現的。亦即是新生個體內由於遺傳因子的突然改變而產生〝突變〞（mutation）現象，並

---

120 同前註。

121 參見赫克爾（Haeckel: *Anthropogenie*）：《人類的發生》，引自李霜青：《人生哲學導論》，（台北：五洲出版社，1987年），P.39。

導致動物特殊部分相當大的變化。例如在實驗裏，可用人工化的方式，製造像果蠅這種有機物的突變來證明。

而兼具宗教家、哲學家、科學家於一身的天主教神父夏爾丹（漢名德日進）則認為：生命的形成是來自細胞，細胞的形成是種子性的微粒份子在時空內受光與熱的刺激而形成，生命由細胞的內在潛能，而演化為低等生命物，由植物而動物，由昆蟲類到哺乳類，再經長年累月的演化成有意識的人。故生命現象，是由物質的內在活力（previe）受外界的刺激而形成。同時他也對宇宙的起源問題解釋說：宇宙萬物是一個整體的、動態的、演化的；其過程為無機物→有機物→生物→人→精神。換言之，宇宙萬物，由物質趨向生命與意識，然後再走向精神。此演化的整體是〝內在的動力〞推動著萬物往超越自身的方向前進。因為，整個宇宙體，本身有內在相連的結構，組成整體的單元，下有基層的物質，上有團結性的吸力。物質非死靜的原素體，而物質內含有動力性的〝能〞，可使任何物體變化，由原始精力，藉外力之光與熱，成為簡單元素，成為大分子體，再複合結構〝變量〞與〝變質〞後，成為有機體。故任何物質，皆非無生氣，其實質內早已含有一種〝先天生命〞（la previe）與意識的種粒（grains de conscience）存在著。使無機體到生命，由生命的演化，趨向心智的發生。因此，量與質之間沒有鴻溝，無機物與生物間沒有界線，物質與精神也不對立，皆可藉演化而溝通，最後還能貫通物質，邁向更高的精神境界。[122]夏氏的更高精神境界即是〝天主〞（God）。

綜上所論，我們發現在人類的求知歷程中，原始人類〝仰觀天象、俯察地理〞，一方面讚嘆著天地萬物的神奇，另一方面畏懼著星墜木鳴、日月有蝕，心中難免產生許多疑問，於是謀求解答，這些答案由於民智未開而顯得幼稚，現代人就稱之為〝神話〞。到了民智初開時，始知〝列星隨旋、日月遞炤、四時代卸〞乃是宇宙間的自然現象，人類便開始探求宇宙之奧秘，試著解釋萬物的生成變化，這就產生了〝哲學〞。當民智全開時，人類對於缺乏可驗證的哲學解釋並不能信服，於是轉向可驗證的自然科學上發展，造就了今日的文明。

雖然，在人類求知歷程中的每一個階段，前哲所提出之主張與事實上並不盡相符，但此乃應時代之需，也無所謂對錯。只是自十六世紀自然科學的興起，加上邏輯實證論（logical positivism）的流行，一切學問理論講究要通過可檢證性（verificability）的才是真的。就如史立克（Moritz Schlick, 1882-1936 A.D.）所說的：〝任何一種語句，唯有可被檢證者，才有意義。〞故現代的學者，大部分均放棄純哲學性的主張，紛紛與自然科學方面配合發展，去尋找

[122] 參見夏征農主編：《辭海》，（上海：辭書出版社，1990年），P.2021突變論條。

解答。這其中以〝進化論〞對人類的演化過程，由微而顯，由簡而繁，由單細胞的〝微生物〞進化到〝動物〞以致〝人類〞的解釋，最能獲得普遍認同，亦有相關科學足資證明。[123]茲略舉如下：

1.比較解剖學：

解剖學家證明了不同的動物都有異形同源的器官，有相同的結構，卻履行不同的功能。以達爾文的話來說就是：人的手是用來抓東西的，鼠的爪是用來挖東西的；馬的腿、海豚的鰭、蝙蝠的翼，它們的結構都屬於同一類型，具有同樣的骨骸和相關的部分。同時亦證明了很多的動物都有不具作用的退化器官。如：穴居動物退化的眼睛、特殊鳥類退化的雙翼、蛇和鯨的後肢等。

2.化石學：

化石學家證明了地球最古老的地層只有無脊椎動物的化石；在一系列比較近代的地層，則有魚、水陸兩棲生物、爬蟲、哺乳動物和人的化石。這表示生命的各種形式並非同時在地球上出現，而是經由上述各種動物演化而來。在不同時代會產生相異的動物，乃是逐漸演化的結果，最顯著的例證即是馬的演化。

---

[123] 參見張振東：《西洋哲學導論》，（台北：臺灣學生書局，1989年），PP.256、257。

3.生物地理學：

生物地理學家證明了海島的動物與靠近陸地的動物有顯著之不同，此乃因海島和陸地差距上的不同，相對就會產生不同的結果，而且是殊種、種屬、族系等各方面的不同。根據進化的理論，登陸海島時間較久的動物，已從陸地上互補的軀體開始個別演化，並且在演化過程中發展其自身的特性及動植物在地理環境中，如果接觸他類種之機會多，易生突變之新形狀，如果在隔離之環境中，因獨處而形狀永不改變。

4.遺傳學：

遺傳學家於實驗室中發現了演化的現狀，像果蠅這種生命短暫的動物，經過數百代之後，牠們本具有的特徵雖沒有太大的變化，但卻能產生新種及植物交配之擇形試驗，動物之雜交，皆可產生變種。

5.胚胎學：

胚胎學家指出胚胎之在母體發育，竟和由低級動物到高級動物的歷程變遷狀態相似。

以上這些論證，在在支持了〝進化論〞對〝人類是由進化而來〞的主張。但對於生命是如何發生的解釋，卻存有很大的歧見。茲將這些歧見歸納如下：

1.上帝創生說（God creationism）：

此派認為生命仍由上帝所創造，上帝是生命起源第一因的唯一解釋。其代表者有：基督教、聖奧古斯丁、聖多瑪斯等。

2.機械論（mechanism）：

此派認為生命是一種物質能量，是由一些物質能量的特殊組合，簡言之：生命只是複雜的一部機械而已，一切的生命現象皆可用機械因來解釋。其代表者有：德謨克利圖斯、伊比鳩魯等。

3.生機論（vitalism）：

此派認為生命除了具有物質的存有外，還有賴於一種特殊的生命力（亞里士多德稱為靈魂）的指引，指引存有朝向牠的目標活動。其代表者有：亞里士多德、柏克森等。

4.生源論（biogenesism）：

此派認為生命只能來自生命。其代表者有：雷迪、巴斯德等。

5.自然發生說（spontaneous theory）：

此派認為生命是自然發生的。其代表者有：劉文厚克、浦歇等。

雖然，目前不管是宗教家、哲學家或是科學家對生命的發生，有著很大的歧見，還未能有滿意且正確的答案，但重要的是他們對〝人類是由進化而來〞的見解，則是一致的。雖未到最後的定論，但至少目前是如此，這是本章所要確立的重點。

至於那一些歧見的問題，在不久的將來，自會有人補足，誠如明代詩人楊椒山的〈臨刑詩〉:「平生未了事，留與後人補。」

第三章

人類的進化

第一節　物質演化時期
第二節　物種演進時期
第三節　人類進化時期

前章已討論過〝生命的起源〞問題，雖在〝生命的發生〞上，還有很多爭議，然在生命發生後的演化，則持一致看法，且確立〝人類是由進化而來〞。雖然，我們是多麼不願意去承認我們的祖先是一隻猩猩，那是因為牠長得一副白癡的模樣，如果說是虎或龍，我們的心裏將會好過些，我們不也常說是龍的傳人嗎？但不管如何，本章將繼從這個認知來續談〝人類的進化〞，並將其進化過程分為：一、物質演化時期、二、物種演進時期、三、人類進化時期等三個階段來論述。在這三個階段當中，物質時期之所以用〝演化〞的字眼，仍因其演化盲目性，無所謂朝好或壞的方向前進；人類時期之所以用〝進化〞的字眼，乃因其進化具有目的性，朝好的方向進行；物種時期之所以用〝演進〞的字眼，乃因其演進介於盲目性與目的性之間。越接近第一階段就越帶有物質性的盲目，越接近第三階段就越帶有人類性的目的，故以演進來作為兩者間的橋樑。

第一節　物質演化時期

根據科學家推測，地球出現的第一個生命，亦是人類最原始祖先，可能是一種生命結構非常簡單之〝單細胞的生命體〞，這對已發生至少三十億年寒武紀以前的事，當然純屬假設而已。不過有很多科學家為證實這種假設，作了無數的實驗，其中之一者為米勒（Stanley Lloyd Miller）。

雖然地球在沒有生物之前的環境與現在的情況是截然不同，但科學家深信，今日所知之有關物理、化學上的法則，仍然適用於當時的地球環境。因此在一九五二年米勒將三十億年前地球誕生生命時的情況，重新出現在他的實驗中。

米氏在實驗過程中的基本設計和裝備，包括一個盛水的燒瓶，加熱供水不斷的沸騰，其他的裝置中充滿氣體——甲烷、氨、氫、和水蒸氣，這些氣體推想是早期地球的大氣中所具有者。氣體要有放電通過，以重現當時地球狀態，其中並產生比今日發生者更為強烈的電暴現象；事實上，紫外線輻射也被應用，因為它可能是原始地球上能量之基本形態。這個實驗持續了一個星期後，原本無色的溶液現出了紅色，經過分析的結果，發現其中含有種種的有機分子，雖然有些有機分子，米勒無法確定其名稱，但是，其中有一些分子是胺基酸，全由碳、氫、氧和氮的原子組合而成，胺基酸是蛋白質的構造單位。[1]

繼米勒之後，有愛比爾森（Philip Hauge Abelson）、葛羅斯（Wilhelm Groth）及魏森荷夫（H.Von Weyssenhoff）等，以不同的氣體、不同的組合及不同的能源，進行了許多類似的實驗，其得出結果是一樣的胺基酸。

一九六一年西班牙裔美籍生化學家奧羅（Juan Oro），

---

[1] 參見摩爾（John M. More）、歐爾森（Ingrith Olsen）合編；孫克勤譯：《最新生物學（下）》，（台北：徐氏基金會，1979年），P.199。

他把米勒實驗所產生的氰化氫（hydrogen cyanide）加入混合物中，而得到含胺基酸較多的混合物，其中還有一些短的胜鏈，甚至還形成了核酸的組成要素腺嘌呤（adenine），再用甲醛作原始物質之一，竟也能產生核醣（ribose）和去氧核醣（deoxyribose）。

一九六三年斯里蘭卡的生化學家龐南培魯馬（Cyril Ponnamperuma），也作類似米勒的實驗，他改用電子光束作為能量來源，結果形成了腺嘌呤。他和馬利那（Ruth Mariner）及莎岡（Carl Sagan）繼續把嘌呤加入核糖溶液中，並置於紫外線下，便形成腺嘌呤核（adenosine），如果加入磷酸鹽，則會形成腺嘌呤核酸（nucleotides），再加上三個磷酸鹽基就出現對生物組織能量操作機制非常重要的腺嘌呤核苷三磷酸（ATP），如果再把可能存在於史前時代的氰胺（$CNNH_2$）和乙烷（CH_3CH_3）加到混合液中進行此類實驗，還會產生其他種類的產物。[2]所以毫無疑問的，原始海洋和大氣中可以採這種方式進行物理和化學的變化，而製造出〝蛋白質〞（Protein）和〝核酸〞（nucleic acid）（此兩種物質是生命的發生與延續所必備之要素）。

在沒有生命的海洋裏所形成的化合物會逐漸累積，因為沒有大大小小的生物把它們消耗掉，使它們減少，而且

[2] 參見艾西摩夫（Issac Asimov）著、牛頓翻譯中心譯：《最新科學入門》第五冊，（台北：牛頓出版公司，1992 年），PP.213、214。

原始的大氣中沒有氧化分子，使游離的氧氣分子遭到破壞，唯一會破壞這些分子的重要因素，正是促使這些分子形成的紫外線和輻射能。不過，海洋的流動能把大部分的物質帶到安全的海水中間層，避開表面的紫外線照射及具有放射性的海底。龐南培魯馬估計在原始海洋中約有百分之一是這些有機化合物，果真如此，則質量會超過一百萬億噸，如此驚人的質量顯然是個很大的自然力量，以如此大的數量，即使是最複雜而未必存在的物質也能在極短時間內結合起來，何況地球有十億年的時間來完成此一工作。

由此，科學家深信，在原始大氣中的氣體暴露於閃電和紫外線的輻射之下，會組合而形成簡單的有機化合物，當地球繼續冷卻時，水蒸氣就凝結而形成海洋，簡單的有機物質就在海洋中逐漸聚集此項過程，而一直持續數百萬年甚至更久的時間。隨著時間的增加，也造就了無數複雜的胺基酸和醣類，胺基酸結合形成、嘌呤、嘧啶，醣和磷酸鹽結合成核酸，逐漸的，蛋白質和核酸出現了，具有複製能力的核酸分子也形成了。而這一些具有複製能力的核酸分子便不斷的進行複製，不斷的聚集合併在一起，也不斷的在排列組合，互相彌補對方的缺陷，在經過緩慢而漫長的歲月後，本著以或然率之機會因作盲目的演化，最後，終於產生了具有生命的〝單細胞生命體〞。這是人類進化過程中的〝第一次大飛躍〞，如果沒有這一次的大飛躍，地球依舊是一片了無生機的渾沌大地。

第二節　物種演進時期

當地球上的第一個單細胞生命體發生於海洋後，即本著以生存為目的作物競天擇的演進。單一的生命體便足以使生命延續，並讓整個地球產生各種不同的物種，就像一個單一的種子，就能生成非常複雜的一顆大樹，並結下無數的種子以延續其生命一樣。原始海洋中的有機物形成第一個生命體後，即能以簡單的方法複製出無數個相同的生命體，每一個生命體含有許多種蛋白質（包括醣類）和核酸，不時的再分為許多小體，這些小體經生長後成為新個體，如此循環不已，便可構成許多個生命系統。在這些生命系統當中，凡組織完善、穩定性大、生成快速，而且能將其特性有效的遺傳於後代者，就能一直生存下去，並取代了其他較不能適應環境的生命系統。

那時的生命系統，是要依賴環境中的有機份子充沛供應，但隨著地球環境的改變，生出新的大氣層和臭氧層後，紫外線和輻射能的供應便斷絕或大量減少，有機化合物就不能自發的產生了，即使產生了少量，也會被已存在的生命形式很快的消耗掉。由於這兩個原因，今天的地球環境，已不可能再使無生物轉變為生物了。

有機份子斷絕供應後，整個生命系統便出現了飢餓的危機，為了適應這種危機的環境，某些生命系統便開始形成具有葉綠素可利用太陽的可見光，穿過臭氧層後的低能量來進行光合作用，以獲得能源補充，使生命繼續維持下去。生物學家相信，具有大約二十億年歷史的石灰岩礁上之同心圓形的層次，即是藍綠藻類所形成者，[3]這種單細胞的藍綠藻，很可能就是具有葉綠素的生命系統所演進而來的。

而沒有形成具有葉綠素的生命系統，只好另行寄生，或從死去的組織中去獲取養份，以維持生存。當具有葉綠素的生命系統，在海洋中增殖後，二氧化碳漸漸消耗減少，代之而起的是氧分子，地球於是形成目前的大氣層，藍綠藻類這種植物細胞便逐漸的增加繁殖並含有豐富的葉綠素。而沒有具葉綠素的生命系統為了生存及適應新的環境，便逐漸形成帶有精巧粒線體（mitochondria）構造的細胞，可以非常有效的分解消化掉植物細胞，取得其辛苦製造的能量，這便是動物細胞的來源。地質學家相信，美國明尼蘇達州北部的廣大鐵礦床，即是十幾億年前寒武代時細菌活動之產物，[4]這種單細胞的細菌，很可能就是沒有具葉綠素的生命系統所演進而來的。我們之所以這麼認為藍

[3] 參見摩爾（John M. More）、歐爾森（Ingrith Olsen）合編；孫克勤譯：《最新生物學（下）》，（台北：徐氏基金會，1979年），P.201。

[4] 參見摩爾（John M. More）、歐爾森（Ingrith Olsen）合編；孫克勤譯：《最新生物學（下）》，（台北：徐氏基金會，1979年），P.201。

綠藻是由具有葉綠素的生命系統所演進形成，細菌是由沒有具葉綠素的生命系統所演進形成，乃基於藍綠藻與細菌的原核細胞構造非常類似，只不過一個含有葉綠素，一個沒有而已，故理應來自同一個祖先。

物種演進到寒武紀的階段時，植物與動物便開始分枝成為兩個系統，分別在海洋中演進發展，並構成一條新的食物鏈。植物與陽光進行光合作用，以取得能源並吸收二氧化碳放出氧，而動物以消化植物來取得能源並吸收氧放出二氧化碳，兩者間相互依存，產生一平衡狀態。我們實不得不讚歎自然界的神奇，當然在整個演進過程當中，也淘汰不少不能適應環境的弱者。

孫中山先生說：「夫進化者，時間之作用也。」[5]隨著時間的消失，植物與動物也分別在海洋中演進，使海洋充滿著各式各樣的繁茂世界。由於植物細胞可在原地就能利用陽光進行光合作用，取得能源，而動物細胞則在牠周圍的植物細胞被消化完以後，必須移動去另找食物，以致後來發展成植物是靜態的不會移動，而動物是動態的會移動。植物在海洋中的發展，因其生存的自然條件比動物要好，植物所需的生存要素水與陽光無慮，故其演進也較單純，種類也較少，其體制上之複雜程度，一直維持在藻類

[5] 見孫中山：《孫文學說》，載於中國國民黨中央黨史史料編纂委員會編輯：《國父全集》第二集，（台北：中央文物供應社，1961年），P.44。

的構造而已。

但動物的生存條件就沒有植物那麼好，食物的獲取，都必須靠自己去尋找，在尋找過程中，較幸運的一些動物隨時都可找到植物為食，因此，就演進成草食動物。較不幸運的一些動物，有時找不到植物可為食，為了生存便獵食其他動物，由於當時的植物為動物的獵食對象，故植物慢慢的減少，而動物反而大量的增加，以致尋找植物反而較困難，而獵食動物反而較容易，於是這一些找不到植物為食的動物，便試著獵補其他動物為食，因此，就演進成肉食動物。當然也有些演進成植物也吃，動物也吃的雜食動物。

在這一連串的演進當中，有一項是最顯著的變化，即是移動之速度，為了適應環境，本著物競天擇的定律，動物之間的獵捕追殺與抵抗逃生，使這些動物在速度上產生巨大的變化，由最初的緩慢移動以致目前海中最快速的旗魚，每小時的游速可達六八·一八哩。[6]當時除了用速度來作為逃生外，亦有些動物發展出堅硬的保護外殼或身上長滿刺或有保護顏色等，來作為護身符。因此，動物的演進就比植物來得複雜，種類也較繁多，有海棉類、腔腸類、腕足類、軟體類、節肢類、甲殼類、廣翼類、棘皮類以及

[6] 參見麥克威特兄弟著、時報文化出版公司編譯：《世界紀錄大典》，（台北：時報文化出版公司，1976年），P.62。

魚類等動物。其中以節肢類如三葉蟲（trilobites）最活躍，牠們既能在海水中游泳，亦能在海底爬行，到了志留紀魚類出現並取得優勢後，海洋就變為魚類的天下，這便是海洋中物種演進的全盛時期，然此時陸地依舊是一片荒蕪。

海中植物與動物是何時登陸的，怎樣登陸呢？科學家依據最古老的化石研判，認為大約是在四億年前泥盆紀之時候登陸的。至於是如何登陸的，科學家則未提出解答，只知植物必先於動物登上陸地，因植物是依靠水和陽光就能生存，這樣的條件在陸地上並不困難，然動物必須依靠植物或其他動物為食，在荒蕪不毛的陸地，動物根本無法生存。由此認定，植物必先登陸後，動物才有可能生存下去，但植物是不能移動的，它如何移居陸地呢？這便是科學家難於提出合理解答的地方。科學家又認為：海中生物的移居陸地，可能起自食物爭奪及海中空間擁擠所致，[7]但生物演進是要經過非常漫長的過程，才能產生適應新環境的後代，海中動物一下子離開牠賴以生存的海水，並要在完全缺水的陸地上繁殖演進，這是否可能？別說繁殖，就是牠本身離開海水後，是否能活下去都成問題。

再者，動物並沒有能力去改造環境，只有被動性的去適應或去選擇環境，如果可以選擇，牠們會選擇較容易生

[7] 參見艾西摩夫（Issac Asimov）著、牛頓翻譯中心譯：《最新科學入門》第七冊，（台北：牛頓出版公司，1992 年），PP.41、42。

存的地方，如果無法選擇，牠們只好被迫的去適應，於是就會產生演進的結果。以當時情況，縱然是食物的爭奪或空間的擁擠，但都不及於在陸地求生存那麼的困難，海中動物會作這種選擇嗎？這是令人存疑的事，更何況海洋占整個地球的百分之七十以上，有非常廣大的生存空間。所以筆者認為，有另一種可能性較能作合理的解釋，那就是〝地殼變動〞，它把海洋的一部分變成陸地，也把陸地的一部分變成海洋。這個變動將會把海洋中的植物與動物（尤其是寄生在植物上的動物）一起帶上陸地，迫使牠們不得不去適應陸地的環境，並各自演進發展，形成今日繁華的世界。

雖然，地殼變動的發生已是幾億年前的事，但我們可從一些跡象上得到證明。如沈積岩、動植物的化石以及地質學等。我們都知道地球的表面有百分之七十左右是海洋，而陸地僅占約百分之三十而已，在這百分之三十的陸地表面上，有百分之七十五是被沈積岩所覆蓋。沈積岩主要是在水中，尤其是在海洋中形成，這說明目前的這塊陸地，過去曾是海洋；在沈積岩中還會有動植物的化石，根據牠們本身出現先後的規律，可以判斷某一地層形成的時代及海陸分布的狀況。在大約五、六億年前，中國境內只有一些零星的陸地塊，其他地區都是一片汪洋，以後這些陸地塊又變成了海洋。到了約一億年前，除西藏和臺灣外，全國都變成了陸地，過了幾千萬年後，西藏和臺灣都變成了褶皺山脈，這也說明了地殼變動將滄海變成桑田的事實。

而在沈積岩石層中所存在著的水生生物化石，有時竟然出現在高山之上，魚龍是一種外表像魚的爬行動物，在一億多年以前生活在海洋，中國地質工作者在喜馬拉雅山上找到魚龍化石，這說明目前全球最高的喜馬拉雅山的所在地，一億多年以前竟然曾經是適於魚龍生活的汪洋大海。這也證明高山原來是在海洋中孕育起來的。[8]再者，根據地質學家的研究發現，地球表面的變化，來自於地球內部的壓縮作用，所產生移動的結果，如冰島與彼得大帝山脈的形成。地質學家依冰島周圍深度的推測認為：冰島是由二重裂口中間的陸塊，即最初在格林蘭的片麻岩主體與挪威的片麻岩主體之間造成了裂口，以後從其大陸塊的下方形成融解後的矽鋁質，這矽鋁質就充實了裂口的一部分，但其他殘餘部分因為包含著矽鋁質，就像今日的紅海一樣，故在陸塊壓縮作用再度發生的時候，矽鋁質就失去與深處的連絡而被擠迫上來。[9]而彼得大帝山脈在其第三紀始新世的岩層也發生過褶曲，其結果升高至海拔五六〇〇米高。[10]以上這一些論證，都足以說明動物與植物的登陸，乃是〝地殼變動〞所引起的可能性。

---

[8] 參見金祖孟：《地球科學概論》，（台北：五南圖書公司，1992年），P.306。

[9] 參見惠格納（Alfrod Wogonor）著、沐紹良譯、王雲五主編：《大陸移動論》，（台北：臺灣商務印書館，1983年），P.78。

[10] 同註8，P.82。

在海中植物與動物登陸後，一個可供其演進的全新環境，終被開拓出來。植物登陸之初，由於其生存環境，沒有像在海洋中那麼好，那麼單純，為了適應這複雜的新環境，它的演進也隨之複雜起來，其種類也增加不少。陸生植物主要朝二個方向演進，其一方向為仍保持原有的小體型，而發展棲居於禿石表面之能力，這種情形下，濕度在某些時候很高，唯土壤和可資利用之礦物養分缺乏，這一群的植物便演進成蘚苔類。而另一群植物則為適應缺水的環境，便不斷發展其輸導及支持組織，並生出真葉，循此一方向就演進為蕨類和裸子類等植物，於是形成陸地上的特有景觀。

而動物則在海洋變成陸地的緩慢過程中，慢慢地適應了其愈來愈缺水的新環境。當隆起部分愈接近水面時，水就會愈來愈淺，以致無法游泳，有鰭的動物（如魚類）只好利用鰭部來滑動，去尋找食物，腸道上也演進出可以裝空氣的囊袋，也就是簡單的肺。也由於沒有足夠的水深當浮力，這些動物的身體就慢慢地形成脊索來支撐，久而久之便產生有脊索的動物。再經過一段相當長的時間演進，這些動物的鰭部便發展為四肢，能慢慢地在陸地上爬行，於是出現了爬蟲類。這時從海洋隆起的新陸地也完全脫離海面，爬蟲類也完全可以脫離海水而在陸地生存，它開始到處爬動，到處尋找食物。有一部分的爬蟲類有時爬回海中，或寄居於陸地凹洞所形成的水池或湖泊裡，有時也爬回陸地生活，於是形成兩棲類。當然，還有很多其他動物也隨著地殼變動在陸地上演進發展，形成各式各樣的種類，如寄生在藻類上的海生動物，就演進為昆蟲類，也有一些動物不能適應新環境而遭到淘汰滅絕。

在二疊紀的時候，由於地殼不斷的變動，高山不斷從海洋中隆起，使得海洋環境產生很大的變化，原為溫暖的海水，愈變愈冷，這種變動造成許多海洋生物滅絕。滅絕的原因可能是牠們突變和重組的速率，來不及演進成新的族群，以適應新環境所致。而陸地環境亦產生很大的變化，高山會改變風的動向，也使雨水的分布產生變化，陸地已不復是低而被單純密林所覆蓋的形態，它出現了高山和平原，沼澤和沙漠等，而且形成各種不同的氣候，由此而構成種類繁雜的棲所，也為爬蟲類提供許多生存及發展的機會。在登陸初期，爬蟲類與兩棲類的發展大致相當，但自環境重大改變後，由於兩棲類受到產卵必須產在水中，幼體必須在水中進行發育的限制，使得牠們的生存空間只能限於有水周圍，因此便逐漸的衰落。而爬蟲類則因可在陸地上產卵並繁殖的優勢，生存空間不受任何限制，故牠們就大大的發展起來而雄據整個陸地。

陸地植物也隨著新環境而有重大改變，由最早登陸的藻類，演進為蘚苔類、蕨類及裸子類等，再發展為石松類與木賊類等。而現在的森林已被蘇鐵類、銀杏類、松柏類、裸子類和開花類等各式各樣的植物所取代了；植物蓬勃的發展，將帶給動物無限的生機。

爬蟲類在陸地取得優勢以後，牠的演進也有新的發展，從體型微小的以迄體積龐大的恐龍因應而出。其中有的演變為飛翔性爬蟲，就是後來的鳥類，有的演變為哺乳類，有一些為肉食性，另有一些為草食性，當然也有一些為雜食性，真是五花八門，種類繁多，這是爬蟲類在白堊紀的演進達到前所未有之階段。但是，當牠們發展到最高峰的時候，為什麼會在短時間內突然滅絕呢？尤其是恐龍類。根據科學家的說法，乃由於流星撞擊地球所致，使地球將近百分之七十五的生物種類，在同一時間內死於這場〝大浩劫〞（the great dying）。

不過滅種與死亡是自然界的一項偉大傑作，它在生物演化上，顯示了一項重要的法則，即是滅種是為新種鋪路，死亡是進化的階梯。如果沒有清除舊種，新種便無從發展，如果沒有死亡，進化便無從邁前，進化是由無數生命的犧牲累積而成，就像長江後浪推前浪一樣。所以爬蟲類大多數的滅絕後，反而為哺乳類帶來了發展的生機。在大浩劫之前整個陸地幾乎都被爬蟲類所佔據，哺乳類根本沒有發展的餘地，大浩劫之後，哺乳類就有機會利用陸地的空間而發展起來，並成為陸地的霸主。

哺乳類雖由爬蟲類演進而來，但牠們能逃過這場大浩劫，應歸功於牠們在演進過程中所形成的兩項特有性能，其一為具有比爬蟲類效力高的保護能力，以抵抗環境中溫度之變化，其二為牠們經常照顧其卵和幼體。不論環境變化如何，哺乳類均能保持一定之體溫（毛髮之絕緣作用），且大多數的雌性會將卵保存於體內，以進行胚胎發育產出幼兒，產出後愛護備至，並由乳腺分泌乳汁哺育之，所以牠們能安全躲過這場浩劫。而其他大部分的動物則無特殊性能，無法適應流星撞擊後，大量物質噴灑到大氣層中，然後慢慢落下遍佈整個地球，大量灰塵又升到平流層，籠罩大地，使陽光無法照到地球表面，溫度驟降等的變化，故便造成大量死亡。這也證明了物競天擇，適者生存，不適者淘汰的鐵則。當然也有一小部分僥倖的逃過這場災難而繼續發展，如鳥類等。

浩劫之後，哺乳類的發展便朝向三大類進行，即卵生哺乳類、有袋哺乳類和胎盤哺乳類。茲將這三類大致分析如下：

1.卵生哺乳類（原獸亞綱 prototheria）：

這類動物的繁殖是產蛋的，蛋內的胚早在下蛋之前就發育完成，下蛋之後很快就孵化。如：居住於澳洲及其鄰近島嶼上的鴨嘴獸等。

2.有袋哺乳類（後獸亞綱 metatheria）：

這類動物的繁殖，在發育早期即行產出，再進入母體腹部的育兒袋中，吸取乳汁的營養，以完成整個發育過程。如：澳洲的袋鼠和新大陸的負鼠。

3.胎盤哺乳類（真獸亞綱 eutheria）：

這類動物的繁殖，是具有胎盤的特徵，是一種佈滿血管，由母體供給胎兒營養和氧氣，並攜走廢物的構造，使胎兒能在母體內停留好長一段時間，等發育完整後再產生出來。如：人類、鯨、象等，幾乎目前我們所看到的全部哺乳類動物都是。

在這三類當中，又以胎盤哺乳類最佔優勢，遍佈最廣，演進的種類也最多，計有十一個目：

食蟲目--鼩鼱、鼠等。

翼手目--蝙蝠。

食肉目--貓科、狗科、鼬、熊、海豹等。

囓齒目--老鼠、兔子、松鼠、天竺鼠、海獺、豬等。

貧齒目--樹獺（有齒）、犰狳（有齒）、食蟻獸（無齒）。

偶蹄目--有蹄，每蹄的趾為偶數，如牛、羊、山羊、豬、鹿、羚羊、駱駝、長頸鹿等。

奇蹄目--有蹄，每蹄的趾為奇數，如馬、驢、斑馬、犀牛等。

長鼻目--象。

齒鯨目--抹香鯨。

鬚鯨目--藍鯨、露脊鯨等，用鯨鬚濾取海水中的食物，看來像是一撮巨大的鬍鬚長在口腔頂上。

靈長目--人類、猿、猴、猩猩等。

不過，在這十一個目當中並非是全部同時演進的，如海獺、海豹、海豚、鯨魚等是在海洋中演進出來的，而靈長目的猴、猿、人類有些科學家相信是由食蟲目的鼩類演進而來的。因鼩類具有一些與靈長類相同的特徵，尤其是亞洲產的樹鼩與猴類中的狐猴，兩者之間的差異非常小，除了頭部以外，不管是生理結構或外觀形態都非常的相像，實不難看出牠們之間的血緣關係，以致生物學家在分類時經常把牠們同編在靈長類中。

狐猴出現後，可能是為了逃避其他動物的捕殺或是基於食物大部分在樹枝上的需要，而形成具有能握物的手腳及由叢毛狀的尾巴來保持在樹枝間跳躍的平衡，以致獲得在樹枝上相當成功的演進經驗。隨著時間的變化，慢慢的就演進成一種似猴非猴，似猿非猿的猴猿，再進而形成猿類，當然也有另一部分往現代猴類方向進行，如新世界猴或舊世界猴。

最早形成的猿類大概就是埃及猿，顧名思義就知道牠是在埃及發現的化石，猿類由於要適應中新世時，地球上發生地質斷裂和氣溫下降的現象，使得覆蓋大部分非洲和歐亞陸塊的熱帶林發生變化，形成了草原和莽原。這一些原野像湖泊和海洋一般的遼闊，把濃密的森林隔絕了，於是在森林與草原接觸的邊際上就形成了演進的新環境。猿類為生存上的需要，便逐漸的擴展到地面上活動，因此，直立的姿勢就愈來愈多，全身各部分的生理機構，也趨向於協調一致，腿骨加長、腳底變扁平、而掌心內陷，脊骨、頭骨變形，腦容量也逐漸增加，慢慢的能直立並大步行走，於是演進成另一種似猿非猿，似人非人的人猿類，同樣的，也有一部分是往現代猿類發展，再度回到森林去，如：長臂猿、猩猩等。

物種發展至此，不管海洋或陸地到處都充滿生機，種類之多更是前所未有，也形成草食動物以植物為食，肉食動物以草食動物為食，雜食動物以植物或動物為食，植物以陽光、水、土壤為生，動物所排泄的廢物又為土壤吸收成養份供給植物成長。而水則由海洋經太陽的照射，蒸發至雲層，遇上冷氣團後則形成水滴，落到高山、平原，植物和動物便各取所需，剩餘的又經由河川匯集至海洋，如此循環不已，相互依存的構成一條食物鏈。其速度的演進上，亦依獵捕追殺，抵抗逃生的方式進行，從最初的緩慢爬行至今日獵捕者最快的速度為：出沒於東非大平原的貓豹，每小時可達六〇哩；而逃生者最快的速度為：美國西部的叉角羚羊，每小時可達三十五哩。[11]當然除逃生的速度外，亦有其他動物發展出各式各樣的方式，如猴子有狡捷的身手，可在樹枝上攀爬，野牛成群抵抗外侵者，長頸鹿具有花紋，可矇騙敵人等不一而足，這一幅景像，便是陸地中物種演進的全盛時期。

緊接著，便是人類進化過程中的〝第二次大飛躍〞，也是生物演化史上另一次的關鍵時刻，這個時刻就是〝人類的誕生〞。隨著時間不斷的前進，人猿類也不斷的進化，腦容量愈來愈大，智慧也愈來愈高，而雙手也由於不再擔任行走的任務而發展出具有製造與使用工具的能力，於是逐漸脫離獸類，而成為萬物之靈的〝人類〞，並取得優勢統率萬物。人類若不出現，則宇宙茫茫，至今依舊是個自生自滅的混沌世界。

---

[11] 參見麥克威特兄弟著、時報文化出版公司編譯：《世界紀錄大典》，（台北：時報文化出版公司，1976 年），P.43。

第三節　人類進化時期

自人類誕生以後，即為渾渾噩噩的世界帶來一線曙光，他挾其萬能的雙手、智慧的大腦而成為萬物之主，帶領萬物邁向文明，使未來充滿希望。人類因具有能適應任何環境的本能，使他在圍繞我們周遭的這群能跳躍、飛翔、游泳和打洞的動物中，成為唯一不受環境約束的一種動物。在他豐富的幻想、辨別是非的理性、敏銳的感覺以及堅忍的意志，使得他不受環境控制外，亦是唯一能改造環境的動物。人類世世代代不斷的互助合作來與環境搏鬥，並發明一系列的科技，以改變環境，從燧石工具到幾何數學，從拱欄到相對論的發現，以至今日的登上月球、星際旅遊等，這一切正顯示出人類在瞭解自然、控制自然、進而改造自然的進步情形。科學的發展，正足以說明人類之所以異於禽獸的秉賦所使然的結果。孟子說：「人之所以異於禽獸者幾希。」[12]我看這何止是幾希，簡直有天壤之別。人類文明是一種不同形態的進化，它不是生物性的，而是文化性的，人類就在這生物性與文化性的雙重進化上向前邁進，這也是其他動物或其他演化時期所沒有的，所以，人類是本著以生存及實現自我理想為目的，並作合作互競的進化。現在我們就把話題拉回在人類的進化過程上，並分成進化過程、進化證據以及進化機制三部分來論述：

---

[12] 見《孟子・離婁篇》。

一、進化過程

人類進化的起源地〝東非大狹谷〞，它位於非洲赤道附近靠魯道夫湖之草原地區，也是達爾文所發表的〝物種原始〞及〝人類的墮落〞一書中所指之方向。在東非大峽谷中，在峭壁和荒涼三角洲所陷落的平原上，它紀錄一則人類過去的故事，從四百萬年前開始，三百萬年、二百萬年…以至今天，均有其各個不同時期所形成的深厚沈澱物，一層挨一層之結構紀錄下來。每一層中也會保有當時的動物化石，從這一些化石，加上鑑別年代的技術和人類富於推測的能力，歷史便可重新開始。

在約兩百萬年前更新世初期，最早出現的原始人類，我們稱之為〝南方原人〞（Australopithecus Africanus），他們已具有完全直立的身體與能在地面上快速之行走，他們的眼睛亦毫無疑問的能對準兩手所持或所操作物體的焦點，懂得如何製造工具和使用工具等。主要居住於靠近森林邊緣的草原上，以採集野生塊根、子實及水果等植物為食，後來由於植物有季節性，無法隨時供應，為了生存只好去適應吃肉類的動物。剛開始以捕捉較小的動物為主，如：爬蟲、昆蟲、穴居動物和鳥類等，較小動物逐漸減少後，接著便捕捉較大的動物，包括長頸鹿、河馬、羚羊和大象等。由於大動物並非一人的能力所及，必須靠多人的合作才能完成，於是就發展出集體行動來圍捕，久而久之就形成狩獵的生活，南方原人就在這種環境中，從〝採集植物為食的生活模式〞，慢慢轉變到〝狩獵的生活模式〞。

狩獵的生活模式，是原始人類邁向文明的一個關鏈性之訓練基礎，它對於腦力的發展、意思的表達以及社會組織的形成，都具有決定性之影響。在捕捉動物的過程中，原始人類必須運用腦力去思考，以什麼方式，製造什麼樣的工具，才能捕獲獵物，也必須用最簡單的語言去協調，去指揮行動，於是，一個最原始的社會型態便在這種環境下逐漸形成。

隨著狩獵生活的展開，兩性分工也逐漸明顯，男性塊頭較大，行動也較敏捷，故負責狩獵的工作。而女性體形較小，行動也較慢且經常要生育與哺育幼兒，故就負責生育哺育及帶小孩去採拾植物的工作，有時也照顧生病或受傷之成員。男性會把當日狩獵成果，帶回集結地供大家分享，有時帶回的動物很大或是很多，一時消化不完，就分配給大家儲藏，這一種分配現象，便產生個人財產的觀念，有了財產觀念，繼承問題也隨之出現。由於當時的男女性關係非常混雜，很難弄清楚血緣關係，誰是誰的小孩，該由誰來繼承，為了解決這個問題，便限制女性交配的對象，慢慢的家庭組織之雛形也逐漸形成。

原始人類雖為獵人，但他們亦是其他動物的獵物，隨時也都有被獵殺的可能，所以，隨著狩獵生活模式之演進，原始人類已學會如何集合族群的力量，來共同捕捉動物或共同防禦敵人。族群形成後，彼此之間就不再互相殘殺，但偶爾的衝突在所難免，為了和諧，便需建立領導階層，對個人行為也要作適度的限制。慢慢的，一個具有社會組織功能之族群出現了，再加上家庭倫理觀念的形成，使原始人類跳離了純動物性的藩籬，而成為具有〝理智〞的動物，自此，人類與禽獸便區別出來。

隨著族群發展，人口也愈來愈多，在同一個地方狩獵並不能支持太久，食物來源不足就得遷移，這是非常殘酷及無奈的選擇。所以他們便從非洲的地方沿途狩獵、遷移，到過爪哇，來過中國，最後到達歐洲，每到達一個地方便會有一部分族群留下，一部分繼續前進，使人類在很早的時候，便分布各地，後來也各自進化成不同之人種。如留在爪哇發展的原始人類就進化成爪哇人（Java Man），留在中國的就進化成北京人（Peking Man），往歐洲的那一群也就成為後來的尼安德泰人（Neanderthal Man）。現今世界三大人種：蒙古、尼格羅人，以及歐羅巴人，就是由這些族群進化而來的。

在遷移期間，原始人類剛好碰上冰河在地球到處蔓延的時期，這對他們是非常嚴酷之考驗，但也提供另一次深遠的轉變。由於天氣的酷寒，使得他們學會用獸皮作成衣裳禦冷，用火來取暖，最後懂得用火煮烤食物，減少病源。在狩獵方面，也因獵物的減少，冰層上狩獵之艱難，於是他們改變了戰略，由狩獵變為〝跟隨獵物群的方式〞，隨時掌握牠們之蹤跡，慢慢的學習和觀察，最後適應牠們的習性，隨獵物群到處遷移，這樣在冰天雪地的環境下，食物來源就不用擔心。久而久之，這種被動跟隨獵物的遷移，雖比狩獵方式來得容易，但卻無法確保食物的無慮，於是原始人類又發展出〝畜牧的生活方式〞。將一些較溫和的草食動物，如：牛、羊、鹿等加以馴養，隨時帶在身邊，由被動轉為主動立場，長途跋涉帶領他們往適合人類居住的環境前進。在遷移當中，他們更發明了一些簡單之雪車來裝載物品，並由訓練過的動物負責拉走。

時間的巨輪不斷轉動，冰河時代也宣告終了，隨之而來的，是大地呈現一片春的氣息，各式各樣之植物忍不住的鑽出地面，享受一下陽光的溫馨，新生植物也一一出現，如：青蔥、大麥等，真是〝未經一番寒徹骨，那得梅花撲鼻香〞。植物的茂盛帶給動物無限興奮，而這一批歷盡滄桑之族群，見到這般鳥語花香和動物麇集的地方更是雀躍不已，同時他們也厭倦長途跋涉之生涯，於是決定定居下來。在定居之後，他們的生活方式也逐漸調整，他們把馴養動物的經驗應用到飼養家畜及栽培植物上，慢慢的就形成〝農業的生活方式〞。

農業的發展，使族群生活慢慢的安定，家庭組織、社會模式也趨向健全，語言溝通更是沒問題，倫理道德也逐漸的深植人心，工具之製造與技術之發展也有長足進步。前後經歷過石器文化與銅器文化的輝煌，這一切都顯示出文明在人類安定後的快速成長。而在生理結構方面，也從原始人類的南方原人、爪哇人、北京人、尼安德泰人以及克羅馬儂人（Cro-Magnon Mon）之相繼出現，躍進到新時器時代的〝現代人類（Homo sapiens）〞之林，人口也愈來愈多，族群更是到處林立。

隨著族群的林立，紛爭也逐漸增多，族群內個人與個人之間的紛爭，因已建立領導及一些管理規定，再加上大家已形成利益、生死與共之觀念，故很容易獲得和平解決。但族群與族群之間，發生了利益衝突，又無和平解決的管道，於是便藉由動物性的本能〝爭奪撕殺〞來獲得解決，所謂勝者為王，敗者為賊，依舊是循著物競天擇的鐵則進行。當這種衝突經常發生後，各族群為鞏固自己的勢力便大力增強其武力，衝突規模也隨之加大，於是形成戰爭，族群也演變為有組織之國家形態。自古以來，人類的戰爭似乎沒有停過，不是東邊戰，便是西邊戰，不管是大戰、小戰或是個人之戰，無非都是為了利益所致，但戰爭實在太殘酷，所付出的代價也太高。於是便有聖哲先師出來倡導仁義，改變社會風氣，尤其是在人類陷入最黑暗之時刻，聖哲便輩出，如最紛亂的春秋戰國時代，便產生老莊、孔孟、韓墨，以及荀告等百家爭鳴的聖哲。不管他們對人性的主張是善是惡，或無善惡，其目的，無非想建立一個和平的世界而已。俗語說：「不見棺材不掉淚，不到黃河心不死。」人往往需付出慘痛之代價後才能覺醒，人類的戰爭持續到第二次世界大戰時，終於付出極慘痛，而且很高的代價後覺醒，並認為在會議桌上解決紛爭更符合人類的利益，於是聯合國誕生了。不管聯合國是否有收到預期的效果，但這是人類已懂得如何控制動物性本能，而朝向實現自我理想的一種理性表現。

自文明時代的初期，人類〝發明文字〞後，文明社會就開始興起，由於有文字的記載，後人可從文字記載上，完全習得祖先所留下的文化遺產，不再像文字未發明前，所有的生活技能僅能由上一代的口述及本身的經驗摸索才能習得，這種方式所能習得的技能，畢竟極為有限。人類自更新世的初期誕生以來，到更新世的末期文字發明之前，至少長達近二百萬年之久，然在文明的演進上卻非常有限，充其量只有一些社會型態的雛形、倫理道德的基本觀念、粗糙的語言和製造生存上所需的工具或一些簡單的技術而已，雖有過石器及銅器兩個時代之文化輝煌，如與現代科技相比，就像汪洋中之一粟實非常渺小。但自文字發明之後，以至今日，才短短約四千年的時間，然在文明的演進上卻突飛猛進，日新月異，絕非是前面的二百萬年所能比擬，從指南針、造紙、火藥…萬有引力、生物演化原理、阿基米得原理…以至今日的電腦、隱形飛機、人造衛星等等的萬花筒世界。而生活方式也從農業進展到〝工商社會的方式〞，享受高度之物質生活。

社會學家默爾（Wilbert E.Moore, 1858-1918 A.D.）對人類社會的進化提出五種類型：

1.單直線進化論（simple rectilinear evolution theory）：

此類型主張人類社會的發展，是沿著一條直線向前進化。

2.階段式進化論（stage evolution theory）：

此類型主張人類社會的發展並不一定是沿著一條直線不斷向前進化的，而是經過幾個階段的突破才邁向前的。

3.不等速進化論（unequal rates evolution theory）：

此類型主張人類社會的發展，不一定要經過某種重大突破才能從前一階段躍進至後一階段，進步是緩慢不規律的不等速進化。

4.枝節型進化論（branching evolution theory）：

此類型主張人類社會的發展變遷方向並非是單一方向的，其發展之速度亦非一致，因此我們注意到社會與社會之間的差異；從整個人類歷史進化的立場來看，不同社會的不同發展就如同一棵大樹上的樹枝分散生長一樣，有些長得快些，有些則長得慢。

5.循環式進化論（cycles evolution theory）：

此類型主張人類社會的發展雖是向上的，但其進化過程可能遭遇暫時性的停滯或甚至於有倒退的現象，經濟循環現象就是一個最好的證明。[13]

有關人類進化的歷史及發展的模式，請參考下圖（筆者自製）：

---

[13] 參見蔡文輝：《社會學》，（台北：三民書局，1991年），PP.42、43。

一	七仟萬年	七仟萬年	六仟萬年—四仟萬年		〃		
			漸新世 四仟萬年—二仟五佰萬年		〃	猿猴類出現	
	︱	︱	中新世 二仟五佰萬年—一仟萬年		〃	猿類出現	猿類開始分枝往人類及現代猿類方向演進
二佰萬年		二佰萬年	上新世 一仟萬年—二佰萬年		〃	人猿類出現	
三、人類進化時期 二佰萬年—迄今	迄今	第四紀 二佰萬年—迄今	更新世 二佰萬年—一萬年	洪荒時代 二百萬年—六十萬年	〃	南方猿人出現	原始人類的出現
				冰河時代 六十萬年—八萬年	〃	爪哇人與北京人出現	已懂得使用火與狩獵，追隨動物遷移的生活
				舊石器時代 八萬年—一萬年	〃	尼安德塔人出現與克羅馬儂人出現	舊石器文化，具語言能力
			現在世 一萬年—迄今	新石器時代 一萬年—五仟年	〃	現代人出現	現代人類的出現 新石器文化、農業生活
				銅器時代 五仟年—四仟年	〃	〃	銅器文化，群族衝突戰爭發生
				文明時代 四仟年—迄今	〃	文明社會的興起，至今科技文明	人類發明文字記載歷史文化
備註	一、表中「〃」代表該紀或世或時代無新種類出現，維持原來存在的種類。 二、本表係參考如下資料編製成冊： 1.摩爾（John M.Moore）、歐爾森（Ingrith Olsen）合編孫克勤譯「最新生物學下」，台北徐氏基金會，六十八年（一九七九）八月初版，頁一～十二、一九三～二一一、二三八～二六七。 2.李震著「人生哲學導論」，台北五洲出版社，七十六年（一九八七）七月平裝版，頁三六～三八。 3.J.F.Donceel, S.J.著劉貴傑譯「哲學人類學」，台北巨流圖書公司，七十八年（一九八九）三月初版，頁八三～八八。 4.布朗諾斯基（J.Bronowski）著徐興、呂應鐘合譯「人類文明的演進」，台北世界文物出版社，六十四年（一九七五）十一月初版，頁十五～六四。 5.艾西摩夫（Isaac Asimov）著牛頓翻譯中心譯「最新科學入門」，台北牛頓出版公司，八十一年（一九九二）五月新版第七冊，頁十一～二一、三八～四六、五〇～七一。 6.基辛（R.Keesing）著張恭啟、于嘉雲合譯「人類學緒論」，台北巨流圖書公司，七十八年（一九八九）九月初版，頁十三～一五九。 7.羅香林著「中國通史」，台北正中書局，六十年（一九七一）六月十六版上冊，頁二一～四一。						

時期	代（年）	紀（年）	世（年）	時代（年）	主要生物內容：植物	主要生物內容：動物	備註
一、物質演化時期 50億年—20億年	始原代 50億年—6億年：五十億年				地球的誕生		
	四十億年				有機化合物的形成		
	三十億年				單細胞生命體		第一個生命發生於海洋
	二十億年				植物界（藍綠藻的形成）	動物界（細菌）的形成	植物與動物同時出現並開始分枝演進
二、物種演進時期 二十億年	古生代 六億年—二億年	寒武紀 六億年—五億年			藻類	海綿、腔腸、腕足、棘皮、軟體、節肢等類出現	
		奧陶紀 五億年—四億五千萬年			裸蕨類出現	甲冑類與廣翼類出現	
		志留紀 四億五仟萬年—四億年			〃	魚類出現	
		泥盆紀 四億年—三億五仟萬年			藻類登陸、靜古類、蕨類、裸子類出現	脊索動物出現並登陸	地殼變動將植物與動物同時送上陸地
		石炭紀 三億五仟萬年—二億五仟萬年			石松類與木賊類出現	昆蟲及爬蟲類、兩棲類出現	
		二疊紀 二億五仟萬年—二億年			〃	爬蟲類興起，兩棲類衰落	因地殼不斷變動造成海洋許多種類滅絕
	中生代 二億年—七千萬年	三疊紀 二億—一億六仟萬年			〃	恐龍出現	
		侏儸紀 一億六仟萬年—一億三仟萬年			〃	鳥類與哺乳類出現恐龍興起	
		白堊紀 一億三仟萬年—七仟萬年			開花類出現	恐龍滅絕	由於流星撞擊造成陸地許多種類滅絕，尤其是恐龍
	新生代	第三紀	古新世 七仟萬年—六仟萬年		〃	哺乳類興起蹄、齧類出現	
			始新世			猿類出現	

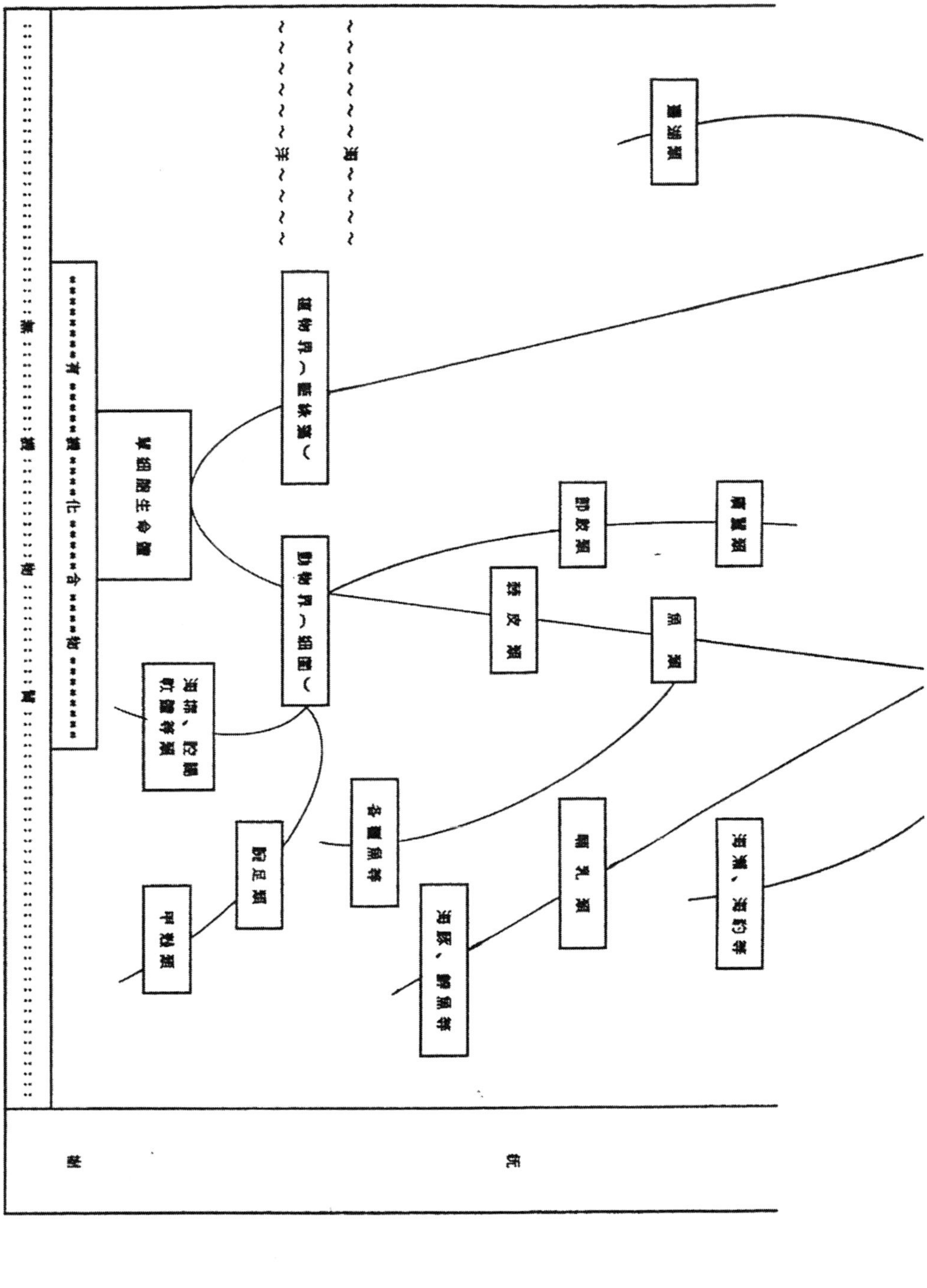
海
洋
植物界（藍綠藻）
動物界（細菌）
單細胞生命體
有機化合物
無機物質
節肢類
棘皮類
魚類
哺乳類
海獺、海豹等
海豚、鯨魚等
各種魚等
腕足類
甲殼類
海綿、腔腸
軟體等類

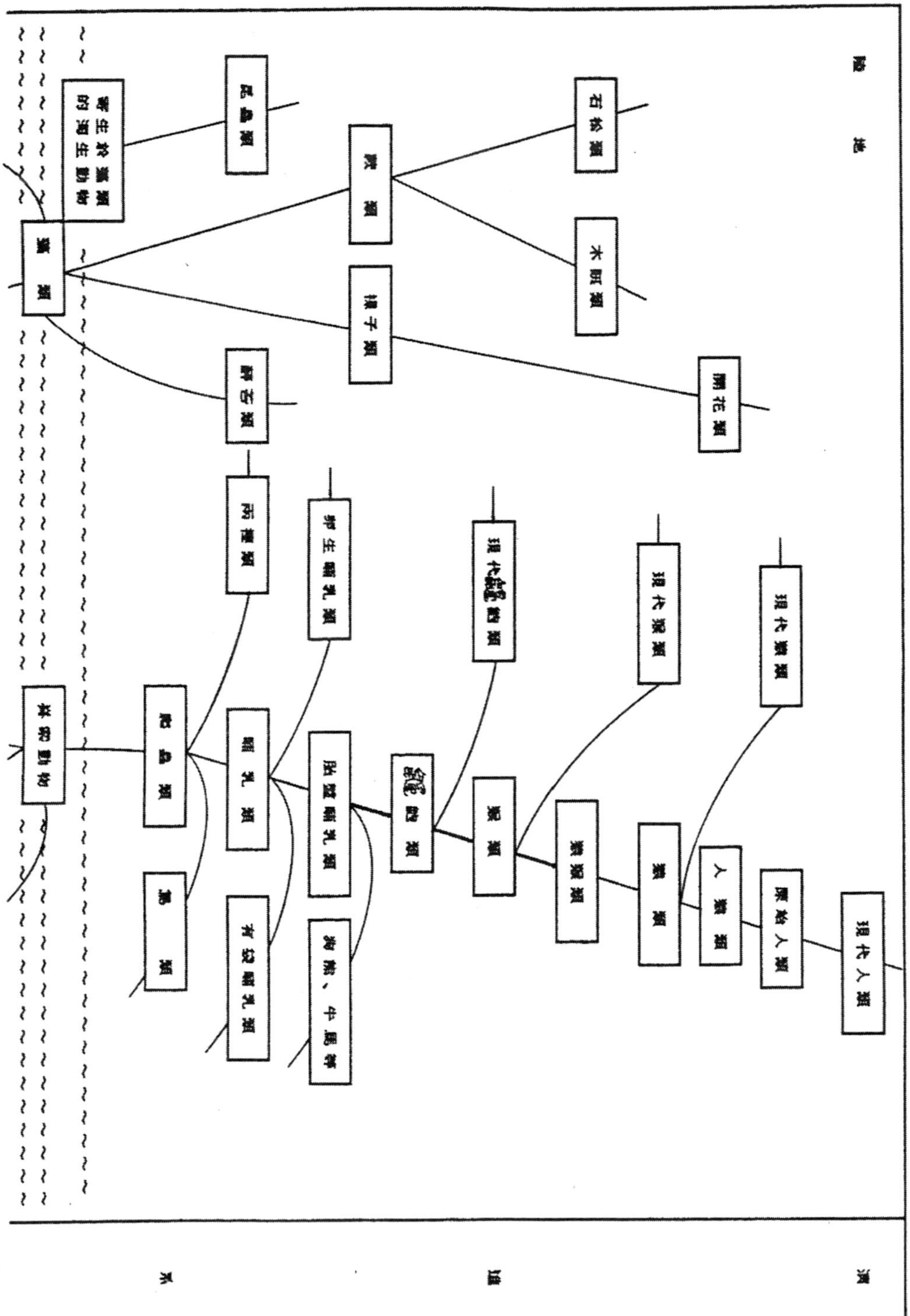
陸地
石松類
木賊類
裸子類
兩棲類
卵生哺乳類
哺乳類
胎盤哺乳類
有袋哺乳類
海豚、牛馬等
原始人類
現代人類

二、進化證據

有關人類進化的證據有：化石上的證據、生化上的證據，以及胚胎上的證據等，茲說明如下：

1.化石上的證據：

地球的岩石，主要分為二種：即火成岩（igneous rocks）和沈積岩（sedimentary rocks），前者由火山噴出的岩漿冷卻而成，所含成份頗為一致，一般不分層次，常見的例子有花崗岩（granite）和熔岩（lava）等。後者的成份區別較大，而且通常成層排列，這在從事地球生命歷史之研究上，甚為有用，因它保存著過去的紀錄，這與沈積岩的形成方法有關。沈積岩是由灰塵、泥沙、石礫、石塊所形成，呈層狀的排列，當這些沈積物受到壓力以及化學變化之作用時，便會在水底形成岩石。

例如：江河和溪流經常不斷將陸地上的物質攜帶入湖海而沈積，假定河水中攜帶有大量的沈積物，包括一條死魚在內，當河水流動變緩時，沈積物（包括死魚）就會沈澱下來，這項作用將會持續很久，乾旱的季節沖蝕作用會小一點，而在大雨的季節，沖蝕作用就會顯著一些。經過悠長歲月後，這些沈積物就變成了岩石，當岩石內部進行緩慢變化的同時，其中所含的死魚以及其他種動、植物的屍體亦在進行變化，而形成化石（fossils）。如果條件合宜，生物體之某些堅硬部分（例如動物的骨骼硬殼、植物的細胞壁），就會轉變為化石，而由沈積物所變成的岩石隨著年代的不同而形成許多層次。在任何一層的沈積物中，都含有沈積時所生活的生物。

因此，我們就可以從事某一時期動、植物種類之研究。而沈積岩之相對位置，可顯示出其相對的年齡，舉例說：最新沈積的岩石應高居上層而最古老者則在底層，由此可推知沈積於下層的魚類，要比上層者為古老。雖然沈積岩層次的相對位置，可以表示出那一層比較古老，但是並不能顯示出多少年代，想要鑑定化石的年代，必須利用其他的方法，這一些方法有：鈾鉛比例測法、氦氣測法以及冰土層測法則等。化石的鑑定，由於具有非常高的可信度，故在證明生物演化史上，最為科學家所普遍採用者，現在我們就來尋找人類進化過程中化石證據。

在第一階段的物質演化時期，由於其演化過程並無生命形體或堅硬構造，以致無法在化石上留下痕跡，也無其他直接證據，來證明這階段的演化現象，即使有留下證據，也會因年代太久或經過太多的變化而遭到破壞。因此，科學家僅能以實驗方式來推測當時的情況而已，當然，目前無法確定的事並不代表以後也都不能，就像以前地質學家無法確定岩石的年齡，到居禮夫人（Marie Curie, 1867-1934

A.D.）發現輻射之奧祕後，不久就有人發現輻射性鈾可以用來計算岩石的年齡。

在第二階段的物種演進時期，由於其演進過程都具有生命形體或堅硬構造，以致留下非常豐富的化石紀錄。如一九六五年，美國的巴古姆（Elso Sterrenberg Barghoorm）發現了一些與細菌類似，必須用電子顯微鏡研究的極微生物化石，其年代大約有幾十億年。[14]接著科學家又在英國威爾斯的地方，最先挖掘到六億年前寒武紀的地層，發現了節肢類動物的化石。[15]在一八〇一年法國博物學家曲衛（Georges Baron Cuvier, 1769-1832 A.D.）研究一種具有長手指的化石，他推想該遺骸化石和現存生物完全不同，具有革質的翅膀且能飛行，至少已確知的生物中沒有和牠相像的，由骨骼結構上可證明牠是爬蟲類，遂命名為翼手龍，他相信和現今的蜥蜴、鱷魚有關聯。[16]

而科學家在愈古老的地層中所發現的化石，其動物形體的構造就愈簡單，愈不具有高度的發展，不僅如此，有的化石還代表了過渡的中間型生物，如：曲衛死後才發現的一種原始鳥類（始祖鳥）的化石，現已絕種，牠有翅膀、有羽毛、又有像蜥蜴的尾巴，尾巴外緣還長著羽毛，嘴像

---

[14] 參見艾西摩夫（Issac Asimov）著、牛頓翻譯中心譯：《最新科學入門》第七冊，（台北：牛頓出版公司，1992年），P.39。

[15] 同前註，PP.41、42。

[16] 同註14，P.25。

鳥卻又長著爬蟲類的牙齒，由很多方面看來，顯然始祖鳥是介於爬蟲類與鳥類之間的動物。[17]一九七九年，美國古生物學家艾瓦瑞茲（Walter Alvarez）率領研究隊伍，在義大利中部沿著岩心偵測岩層的金屬含量，結果發現有一層岩石中的銥含量比緊鄰的上下層高了二十五倍，他因而推測在白堊紀的末期，有流星撞擊地球，造成許多生物種類的滅絕，尤其是恐龍類，[18]科學家在中國河南淅川白堊紀的地層中發掘出恐龍蛋的化石。[19]

舊種的滅絕將是新種的開始，恐龍滅絕後隨之而來的是哺乳類的興起，科學家於巴黎郊外的白堊質土壤中發現了大約五千萬年前狐猿（狐猴）的頭蓋骨化石，這具化石與猴、猿及人類的某些基本特徵相同，從整體上來看，牠長著指甲的是指頭而不是爪子，有一根大姆指可與手掌分開，兩眼很大，兩眼之間有相當距離，且已漸漸移到正前方，開始產生某種立體視覺上的效果，鼻子很短，具有三十二顆以上的牙齒，這一切都顯示狐猴已開始朝人類方向演進。[20]接著，科學家又在埃及費育姆發現了大約是二、三千萬年前埃及猿的頭蓋骨化石，牠有一個較狐猿（狐猴）

---

[17] 參見艾西摩夫（Issac Asimov）著、牛頓翻譯中心譯：《最新科學入門》第七冊，（台北：牛頓出版公司，1992年），P.26。

[18] 同前註，PP.44、45。

[19] 參見尤玉柱：《史前考古埋藏學概論》，（北京：文物出版社，1989 年），P.21。

[20] 參見布朗諾斯基（J.Bronowski）著；徐興、呂應鐘合譯：《人類文明的演進》，（台北：世界文物出版社，1975年），P.33。

要短一點的鼻子，長得像無尾猿似的牙齒，仍然住在樹上。[21]後來，又在肯亞和印度發現了大約一千多萬年前印度類人猿（人猿類）的幾片下顎骨，雖只有幾片的下顎骨，但可看出其牙齒平正，無尾猿的大犬牙已不見，面孔也更加扁平。[22]這顯示出物種演進到這個階段，已是最高峰了，緊接著，便是人類的誕生。

在第三階的人類進化時期，其進化過程，雖亦具有生命形體與堅硬構造，然由於原始人類大部分都居棲於熱帶的森林中，較不易形成化石，故比起第二階段的化石紀錄顯然遜色不少，不過，有以下的這一些發現，也足夠證明其進化的情形。在一九二四年南非坦斯附近石灰石採石場作爆破的工人，撿到了看起來像人類的一小塊頭蓋骨，他們將這塊頭骨送到英國科學家達特（Raymond Arthur Dart, 1893-? A.D.）〔澳大利亞古生物學家〕那裏鑑定，證明是介於人類與人猿類之間的一種生物，稱為南方猿人（Australopithecus Africanus）（南方原人），布隆（Robert Broom），更宣稱這種南方猿人是最接近人類與人猿類間的〝失落環節〞（missing link）。[23]這是原始人類〝南方原人〞

---

21 同前註，PP.33、34。

22 參見布朗諾斯基（J.Bronowski）著；徐興、呂應鐘合譯：《人類文明的演進》，（台北：世界文物出版社，1975年），P.34。

23 參見艾西摩夫（Issac Asimov）著、牛頓翻譯中心譯：《最新科學入門》第七冊，（台北：牛頓出版公司，1992年），PP.65、66。

頭蓋骨的被發現。英國考古學家李奇（Louis Seymour Bazett Leakey, 1903-1972 A.D.）一家人在坦桑尼亞奧爾杜伐峽谷和魯道夫湖的地方，也發現了南猿(Australopithecus Africanus)（南方原人）的頭蓋骨化石，尤其是小李奇（Richard Leakey）在一九七一年所發現的下顎碎片，被辨明為人屬（Homo），至今大約有二百多萬年，他們已進化成很能幹的兩足動物，能垂直站立，跑起來可能比走路更方便，盤骨已經相當像現代人以二足步行的構造，也具有製造簡單工具的能力。[24]

接著是在一八八〇年荷蘭的古生物學家杜布瓦(Marie Eugene Fran-cois Thomas Dubois, 1858-1940 A.D.）在東印度群島中最著名的爪哇島上，發掘出另一種介於人類與人猿類之間的動物，稱為爪哇人。一九三〇年另一位荷蘭人凡科尼格斯瓦（Gustav H.R.Von Koenigswald）發現更多爪哇人的骨頭，這些骨頭可組合成一個小腦、濃眉的動物，與尼安德泰人有隱約的相似。[25]而一九二一年奧地利化石學家史丹斯基在北京周口店發掘出兩枚像是人類的牙齒。一九二七年由李濟所主持的中國地質調查所發掘出另一枚人類的牙齒，送給北京協和醫學院任教的加拿大人類學家

---

[24] 參見基辛（R.keesing）著；張恭啟、于嘉雲合譯：《人類學緒論》，（台北：巨流圖書公司，1989年），PP.24~26。

[25] 參見艾西摩夫（Issac Asimov）著、牛頓翻譯中心譯：《最新科學入門》第七冊，（台北：牛頓出版公司，1992年），PP.63、64。

步達生（Davidson Black, 1884-1934 A.D.）鑑定，證實這種牙齒是介乎於人與猿之間的一種生物牙齒，與史丹斯基所發掘出的兩枚牙齒是屬同一種類，距今約有四、五十萬年之久，稱為北京人。[26]

其後由加拿大解剖學家布拉克（Davidson Black）（步達生）和法國古生物學家德日進共同合作繼續發掘出很多的北京人化石遺物，這些化石與爪哇島所發掘出的爪哇人化石有極相似之處，只不過腦子稍微大了些。[27]一八五七年一位挖掘者在德國萊茵河腹地的尼安德泰河谷，找到了部分頭蓋骨以及一些長骨，這些骨頭看起來大部分是人類的骨頭，但是僅僅是粗陋的人類骨頭而已，由頭蓋骨看出這種人類有著陡峭傾斜的前額和非常厚重的眉樑，稱為尼安德泰人，[28]尼安德泰人的蹤跡分布很廣，歐洲、北非、蘇俄西伯利亞、巴勒斯坦以及伊拉克等地均有發現，大約有一百種不同的骨骼分布在四十個不同的地區，至今約有三萬多年之久。最後在一八六八年一群開鑿鐵道路基的工人，在法國南部克羅馬儂洞穴中發現了五具人類骸骨，這些骸骨根據地質學上的證據顯示，似乎也有三萬多年的歷

---

[26] 參見祁致賢：《人理學》，（台北：遠流出版公司，1992年），PP.97、98。

[27] 參見J.F.Donceel, S.J.著、劉貴傑譯：《哲學人類學》，（台北：巨流圖書公司，1989年），P.86。

[28] 同註25，P.62。

史，他們被稱為克羅馬儂人，[29]克羅馬儂人比現代人的平均身高要高一些，且有一顆大腦袋，似乎能與現代人類進行交配。緊接著，就是現代人類的出現，至今也已有一萬年左右的時間。

2.生化上的證據：

現今各種生物的共同特性，部分可以從相同的核酸所組成的蛋白質中看出，同樣的證據顯示，現今和以前的生物之間也具有這種共同的特性。古生化學開端於一九五〇年代末期，當時發現一些三億年前的化石中，含有蛋白質的遺跡，其胺基酸組成和現代的完全相同—甘胺酸、丙胺酸、纈胺酸、白胺酸、麩胺酸、天門冬胺酸等，沒有任何一種和現代的胺基酸有所不同，而且碳氫化合物，纖維素、脂肪、吡咯紫質，也都和目前的全無二致。基本上，生命是有其共通性的，然而種與種間，還是存有脈絡可尋的小變異，隨著種類間演化關係相差越遠，差異也就越大，舉例來說，動物的血液中會產生抗體，用以抵抗某些外來的蛋白質—例如人類的蛋白質，這樣的抗血清（antisera）若單獨抽取出來，會和人類血液凝集，起劇烈反應，但是和其他種生物的血就未必會起作用。（謀殺案中常借用此法鑑定血跡是否為人類的）有趣的是，會和人血起劇烈反應的

[29] 參見艾西摩夫（Issac Asimov）著、牛頓翻譯中心譯：《最新科學入門》第七冊，（台北：牛頓出版公司，1992年），P.59。

抗血清只會與黑猩猩血液起微弱反應；而和雞血起強烈反應的抗血清也只會很輕微地和鴨血反應，因此抗體專一性可以指示生物間的親緣關係。在一九六五年有一份詳細研究靈長類血紅素分子的報告出來了，包括人在內的血紅素之兩種胜鏈中，α—鏈在各種靈長類動物中差別極小，而β—鏈結構則相當分歧。其中有種 α—鏈，僅僅只有六個胺基酸和人類不同，而 β—鏈則有二十三個胺基酸不同於人類。根據血紅素分子的差異判斷，人類大約在二千五百萬年前和其他猿猴（猿類）分歧出來，也是正當馬的祖先和驢分化出來的時候。細胞色素—C（Cytochrome-C）是一種含鐵的蛋白質，由一百零五個左右的胺基酸組成，凡是呼吸氧氣的生物細胞內都有—植物、動物、細菌都有。分析不同種類的細胞色素分子，發現人類和恆河猴間只有一個胺基酸不同，和袋鼠則有十處胺基酸不同，和鮪魚有二十一處不同，和酵母菌則有四十處不同。藉著電腦分析的輔助，科學家推算出胺基酸每改變一個，平均要費七百萬年的時間，根據這樣的估計，可以算出生物是在多久以前和其他生物分歧開來的。由細胞色素—C 分子推算，較高等生物和細菌大約從二十億年前分道揚鑣，同理，十五億年前植物、動物還有著共同的祖先，十億年前，昆蟲和脊椎動物祖先也相同。[30]

---

[30] 參見艾西摩夫（Issac Asimov）著、牛頓翻譯中心譯：《最新科學入門》第七冊，（台北：牛頓出版公司，1992年），PP.46~49。

3.胚胎上的證據：

一七五九年德國生理學家沃爾夫（Caspar Friedrich wolff, 1733-1794 A.D.）以實驗證實卵的變化的確是在發育，也就是由未特化的先質逐漸長成特化的組織，絕非如前人所想的以為卵內早就有個特化的雛形，然後慢慢長大。我們可由人類受精卵的發育中，追溯各個門的發展歷程，在發育過程中，卵最先是個單獨的細胞（就像原生動物），然後分化成一小群細胞（就像海綿），其中每一個細胞分開後可以各自長成新個體，同卵雙胞胎就是這種情形。胚胎繼續發育，經過兩層細胞的階段（就像是兩胚層的腔腸動物），然後又加上第三層（就像棘皮動物），就這樣愈來愈複雜，其順序跟物種由低等到高等的順序差不多。人類胚胎發育過程中，有一時期會出現原始索脊動物的脊索，像魚類的側鰓囊（lateral gill pouch），之後又長出尾巴及像低等哺乳類一樣的體毛。[31]

由這些化石、生化，以及胚胎等的證據，皆足以證明人類進化的情形。

[31] 參見艾西摩夫（Issac Asimov）著、牛頓翻譯中心譯：《最新科學入門》第七冊，（台北：牛頓出版公司，1992年），P.23。

三、進化機制

遺傳性變異與環境作用是構成進化的主要機制，亦是產生進化現象所必備的兩個條件。所謂〝遺傳性變異〞係指同種生物個體所具有的差別特徵而能遺傳於後代者，例如個體之大小不同，色澤不一，運動有快有慢等等。而所謂〝環境作用〞包含天擇及隔離，所謂〝天擇〞係指個體所具有的某些差異，如果能為其生存提供較佳的機會，則其所生的子嗣亦將較一般個體為多，在下一代中，基因出現之頻率自然較高，大自然環境就選擇生活力和生殖力較高的個體，經過幾代之後，這些基因就會增加。所謂〝隔離〞係指一個族群。由於環境因素造成一部分的族群和族群本體之間的物理上和地理上的分離，例如：一陣龍捲風，將大陸上一部分的鳥類吹颳到島嶼上去，就會形成分離，而分離一旦發生，天擇作用就在這二個族群上發生作用，經過無數代的延續後，就會形成不同的族群，而引起生殖上的隔離。

遺傳性變異的發生，主要過程有二：其一為基因突變，另一為基因重組。基因突變是基因內部之化學變化，即對偶基因之一發生了變化，例如原來產生棕色眼睛的對偶基因變成為產生藍眼者。突變的情形雖然不常見，但是由於一個族群中常含有許多個體，而且每個個體都含有許多的基因，因此，突變仍然會出現。譬如說一個基因如其突變的機率僅為百萬分之一（即每百萬個個體中有一次基因突變），但如該族群中含有一億的個體後，則每代發生基因突變的機會就是一百了，而且基因的數目又很多，所以發生突變的機會就更多了。而基因重組是當卵和精子形成時，各種對偶基因呈現出各種不同的組合，由於這種遺傳性的重組，而產生出為數眾多的卵和精子，二者於受精時互相結合，更產生出數目龐大的不同個體，存在於族群之中，重組之可能性很大。茲以人類為例，幾乎每一個人包含現代的以及歷史上的任何人，在遺傳上都是有差異性的，曾經有過兩個完全一模一樣的人出現嗎？即使是雙胞胎，其父母也認得誰是誰？

但基因突變和基本重組並不是進化，它們僅提供族群中的遺傳性變異增加，還要經由環境的天擇作用，才能產生進化的現象。是什麼原因造成遺傳性變異的增加，與環境作用又有什麼關係呢？法國博物學家拉馬克認為：長頸鹿之所以具有長的頸部，是因為動物對於食物的需要，而產生了滿足需要的慾望，假定長頸鹿所生存的場所中，其他動物都以地面上的草類為食物，而長頸鹿則開始啃食樹葉，由於長時間延伸其頸和腿部，以便摘取樹葉，頸部和四肢就逐漸變長了，這項身體上的變化，仍為適應環境的需要是可以遺傳的。因此，環境是會直接改變物種的，亦即遺傳性變異是由環境直接造成。

但英國博物學家達爾文反對這種說法，他認為：雖有遺傳性變異之出現，然只有在該項變異有助於物種之生存時，才很快的變成物種之特徵。因此，環境之作用為間接性，它在已經出現之遺傳特徵中進行選擇作用，亦即環境只是在遺傳性變異出現後，才間接性的進行選擇作用而已。

而德夫里斯則根據紅杆月見草突然發生顯著變異的現象而認為：新物種是通過不連續的偶然顯著變異，而一下子出現的，亦即新生個體內由於遺傳因子的突然改變而產生突變現象，並導致動物特殊部分相當大的變化，這種遺傳性的變異是偶發的，與環境無關。

事實上，拉馬克的適應論，達爾文的天擇論以及德夫里斯的突變論似乎皆無法單獨的充分解釋錯綜又複雜的進化現象。現代科學家便試圖根據上述這三種解釋加以綜合，以〝綜合演化理論〞（the synthetic theory of evolution）來解釋生物演化的情形。

以下例舉幾個證明，來說明遺傳性變異與環境作用兩者之間的交互關係：

美國加州有某些種類的蚊蟲，對於現代的殺蟲劑全部具有抗性；細菌亦發現同樣的情形，有些病原細菌已演化出對於抗生素類的抗藥性，因而引起一項醫療上的嚴重問題，曾有許多實驗以求對細菌類的這項變化有較佳的瞭解，實驗之一為將含有約一億細菌的培養基，給以相當微量青黴素，結果細菌大部分被消滅，只有十數個細菌倖存；這些細菌所繁殖的後代，卻能在同樣的微量青黴素環境中生存，此時，如將青黴素的濃度加倍，則見絕大部的細菌又歸於消滅，但是仍有極少數細菌倖存，然後，再經過分離和培養，所產生的後代，對濃度更強的青黴素有抗力，這項實驗重複的作了五次，最後，所培育的細菌品系，能夠承受比消滅原始細菌品系高出二千五百倍的青黴素劑量。許多臨床報告顯示，確有受具耐抗生素細菌感染的病例，這些能夠抵抗抗生素的細菌，其演化之過程，和上述相同，於此，即當環境改變時—青黴素劑量增加—具抗性的細菌，比不具抗性者，獲得了生存上的便利。[32]

英格蘭有種蛾（peppered moth）具有深淺兩色的變種，在達爾文那時候，樹幹上布滿地衣，顏色並不深，所以淺色蛾較不顯眼，這叫保護色（protective coloration），深色蛾在淺色樹幹上，容易被捕食動物發現而被吃掉，所以淺色蛾多而深色蛾少。後來隨著英格蘭愈來愈工業化，黑煙殺死了地衣，使樹幹顏色加深，淺色蛾變得顯眼，遭捕食的機會加大，而深色蛾反而受到保護，結果深色蛾數量超過了淺色蛾。一九五二年英國國會通過法律，決定清

[32] 參見摩爾（John M. More）、歐爾森（Ingrith Olsen）合編；孫克勤譯：《最新生物學（下）》，（台北：徐氏基金會，1979年），P.220。

除空氣污染，因此黑煙減少，樹幹上又開始長地衣，而淺色蛾比例馬上就提高了。[33]

達爾文在小獵犬號上航行時，曾到過威德角群島，那是一群接近赤道非洲海岸的島嶼，是由火山作用所形成者；在群島上，他發現無論植物、昆蟲、鳥類，還是其他的動物，都和鄰近的非洲海岸所生者，十分相像。數年後，達爾文到達加拉巴哥群島，該地的氣候和土地都和威德角群島類似，但是動、植物的種類卻完全不同，而加拉巴哥島上的生物，和南美洲西海岸所產者相似。這兩個島群上的動、植物，分別類似其鄰近大陸所產生，使人們有理由相信，各該島嶼上的生物，是由大陸遷移而來的，於到達島嶼上的新棲所後，就和大陸上的相近種類發生了隔離作用，結果牠們只能和島嶼上的同種生物進行繁殖並交換遺傳形質，但卻無法和大陸生的生物進行此項作用了。島嶼的環境和大陸的環境差別很大，因此在島嶼上生存種類，就表現出對於新棲所的特別適應，最後，就由於隔離和適應的作用，而在島嶼上演化出新種。[34]

以上所舉的例子，皆是說明，在遺傳性變異與環境作

33 參見艾西摩夫（Issac Asimov）著、牛頓翻譯中心譯：《最新科學入門》第七冊，（台北：牛頓出版公司，1992年），PP.37、38。

34 參見摩爾（John M. More）、歐爾森（Ingrith Olsen）合編；孫克勤譯：《最新生物學（下）》，（台北：徐氏基金會，1979年），P.221。

用這兩個機制的交互影響下，所產生之進化現象。

綜上所論，我們對於人類的由來，已有相當的認識，人類由物質演化開始，以致人類的形成，其間至少歷經三十億年的時間，在這緩慢而漫長的歲月中，不知發生過多少事情，多少變化，始能成今日的繁華。本章除確立〝人類是由進化而來〞，並非是上帝的旨意外，也讓我們更加了解環境在人類進化過程中所扮演角色的重要性。

在第一階段的物質演化時期，物質僅能隨著環境的變遷作盲目演化，毫無目的可言。其之所以發生〝生命〞，並非目的論者所謂的具有內在驅力，朝向已定的目標前進，而是純粹以或然率，排列組合的機會因所致，並由環境主導其聚散離合。我們不能因為現在已演化成人類，就認為它的演化是有目的的，這將失去客觀性。

在第二階段的物種演進時期，物種因具有生命，已懂得如何改變自已去適應環境的要求，但並不懂得集合個體力量，互助合作的與環境競爭，只是一味著去適應環境而已，不適應就被淘汰。故此時期是以生存為目的，並作物競天擇的演進，環境依舊是站在主導的地位。

在第三階段的人類進化時期，人類不僅懂得如何的互助合作與環境競爭，如何的去適應環境、控制環境、進而改造環境，更懂得以理智的方式來處理一些紛爭，規範人類行為，宣導倫理道德等。因此，人類除了生物性的進化外，更有文化性的雙重進化。故此時期是以生存及實現自我理想為目的，並作合作互競的進化，而環境也從主導地位，退為與人類交互影響而已。

在物種演進階段，由於物種並沒有能力改造環境，只能改變自己去適應環境的要求而已，不能適應就被淘汰，故此時期是以達爾文所謂的物競天擇的原則演進，亦是馬克思所謂的鬥爭原則。但自人類誕生，其生物性也隨之跳離物種的藩籬後，人類的文化性便開始產生，人類已懂得集合一些人的力量，互助合作的去與環境競爭，去改造環境，這時已非純達氏所謂的物競天擇的原則，也非馬氏的鬥爭原則。所以，孫中山先生不同意達氏的物競天擇原則，或馬氏的鬥爭原則施於人類進化的階段，故他說：

> 乃至達爾文氏發明物種進化之物競天擇原則後，而學者多以為仁義道德皆屬虛無，而競爭生存乃為實際，幾欲以物種之原則，而施之於人類之進化。而不知此為人類已過之階段，而人類今日之進化，已超出物種原則之上矣。[35]

又說：

---

[35] 見孫中山：《孫文學說》，載於中國國民黨中央黨史史料編纂委員會編輯：《國父全集》第二集，（台北：中央文物供應社，1961年），P.45。

> 階級戰爭不是社會進化的原因，階級戰爭是社會當進化的時候，所發生的一種病症。這種病症的原因，是人類不能生存。因為人類不能生存，所以這種病症的結果，便起戰爭。馬克思研究社會問題所有的心得，只見到社會進化的毛病，沒有見到社會進化的原理。所以馬克思只可說是一個〝社會病理家〞，不能說是一個〝社會生理家〞。[36]

在人類進化的階段，孫先生認為：「人類則以互助為原則。」[37]，而蔡元培先生認為：

> 是由同舟共濟，非合力不足以達彼岸，乃強有力者以進行為多事，而劫他人所持之棹楫以為己有，豈非顛倒之尤者乎。[38]

孫中山先生所說的互助原則與蔡元培先生所說的合作原則，無非是把一些個體的力量集合成團體的力量，但還是需再去與環境競爭，或是去與另一團體競爭，當人類集合一些人的力量去宰殺一些動物時，對整個萬物界而言，依舊是弱肉強食，物競天擇，就像蔡元培先生所說的，集合幾個人的力量，同舟共濟，合力的將船划到彼岸，也就

---

[36] 見孫中山：《民生主義第一講》第一集，載於同前註，P.190。
[37] 同前註，P.44。
[38] 見蔡元培：《蔡元培全集》第二卷，（台南：王家出版社，1968年），P.291。

是同舟共濟的與自然環境（河水）競爭，依舊是競爭原則。只不過物種階段是個體單打獨鬥，而人類階段是團體合作競爭，但不管在任何階段，或人與人之間、人與環境之間，也唯有競爭，才會有進步，也才能產生進化。在整個人類的進化史上，每當環境愈艱苦，或產生重大變化時，人類進化所跨出的腳步也愈大。沒有地殼變動，也就沒有動植物的登陸；沒有流星的撞擊，也不會有恐龍的滅絕；恐龍不滅絕，哺乳類無從興起；沒有冰河時期，人類不會定居，農業便無從產生，人類文化也無從發展等。

故筆者認為，在人類進化階段，不僅是互助合作而已，互助合作之目的無非就是要與環境競爭，或與另一互助合作的團體競爭，故應是〝合作互競〞為原則。

第四章

人性的形成

人類既由〝進化而來〞，那人性自然隨著進化而形成，斷無突然冒出之理。然學者對人性的看法卻各有所陳，互不相讓，究其原因，實前哲對人性之認知各有不同，除善惡之爭外，最大的問題，還在於自然屬性與社會屬性的混淆，以致數千年來未能塵埃落定，此若不釐清，那人性之爭將永無休止。故本章先以上帝旨意說及與生俱來說，例舉前哲有關人性論的主張加以分析釐清，並予以批判，後以環境塑造說，提出己見，同時亦列舉前哲有關人性論的主張給予支持：

第一節　上帝旨意說

基督教認為：上帝在六日內造好世界後，為讓其所造之物有所管理，於是在第七日用塵土按自己的形象創造了人類始祖亞當，再用亞當的肋骨創造了夏娃，使他們成為夫婦，並賦予他們自由選擇的意志。[1]人類既由上帝按自己形象所創造，而上帝代表完美無缺，人類的本性當然是至善的。這原本是上帝的旨意，然人類始祖卻違反上帝的旨意，選擇了罪惡，不聽上帝的吩咐而偷吃禁果。上帝為懲罰他們，於是將他們趕出伊甸園，並詛咒他們終身受苦，自此，人類便一出生就需背負其始祖所犯的罪過，人類也因其始祖選擇了罪惡，而使其本性邪惡，這就是基督教所主張人生而有罪的〝原罪論〞。而這種原罪唯有靠上帝的〝恩典〞才能得救，任何人都是無能為力的，自己不能救自己。

---

[1] 參見《聖經・創世篇》。

但英國神學家裴拉鳩斯（pelagius，約 360－約 420 A.D.）反對這種主張。他指出：亞當犯罪完全是他個人的問題，除他自己外，並不影響別人，因此每個人生來都具有亞當未犯罪前所具有的本能。他認為罪惡與人的天性無關，人的天性既無邪惡，也無善德，善惡是人的自身行為造成的。為了得救，不必借助神恩，而要靠自己道德方面的努力。如果人們規行矩步，那麼作為道德獎賞人們均將升入天國。[2]

筆者對上帝旨意說的人性論，持保留態度，也無從批判或認同。要認同，祂又缺乏足以讓人信服的證據，要批判，以人類有限的知識實無法窺知無限世界的真相，看不到，摸不著，並不代表它不存在，最偉大科學家之一的愛因斯坦（Albert Einstein, 1879-1955 A.D.）最後不也承認上帝的存在嗎？[3]蔡元培先生曾說：

> 哲學自疑入，而宗教自信入。哲學上的信仰，是研究的結果，而又永留有批評的機會；宗教上的信仰，是不許有研究與批評的態度。[4]

可見，宗教理應用來信仰，而非用來研究的。

---

2 參見王元明：《人性的探索》，（天津：南開大學出版社，1993年），PP.145、146。

3 參見李霜青：《人生哲學導論》，（台北：五洲出版社，1987年），P.40。

4 見蔡元培：《蔡元培全集》第四卷，（台南：王家出版社，1968年），P.462。

第二節 與生俱來說

凡認為人性是與生俱來的前哲，不管其主張為何，是善、是惡？抑是善惡混等，皆編列在本節並分成中國與西洋兩部分來論述：

一、中 國

奠定中國人性論基礎的孔子，並未明確指出人性是善、是惡，或是無善惡，只說：「性相近也，習相遠也。」[5]意思說：每一個人天生稟受的性情氣質，大家都相近，但由於後天環境的學習，會使之相差甚遠，若學習於善則為君子，若學習於惡則為小人。徐復觀以孔子曾說過：「仁遠乎哉？我欲仁，斯仁至矣。」及「為仁由己。」的話而認為，孔子既認定仁乃內在於每一個人的生命之內，即仁為人生而即有的先天人性，雖未明說仁是人性，但他實際是認為性是善的。[6]唐君毅亦以孔子說過：「人之生也直。」、「我欲仁，斯仁至矣。」的話而認為孔子是主張性善的。[7]有一些人也以孔子說過：「中人以上，可以語上也；中人以

[5] 見《論語．陽貨篇》。
[6] 參見徐復觀：《中國人性論史》，（台北：臺灣商務印書館，1990年），PP.97、98。
[7] 參見唐君毅：《中國哲學原論》，（台北：臺灣學生書局，1989年），P.31。

下，不可以語上也。」[8]、「唯上知（智）與下愚不移。」[9]而認為孔子是主張性等級論。亦有一些人以孔子說過：「君子有三戒，少之時血氣未定，戒之在色；及其壯也血氣方剛，戒之在鬥；及其老也血氣既衰，戒之在得。」[10]、「吾未見好德如好色者也。」[11]、「飲食男女，人之大欲存焉。」[12]而認為孔子是主張性惡的。由於孔子未明確指出人性的善惡，後人僅能從他平常的言行中，去推敲他對人性的看法，然因每人所站的立場或角度各有不同，所得之結論亦相差甚遠，以致開啟中國二千多年來的人性論之爭，由孟、告的性善及性無善惡與孟、荀的性善及性惡之爭拉起了序幕。

首先，孟子繼承孔子人性論的發展，由孔子的我欲仁，斯仁至，而心不違仁，進以言此心之善，曰：「仁，人心也。」[13]並認為這種仁心為人之普遍良知，是人類與生俱來就有的，不需假以外求，只要順乎其本性，自可發揮出來。故他說：

> 惻隱之心人皆有之，羞惡之心人皆有之，恭敬之心人皆有之，是非之心人皆有之。惻隱之心，仁也；

[8] 見《論語・雍也篇》。
[9] 同前註。
[10] 見《論語・季氏篇》。
[11] 見《論語・子罕篇》。
[12] 見《禮記・禮運篇》。
[13] 見《孟子・告子篇》。

羞惡之心，義也；恭敬之心，禮也；是非之心，智也。仁義禮智，非由外鑠我也，我固有之也。[14]

又說：

人之所不學而能者，其良能也；所不慮而知者，其良知也。孩提之童無不知愛其親者，及其長也，無不知敬其兄也。親親，仁也；敬長，義也。[15]

孟氏是中國第一位明確主張性善說的人，然人類的本性既為善，那又為何有惡呢？他認為人之所以有惡，一者來自耳目之欲；二者來自不良的環境，故說：

耳目之官不思，而蔽於物，物交物，則引之而已矣！[16]

又說：

富歲子弟多賴，凶歲子弟多暴，非天之降才爾殊也，其所以陷溺其心者然也。今夫麰麥，播種而耰之，其地同，樹之時又同浡然而生，至於日至之時，皆熟矣。雖有不同，則地有肥磽雨露之養，人事之不

[14] 見《孟子・告子篇》。
[15] 見《孟子・盡心篇》。
[16] 同註14。

> 齊也。[17]

孟氏雖認為人性本善，但仍需要有好的環境及教育，才能將此善端發揚擴充之，故復說：「求則得之，舍則失之。」[18]、「苟得其養，無物不長，苟失其養，無物不消。」[19]，「一齊人傅之，眾楚人咻之，雖日撻而求其齊也，不可得矣！引而置之莊嶽（齊境）之間數年，雖日撻而求其楚，亦不可得矣！」[20]由此可知，教育及環境對人性善惡的重要性。

主張性無善惡說的告子則反對孟子性善的說法，他認為人的先天本性並無善惡之分，猶如一張白紙，是善是惡決定於後天環境的影響，故曰：

> 性，猶湍水也，決諸東方則東流，決諸西方則西流。人性之無分於善不善也，猶水之無分於東西也。[21]

孟、告於是發生下列的爭辯：

告子曰：「性，猶杞柳也，義，猶桮棬也；以人性為仁義，猶以杞柳為桮棬。」

孟子曰：「子能順杞柳之性，而以為桮棬乎？將戕賊杞

[17] 同註14。
[18] 同註14。
[19] 同註14。
[20] 見《孟子・滕文公篇》。
[21] 見《孟子・告子篇》。

柳，而後以為桮棬也？如將賊杞柳而以為桮棬，則亦將戕賊人以為仁義與？率天下之人而禍仁義者，必子之言夫！」

告子曰：「性，猶湍水也，決諸東方則東流，決諸西方則西流。人性之無分於善不善也，猶水之無分於東西也。」

孟子曰：「水信無分於東西，無分於上下乎？人性之善也，猶水之就下也；人無有不善，水無有不下。今夫水，博而躍之，可使過顙；激而行之，可使在山，是豈水之性哉？其勢則然也。人之可使為不善，其性亦猶是也。」

告子曰：「生之謂性。」

孟子曰：「生之謂性也，猶白之謂白與？」曰：「然」，「白羽之白也，猶白雪之白；白雪之白，猶白玉之白歟？」曰：「然」，「然則犬之性，猶牛之性；牛之性，猶人之性歟？」

告子曰：「食色，性也。仁，內也，非外也；義，外也，非內也。」

孟子曰：「何以謂仁內義外也？」

告子曰：「彼長而我長之，非有長於我也，猶彼白而我白之，從其白於外也。故謂之外也。」曰：「異於白馬之白也，無以異於白人之白也。不識長馬之長也，無以異於長人之長歟？且謂長者義乎，長之者義乎？」曰：「吾弟，則愛之，秦人之弟，則不愛也，是以我為者也。故謂之內。長楚人之長，亦長吾之長，是以長為者也，故謂之外也。」曰：「耆秦人之炙，無以異於耆吾炙。夫物則亦有然者也，然則耆炙亦有外歟？」[22]

與告子同主張性無善惡說（性可善可惡說）的公都子也反對孟子的性善說，於是兩人亦有下列的辯論：

公都子曰：

告子曰：「『性無善無不善也。』或曰：『性可以為善，可以為不善。是故文武興，則民好善；幽厲興，則民好暴。』或曰：『有性善，有性不善，是故以堯為君而有象；以瞽瞍為父而有舜，以紂為兄之子，且以為君，而有微子啟，王子比干。』今曰『性善』，然則彼皆非歟？」

孟子曰：

乃若其情，則可以為善矣，乃所謂善也。若夫為不善，非才之罪也。惻隱之心，人皆有之；羞惡之心，人皆有之；恭敬之心，人皆有之；是非之心，人皆有之。惻隱之心，仁也；羞惡之心，義也；恭敬之心，禮也；是非之心，智也。仁、義、禮、智，非

[22] 見《孟子・告子篇》。

由外鑠我也，我固有之也，弗思耳矣。故曰：求則得之，舍則失之，或相倍蓰而無算者，不能盡其才者也。

詩曰:「天生蒸民，有物有則，民之秉彝，好是懿德。」孔子曰:「為此詩者，其知道乎？」故有物必有則，民之秉彝也，故好是懿德。

孟季子問公都子曰:「何以謂義內也？」曰:「行吾敬，故謂之內也。」,「鄉人長於伯兄一歲，則誰敬？」曰:「敬兄。」,「酌則誰先？」曰:「先酌鄉人。」,「所敬在此，所長在彼，果在外，非由內也。」公都子不能答，以告孟子。

孟子曰:「『敬叔父乎？敬弟乎？』彼將曰:『敬叔父。』『弟為尸，則誰敬？』彼將曰:『敬弟。』子曰:『惡在其敬叔父也？』彼將曰:『在位故也。』子亦曰:『在位故也。』庸敬在兄，斯須之敬在鄉人。」季子聞之曰:「敬叔父則敬，敬弟則敬，果在外，非由內也。」公都子曰:「冬日則飲湯，夏日則飲水，然則飲食亦在外也。」[23]

表面上看來，孟子的性善說是辯贏了，而實際上，兩者的辯論皆無大前提的根據，因為性是性，水是水，根本不能作為推理的張本，更何況孟氏所舉的人性正確，水之所以往下流，乃是處在具有地心引力的地球，水才會往下

23 見《孟子‧告子篇》。

流，如果在無地心引力的月球，你看水會不會往下流。最重要的，告子是以〝生之謂性〞、〝食色，性也。〞這種自然屬性的求生本能來論人性的無善無惡，求生本能中的飢而欲食，寒而欲暖的欲望本身，又豈會有善惡呢？善惡之所以會發生，仍在於滿足欲望的過程中是否合乎道德標準，合乎者即謂之善，不合者，即謂之惡，而這種社會屬性的道德標準，是由後天環境形成的，所以告子認為人性的善惡完全由後天環境來決定，這並沒有錯。而孟子是以〝惻隱之心、羞惡之心、恭敬之心、是非之心〞，這種社會屬性的道德觀來論人性本善，這也不能說錯，只是雙方從不同角度去看人性的問題，所得結果也僅是人性的一個面而已，並非人性的全貌。

主張性惡論的荀子亦反對孟子的性善說，他認為人性是惡的，人之所以有善，是因人為改造的結果，故說：「人之性惡，其善者偽也。」[24]那為什麼人性是惡呢？荀子認為禮義不是人性所固有的，人性中所固有的是喜歡利益、愛好聲色等情欲與餓了就想喫，冷了就想暖、累了就想休息的求生本能，而這些本能與欲望剛好與禮義對立，雖然他們本身並沒有善惡，但如果順著人性去發展，必然會破壞禮義，而產生惡。故他說：

今人之性，固無禮義。

---

24 見《荀子．性惡篇》。

> 今人之性，生而有好利焉，順是，故爭奪生而辭讓亡焉；生而有疾惡焉，順是，故殘賊生而忠信亡焉；生而有耳目之欲，有好聲色焉，順是，故淫亂生而禮義文理亡焉。然則從人之性，順人之情，必出於爭奪，合於犯分亂理而歸於暴。故必將有師法之化，禮義之道，然後出於辭讓，合於文理而歸於治。用此觀之，然則人之性惡明矣，其善者偽也。

又說：

> 今人之性，飢而欲飽，寒而欲煖，勞而欲休，此人之情性也。今人飢，見長而不敢先食者，將有所讓也；勞而不敢求息者，將有所代也。夫子之讓乎父，弟之讓乎兄；子之代乎父，弟之代乎兄；此二行者，皆反於性而悖於情也；然而孝子之道，禮義之文理也。故順情性則不辭讓矣，用此觀之，然則人之性惡明矣，其善者偽也。[25]

既然所有人的本性都是惡，那何以有堯、舜與桀，君子與小人呢？荀氏認為他們之間的區別是在後天環境的教育改造下形成的，故說：「蓬生麻中，不扶而直，白沙在涅，與之俱黑。」[26]又說：「可以為堯、禹，可以為桀，可以為

---

[25] 見《荀子・性惡篇》。
[26] 見《荀子・勸學篇》。

工匠，可以為農賈，在埶注錯習俗之所積耳。」[27]他並批評孟子性善論的主張說：

> 孟子曰：〝人之學者，其性善。〞曰：是不然，是不及知人之性，而不察乎人之性偽之分者也。凡性者，天之就也，不可學，不可事。禮義者，聖人之所生也，人之所學而能，所事而成者也。不可學，不可事，而在人者，謂之性；可學而能，可事而成，之在人者，謂之偽；是性偽之分也。今人之性，目可以見，耳可以聽，夫可以見之明不離目，可以聽之聰不離耳；目明而耳聽，不可學明矣。孟子曰：〝今人之性善，將皆失喪其性故也。〞曰：若是則過矣；今人之性，生而離其朴，離其資，必失而喪之。用此觀之，然則人之性惡明矣。所謂性善者，不離其朴而美之，不離其資而利之也；使夫資朴之於美，心意之於善，若夫可以見之明不離目，可以聽之聰不離耳，故曰：明目而耳聽也。

又說：

> 孟子曰：〝人之性善。〞曰：是不然：凡古今天下所謂善者，正理平治也；所謂惡者，偏險悖亂也；是善惡之分也已。今誠以人之性固正理平治邪？則有

[27] 見《荀子・榮辱篇》。

> 惡用聖王，惡用禮義矣哉！雖有聖王禮義，將曷加於正理平治也哉！今不然：人之性惡；故古者聖王以人之性惡，以為偏險而不正，悖亂而不治，故為之立君上之埶以臨之，明禮義以化之，起法正以治之，重刑罰以禁之，使天下皆出於治，合於善也；是聖王之治而禮義之化也。今當試去君上之埶，無禮義之化，去法正之治，無刑罰之禁，倚而觀天下民人之相與也，若是，則夫彊者害弱而奪之，眾者暴寡而譁之，天下之悖亂而相亡不待頃矣。用此觀之，然則人之性惡明矣，其善者偽也。故善言古者必有節於今，善言天者必有徵於人。……用此觀之，然則人之性惡明矣，其善者偽也。直木不待檃栝而直者，其性直也。枸木必將待檃栝烝矯然後直者，以其性不直也。今人之性惡，必將待聖王之治，禮義之化，然後皆出於治，合於善也。用此觀之，然則人之性惡明矣，其善者偽也。[28]

荀子性惡之主張，在歷史上所受的非難最多，其中以譚嗣同的批評最刻薄，他說：

> 荀乃唱孔子之名，敗孔子之道，一傳而為李斯，其為禍亦暴著於世矣。故嘗以為二千年之制政者皆大盜也；二千年之學，荀學也，皆鄉愿也。惟大盜利

[28] 見《荀子・性惡篇》。

> 用鄉愿，惟鄉愿工媚大盜，二者交相資，而罔不託之於孔。[29]

楊倞亦批評說：

> 作者（荀子）生當戰國之時，人多貪亂不脩仁義，作者雖明於治道，又不能得勢位，發展其才能，所以激發而為此篇。[30]

然縱觀荀子對人性的看法，實比孟子更為深入，他除從人類自然屬性的「生之所以然者謂之性，性之好惡喜怒哀樂謂之情。」、「飢而欲飽，寒而欲暖，勞而欲休，此人之性情也。」[31]之處，了解到人的先天本性所具有的本能與欲望。更從〝情〞處發現人性的惡端，如果順著性情中的欲望發展下去，而不加以節制的話，終會違反社會屬性的禮義，而產生惡，因人的欲望是無窮的，所以他主張以後天環境的教育來達到節欲與化性起偽，便可使人成為聖賢，成為君子。由此可知，荀子是從〝順情〞之處發現人性的惡端，而孟子是從〝心之四端〞發現人性的善端，孟子用的是先驗法，而荀子用的是經驗法，兩者都沒有錯，只是角度或方法不同而已。

---

[29] 引見周世輔：《中國哲學史》，（台北：三民書局，1990年），PP.502、503。

[30] 見《荀子・唐代楊倞注釋序》。

[31] 參見《荀子・正名篇》。

韓非子雖師承荀卿之學說，然他並不承認人性有先天的善惡，只認為人生而有好利惡害的本性，這種本性可使人為善，亦可使人為惡。故他說：「好利惡害，夫人之所有也。」[32]、「人無愚智，莫不有趨舍。」[33]趨舍就是趨利舍害的意思，又謂：

> 夫賣庸而播耕者，主人費家而美食，調布而求易錢者，非愛庸客也，曰：如是，耕者且深耨者熟耘也。庸客致力而疾耘耕者，盡巧而正畦陌畦畤者，非愛主人也，曰：如是，羹且美，錢布且易云也。[34]

在韓氏看來，人性之好利，雖可使之為惡，產生爭奪，但亦可使之為善，產生合作，僱主與僱工之間的關係就是如此。

一般學者皆認為韓非子承襲荀子之性惡說，而把韓氏歸為性惡的主張者，尤其人性好利之看法與荀氏並無二致。然縱觀《韓非子》一書中，實無〝性惡〞之說，韓氏的性好利與荀氏的性惡說是不同的。荀子認為人生而有〝好利〞、〝欲望〞的本性，這是前提，順著這種本性，必然發生爭奪，破壞禮義、法度，這是結論，所以是惡。然韓非子卻認為人性好利而惡害，統治者正好可運用賞罰來加以

---

[32] 見《韓非子・難二篇》。
[33] 見《韓非子・解老篇》。
[34] 見《韓非子・外儲說左上篇》。

管理，並使之為善，故他說：「凡治天下必因人情，人情者有好惡，故賞罰可用。」[35]可見韓氏與荀氏的前提雖相同，然得出之結論卻不一樣，荀氏的結論是〝犯分亂理而歸於暴〞，故人性是惡；而韓氏的結論是〝賞罰可用〞，故民可治。其實韓氏的性好利與告子的食色，性也，都是人之本能，只要合乎禮義又豈能謂之惡呢？所以，筆者認為韓氏對人性的主張是可善可惡（歸在性善惡混論）。

不過韓非子把人性全部建立在利與害的基礎上，不見得正確，利與害僅是人性的一部分，而非全部。人性除利與害之外，亦有友誼、愛情、節操等，有為友誼而兩肋插刀的朋友，有為愛而殉情的羅密歐與茱麗葉，亦有為節操而義不食周粟的叔齊與伯夷，放眼天下比比皆是。如果人性中只有利與害，這些又當何解釋？

漢代新儒學的奠基者董仲舒主張性有善惡論（歸在性善惡混論），他認為人性有三品，上品者聖人之性是至善，不待教化自然為善，只有統治者之君王才具有此性；中品者中民之性僅具善質而已，有待聖王教化始能為善，人民百姓皆具此性；下品者斗筲之性是至惡，經教化亦不能為善，唯用誅罰始可見效，反對君主帝王者皆屬此性。故他說：

35 見《韓非子・八經篇》。

聖人之性，不可以名性，斗筲之性，又不可以名性。名性者，中民之性，中民之性如繭如卵。卵待覆二十日而後能為雛，繭待繰以涫湯（沸騰）而後能為絲。性待漸於教訓而後能為善。善，教訓之所然也，非質樸之所能至也。

性者，天質之樸也。善者，王教之化也。無其質，則王教不能化。無其王教，則質樸不能善。[36]

董氏之所以認為聖人之性唯獨君王才具有，乃基於君王是承天意來教化人民的，當然是至善，他說：

天生民性，有善質而未能善，於是為之立王以善之，此天意也。民受未能善之性於天，而退受成性之教於王，王承天意，以成民之性為任者也。[37]

然中民之性的百姓，雖經教化而能為善，但不可能達到聖人之性而為聖賢，因聖人過善，他說：「善過性，聖人過善。」[38]

董仲舒這種性三品論是將孔子的〝唯上知（智）與下愚不移。〞、〝中人以上，可以語上也；中人以下，不可以語上也。〞之智力三品，移至人性論來。他預設立場，把

---

36 見董仲舒：《春秋繁露・實性篇》。
37 見董仲舒：《春秋繁露・深察名號篇》。
38 同前註。

君主帝王絕對化的局限在〝聖人之性〞的框子內，把廣大的人民百姓也絕對化在〝中民之性〞的框子內，把反對統治者的人亦絕對化在〝斗筲之性〞的框子內。這不僅違反做學問之客觀原則，更違反儒家人人皆可為堯舜，為聖賢的主張。中國思想之所以偉大，足以傲視西洋者，就在於它將芸芸眾生皆建立在平等的基礎上，每一個人只要反躬自省，人人皆可為聖賢，為神佛，無待外求。儒家說：「萬物皆備於我矣！反身而誠。」、「盡其心者，知其性也；知其性，則知天矣！存其心，養其性，所以事天也。」[39]又說：「人皆可以為堯舜。」[40]、「涂之人可以為禹。」[41]意思是說，萬物的道理皆齊備於我的性分內，只要每個人反躬自省，真誠去盡自己的心意，就能知道自然的本性，知道了自然本性，也就能知天命，守住自己靈明的心，修身養性即可為舜禹，為聖賢。佛家說：「一切眾生皆有佛性。」[42]又說：「菩提只向心覓，何勞向外求玄？聽說依此修行，西方只在目前。」[43]、「明心見性。」、「見性成佛。」[44]道家說：「常德不離，復歸於嬰兒。」、「常德乃足，復歸於樸。」

---

[39] 見《孟子・盡心篇》。
[40] 見《孟子・告子篇》。
[41] 見《荀子・性惡篇》。
[42] 見《大般涅槃經》，載於《大藏經》影印日本《大正藏》第十二冊，（台北：新文豐出版公司），P.404。
[43] 見《惠能六祖壇經・般若品》。
[44] 見《惠能六祖壇經・序》。

[45]「含德之厚，比於赤子。」[46]道家這種返璞歸真，達到常如嬰兒般的赤子之心，世人常誤解為剛出生那種無知嬰孩的天真無邪。殊不知道家的赤子之心，乃是吾人向自己所以生之德、自己所以生之性的回歸，也是致虛極，守靜篤工夫的成效，亦是吾人經過一連串的自覺過程所達到之歸宿。故筆者認為道家的返璞歸真，歸回嬰孩般的赤子之心，與孟子所謂的：「學問之道無他，求其放心而已矣。」[47]把心放回原來的位置是同義。而如何把心放回原來的位置呢？就是要盡心，盡其心則知其性，知其性則知天命，知天命則能知心之所在，自可放回本位。放回本位後即可為莊子所說的〝真人〞、〝神人〞。儒家的〝聖賢〞，佛家的〝佛〞，道家的〝真人〞皆具有同義，只是用詞不同而已。主導中國思想之儒、道、佛三家，皆將人性建立在平等的基礎上，只要每個人反躬自省，人人皆可成聖成佛；而西洋思想則建立在階級的基礎上，每個人皆不能自救，需透過上帝的赦免才能獲救，而成為上帝的子民。此乃中西思想上最大的差異，前者帶給人類的希望具有積極之作用，後者則是消極的。

由之，在董氏的人性論下，將可得出孔孟非聖賢，而梁紂為聖王的謬論，中國傳統思想自此被破壞無遺。然觀

---

[45] 見《老子道德經・第二十八章》。
[46] 見《老子道德經・第五十五章》。
[47] 見《孟子・告子篇》。

董氏立論之背景，為的是給君主統治者提供理論根據，也就不足為奇，難怪漢武帝那麼賞識他封為相國，採其建議罷百家，獨尊儒學。

主張性善惡混論的揚雄則認為，在吾人先天本性中是善惡皆有的，要善或惡全在個人修養問題，修養其善則為善人，修養其惡則為惡人。故他說：「人之性也，善惡混。修其善則為善人，修其惡則為惡人。」[48]揚氏並主張行善避惡，勸人為善，以儒家傳統之五經作為倫理道德的指導，積極修習德行，他說：

> 說天者莫辯乎易，說事者莫辯乎書，說體者莫辯乎禮，說志者莫辯乎詩，說理者莫辯乎春秋。[49]

揚氏之善惡混說雖有折衷孟荀性善與性惡之爭，然比孟荀更能解答實際上的狀況，不過王充認為揚氏的善惡混只看到中人之性的一面，而非人性的全面。

主張性有善有惡論的王充認為，在吾人之先天本性中是有善有惡的，善者自善，無需教育亦能為善，此即孟子言性善之中人以上者；惡者亦能施以教育使之為善，此即荀子言性惡之中人以下者；善惡混者全賴個人修養，修其善則為善人，修其惡則為惡人，此即揚雄言性善惡混之中

---

48 見揚雄：《法言・修身篇》。
49 見揚雄：《法言・寡見篇》。

人者。故他說:「論人之性,定有善有惡。其善者固自善矣!其惡者故可教告率勉使之為善。」[50]又說:「實者,人性有善有惡,猶人才有高有下也。余固以孟軻言人性善者,中人以上者也;孫卿言人性惡者,中人以下者也;揚雄言人性善惡混者,中人也。若反經合道,則可以為教。」[51]人性既有善有惡,該如何使人向善呢?王氏主張用後天環境教育來彌補先天的不足,故曰:「蓬生麻間,不扶自直;白紗入緇,不練自黑。夫人之性猶蓬紗也,在所漸染而善惡變矣!」[52]

王充之有善有惡的人性論(歸在性善惡混論),實融合孟、荀、揚之說而自創一格,比孟、荀、揚更能說明人性的情形。然他謂中人以上者,無需教育就能自善,則有待商榷,人非生而知之,一切的道德觀念,行為標準皆有賴於後天之教育與學習,才能分辨何者為善,何者為惡,既使是孔孟亦是如此。主張性善的孟子不也認為需以教育來發揚其善端,否則會受物蔽而產生惡嗎?再者,王氏的有善有惡之說,係建立在吾人稟氣厚泊的基礎上,以厚泊來論斷吾人的賢愚,進而對應稟氣厚者則善則賢,稟氣泊者則惡則愚。他說:「稟氣有厚泊,故性有善惡也。人之善惡,共一元氣,元氣有多少,故性有賢愚。」[53]這種將賢愚與

---

50 見王充:《論衡・率性篇》。
51 見王充:《論衡・本性篇》。
52 同註50。
53 同註50。

善惡相提並論更是錯誤，因聰明的人未必性善，愚笨的人也未必性就惡。

繼董仲舒之後的韓愈，亦為維護君主專制而發展了董氏性三品的人性論。他認為人性與生命是與生俱來的，情是吾人與環境接觸後所產生之一種心理反應。人的本性有上、中、下三品，具體的內容是仁、義、禮、智、信五德；人的情亦有上、中、下三等，具體的內容是喜、怒、哀、樂、好、惡、欲七情。故他說：

> 性也者，與生俱生也。情也者，接於物而生也。性之品有三，而其所以為性者五；情之品有三，而其所以為情者七。[54]

韓氏的性三品亦與董氏的性三品一樣，上品者生來就是善，不待教化五德具備，只有君主帝王才具此性；中品者藉由環境之引導，可以為善，亦可以為惡；下品者生來即惡，經教化亦不能為善，唯有誅罰始可見效，廣大的人民百姓皆具中、下品之性。故曰：「性之品有上、中、下三，上焉者，善焉而已矣；中焉者，可導而上下也；下焉者，惡焉而已矣！」[55]而與性對應的情亦有三品，他說：

> 情之品有上中下三，其所以為情者七：曰喜、曰怒、

---

54 見《韓昌黎集·原性篇》。
55 同前註。

曰哀、曰樂、曰好、曰惡、曰欲。上焉者之於七也，動而處其中；中焉者之於七也，有所甚，有所亡，然而求合其中者也；下焉者之於七也，亡與甚，直情而行者也。情之於性視其品。[56]

意為上品的人，情的發動都符合道德之要求；中品的人，情的發動有過，有不及，但有符合道德之願望；下品的人，情的發動都不符合道德之標準，聽憑情欲而行動。情之三品與性之三品是相當的，性善則情善，性惡則情惡。在韓愈看來，性上品者生來就具有仁、義、禮、智、信五德，所以是聖人，而人類之所以能生存下來，正是聖人教會他們生存的技能，故聖人也就是理所當然的君主帝王。他說：「帝之與王，其號名殊，其所以為聖一也。」[57]韓氏並認為孟子的性善論、荀子的性惡論、揚雄的性善惡混論都只看到人性之中品的人。他說：

孟子之言性曰：人之性善；荀子之言性曰：人之性惡；揚子之言性曰：人之性善惡混。夫始善而進惡，與始惡而進善，與始也混而今也善惡，皆舉其中而遺其上下者也，得其一而失其二者也。[58]

由此觀之，韓愈的性三品論，依舊停留在董仲舒的臼

---

56 同註54。
57 見《韓昌黎集・原道篇》。
58 見《韓昌黎集・原性篇》。

巢內，犯同樣之錯誤。尤其是他認為人類一切求生的技能均為聖人、君主所創造，所教導，更為荒謬。縱觀歷史並非如此，可見韓氏亦如董氏為統治者之利益，不惜違背歷史的事實。

主張性善情惡論的李翱則認為，人之先天本性是清明的，吾人能實現其本性即成聖人，不能實現其本性者，乃因情之干擾阻礙。當性受情之喜、怒、哀、樂、好、惡、欲七者的干擾，而不能盡其性時，這並不是性之過錯，如欲使性能實現，就必須讓情不支配性，由性本身作主則聖賢可成矣！故曰：

> 人之所以為聖人者，性也；人之所以惑其性者，情也。喜怒哀樂好惡欲七者，皆情之所為也。情既昏，性斯匿矣！非性之過也。七者循環而交來，故性不能充也。情不作，性斯充矣！[59]

如何才能滅情復性，讓情不累其性，不支配其性呢？李氏認為應經由聖人之教化，使吾人不為情欲所制而歸於性命之道，達到息止思慮，滅息妄情之工夫，情則不生、不作，自可滅情復性。故他說：

> 聖人知人之性皆善，可以循之不息而至於聖也，故制禮以節之，作樂以和之；安於和樂，樂之本也；

---

59 見《李文公集·復性書上篇》。

動而中禮，禮之本也。視聽言行，循禮而動，所以教人忘嗜欲而歸性命之道也。[60]

又說：

或問曰：人之昏也久矣！將復其性者必有漸也。敢問其方？曰：弗慮弗思，情則不生；情既不生，乃為正思。正思者，無慮無思也。[61]

依李氏之見，吾人之所以有惡的行為，皆因〝情〞字作怪，此與荀子從情處看出惡端是相同的，故主張滅情，使情不生自然不會累其性、惑其性而產生惡。然情之喜、怒、哀、樂、好、惡、欲七者，乃人性中自然屬性之本能欲望，是人生而有之，滅其情實違反人性，且不易收效，諺云:「人非草木，孰能無情？」試問有誰能免飲食飽暖之欲，男歡女愛之情？蓋此七者只要引導其發出於外，合乎於禮，即為善行，何需滅情呢？誠如王安石謂：

此七者人生而有之，接於物而後動焉。動而當於理，則聖也、賢也。[62]

亦是主張性善情惡論的周敦頤則先透過定位宇宙，然後在宇宙中安排人生，由〝誠〞貫通兩者，遂使成為一體，

---

60 見《李文公集．復性書上篇》。
61 見《李文公集．復性書中篇》。
62 見《臨川全集．論議原性篇》。

而達到天人合一的境界，吾人之性便可從天道落實到人道內，並由仁與義作為人性的準則。他說：

> 立天之道，曰陰與陽；立地之道，曰柔與剛；立人之道，曰仁與義。[63]

又說：

> 大哉乾元，萬物資始，誠之源也。乾道變化，各正性命，誠斯立焉，純粹至善者也。故曰：一陰一陽之謂道，繼之者善也，成之者性也。[64]

大哉乾元，太極之理是純粹至善，故人之性亦本善，那為何有惡呢？周氏認為陽為剛陰為柔，人稟陰陽二氣而生，故性中亦有剛柔。剛柔失當，五性感動不合中者，就會產生惡。故聖人之所以為聖，就在於能知幾動之微，而常致其中不偏移，以誠自精。他說：「性者，剛、柔、善、惡、中而已矣。惟中也者，和也，中節也，天下之達道也，聖人之事也。故聖人立教，俾人自易其惡，自至其中而止矣！」[65]、「誠無為，幾善惡。」[66]至於成聖之方法，周氏則主張無欲，無欲則靜，靜則心明，心明則動直，動直則能合乎中節。故他說：

---

[63] 見《周子・太極圖說》。
[64] 見《周子通書・誠上篇》。
[65] 見《周子通書・師篇》。
[66] 見《周子通書・誠幾德篇》。

> 聖可學乎？曰：可。曰：有要乎？曰：有。請聞焉，曰：一為要。一者，無欲也。無欲則靜虛動直。靜虛則明，明則通；動直則公，公則溥。明通公溥，庶矣乎。[67]

依周氏之見，吾人之性原本是善的，但其之性感物而動，發於行事則未必皆能合乎中者，若使發而不合乎中，則產生惡，所以主張無欲。然欲望乃人性中之本能，如何能無欲，此種滅情無欲與李翱相同，皆違反人性，故不可取。

而張載則提出天地之性有善無惡，氣質之性有善有惡論來說明吾人之性，他說:「性於人無不善，繫其善反不善反而已。」、「形而後有氣質之性。善反之，則天地之性存焉。故氣質之性，君子有弗性者焉。」[68]依天道觀言，萬物之基本趨向皆受天道所決定，自然是善，然在實際世界中卻充滿惡事，故張氏欲維持其天道觀，乃從第二序的觀念中提出有善有惡的氣質之性來。所以他認為，性作為天道之在人者，是有善無惡的，但有〝不善〞者則由於〝不善反〞，吾人不能省悟而歸於其性所致。吾人由於氣質之不同，所展出實現天道上，便產生易與不易現象，也就有了善惡的區別，故吾人需從事〝反〞之功夫，以顯現其天地

67 見《周子通書・聖學篇》。
68 見《張子全書・正蒙誠明篇》。

之性，超越氣質之性的限制。故曰：「天本參和不偏；養其氣，反之本而不偏，則盡性而天矣。性未成，則善惡混。」[69]如何從事反的功夫，超越氣質之性而實現天地之性呢？張載認為要變化氣質，就需成德之學而寡欲。他說：「如氣質惡者，學即能移。但學至於成性，則氣無由勝。」[70]、「仁之難成久矣。人人失其所好，蓋人人有利欲之心，與學正相背馳，故學者要寡欲。」[71]

依張氏之見，吾人之性中含有天地之性及氣質之性，天地之性來自天道，故有善無惡，氣質之性來自氣聚而生，故有善有惡。各人因氣質不同，所表現出之善惡亦不相同，善者能超越氣質之性的限制而實現天地之性。惡者不能克服氣質之性，就無法實現其天地之性，故需變化氣質，變化氣質之方法就是成德之學而寡欲。然此種滅情寡欲與李翺等相同，皆違反人性而不可取。

二程（程明道、程伊川）繼張載之說而提出理善氣有善惡論來說明吾人之性，他們認為人性是天理的體現，性即是理，故曰：「在天為命，在義為理，在人為性。主於身為心，其實一也。」[72]既然人性即是理，理是善，所以人性自然為善，故說：「性即理也，所謂理，性是也。天下之

---

69 見《張子全書・正蒙誠明篇》。
70 見《張子全書・經學理窟氣質篇》。
71 見《張子全書・經學理窟學大原上篇》。
72 見《二程全書・伊川語四篇》。

理，原其所自，未有不善。」[73]他們並認為性既是理，所有人的性都是善，聖人與百姓皆一樣，他們說：「性即是理，理則自堯、舜至於途人一也。」[74]人性既然都是善的，為何有惡呢？二程認為這是由於人之氣稟（才）不同所致，氣清者為賢，氣濁者為愚，故曰：「性無不善，而有不善者，才也。」、「才稟於氣，氣有清濁，稟其清者為賢，稟其濁者為愚。」[75]吾人之性是天理的體現，是善，這是天理之性；而氣質之性則因人所稟受之氣的清濁不同，使人有善有惡。〝氣清則才善，氣濁則才惡。稟得至清之氣生者，為聖人；稟得至濁之氣生者，為惡人。〞[76]由於氣稟的清濁決定了人性，故有自幼而善者，亦有自幼而惡者，這是因氣稟的關係，故曰：「有自幼而善，有自幼而惡，是氣稟有然也。」[77]在二程有來，人性有天理之性與氣質之性兩方面，然氣與理本為一體，理為氣之本，氣為理之用，氣歸根究柢與理是一致的，故論性不能只講一個方面。而氣質即使是惡，仍可以改變為善的，所以他們說：「論性，不論氣，不備；論氣，不論性，不明。」[78]、「孔子謂上智與下愚不移，然亦有可移之理，惟自暴自棄者不可移也。」[79]至

---

[73] 見《二程全書．伊川語八上篇》。
[74] 見《二程全書．伊川語四篇》。
[75] 同前註。
[76] 參見《二程全書．伊川語八上篇》。
[77] 見《二程全書．二先生語一篇》。
[78] 見《二程全書．二先生語六篇》。
[79] 同註74。

於如何改變氣質呢？二程則提出存天理，滅人欲之說，故曰：「人心私欲，故危殆。道心天理，故精微，滅私慾則天理明矣！」[80]

二程主張存天理滅人欲之說，與張載等之滅情寡欲相同，皆不可取，尤其是要孤獨的寡婦，餓死也不能再嫁之主張，對現代而言，更是慘無人道。[81]

主張性可善惡論（歸在性善惡混論）的王安石反對李翱等人的性善情惡論，他說：

> 性情一也，世有論者曰：〝性善情惡〞，是徒識性之名，而不知性情之實也。喜、怒、哀、樂、好、惡、慾，未發於外，而存於心，性也；喜、怒、哀、樂、好、惡、慾，發於外而現於行，情也。性者情之本，情者性之用，故吾曰：性情一也。[82]

他並認為情之七者是人生而有之，發於外者可以為善，亦可為惡，故曰：「此七者人生而有之，接於物而動焉。動而當於理，則聖也、賢也。不當於理，則小人也。」、「蓋君子養性之善，故情亦善；小人養性之惡，故情亦惡。故

---

80 見《二程全書・伊川語十篇》。

81 案有人問程頤：有個孤獨的寡婦，家境貧窮，無依無靠，她可以再嫁嗎？程頤說：「只是後世怕寒餓死，故有是說。然餓死事極小，失節事極大。」見《二程全書・伊川語八下篇》。

82 見《臨川全集・論議原性篇》。

君子之所以為君子，莫非情也；小人之所以為小人，亦莫非情也。」[83]

可見王氏是主張人性可善可惡的，要善要惡，全在個人之修養。他更進一步的把孔子之上智與下愚不移提出來作說明，認為德性上的智愚，也就是善惡是可改過遷善；智慧上的智愚，是無法將下愚者變為上智的人。故說：「然則上知與下愚不移，有說乎？」、「此之謂智愚，吾所云者性與善惡也。惡者之於善也，為之則是；愚者之於智也，或不可強而有也。」[84]

王氏在中國哲學史上，是經常被遺忘的一個，被遺忘的原因乃基於他是政治家而非哲學家，然縱觀王氏之人性論，實比史上任何一位人性論者，更能實際說明人性的現況。蓋情之喜、怒、哀、樂、好、惡、欲七者，乃吾人性中自然屬性之本能欲望，是人生而即有，誰能免之，只要其發出於外，合乎於禮，又豈能謂之惡呢？要之，所謂善惡者，乃是行為表達以後的一種批判，也是由吾人經過理性之思考而下的結論，其批判之準則乃依當時的社會標準，合乎者即是善，不合乎便是惡，這多麼乾脆俐落，使人易懂，不似有些論者，講了老半天吾人還是墜在五里霧中，不知所云。故王氏雖不知或未論人性是如何形成的，

---

83 同前註。

84 同註82。

然他的人性論則為筆者所贊同，尤其是反對性善情惡，而主張性情合一。

朱熹則繼承張載與二程等的理路，而提出理善氣有善惡之說。他認為，人與物的產生是因稟受了理，才有性，又稟受了氣才有形。理是決定萬物之性的原因，而氣是賦予萬物之形的原因。萬事萬物皆是理的體現，理表現在人的方面就叫作性，得之於天之理就是天命之性，是吾人的本性，太極是完美無缺盡善盡美的，它體現到人性當然也是至善的。故曰：

> 天地之間，有理有氣。理也者，形而上之道也，生物之本也。氣也者，形而下之器也，生物之具也。是以人物之生，必稟此理然後有性；必稟此氣然後有形。[85]

又說：

> 太極只是個極好至善底道理。[86]

但吾人因稟理而成性，稟氣而成形，故在具體表現上，理與氣便不能分離而相染成氣質之性。然氣有精粗、正偏、清濁通塞的不同，表現於人性上，就有善惡之分，稟氣清者為善人，稟氣濁者為惡人。故說：「論天地之性，則專指

---

[85] 見《朱子大全・朱子答黃道夫書》。

理言；論氣質之性，則以理與氣雜而言之。」[87]又說：「但稟氣之清者，為聖為賢，如寶珠在清冷水中。稟氣之濁者，為愚為不肖，如珠在濁水中。」[88]

朱子認為將天地之性與氣質之性加以區分。就可解決歷年來的人性之爭，所以他說：

> 道夫問：氣質之說，始於何人曰？曰：此起於張、程。某以為極有功於聖門，有補於後學。讀之使人深有感於張、程，前此未曾有人說到此。如韓退之《原性》中說三品，說得也是，但不曾分明說是氣質之性耳。性哪裏有三品來？孟子說性善，但說得本原處，下面卻不曾說得氣質之性，所以亦費分疏。諸子說性惡與善惡混，使張、程之說早出，則這許多說話自不用紛爭。故張、程之說立，則諸子之說泯矣。[89]

他並主張氣質之性雖有善惡，但可透過個人修養將惡改變為善，改變的方法就是明天理，滅人欲，他說：「聖賢千言萬語，只是教人明天理，滅人欲。」[90]

---

86 見《朱子語類・周子之書篇》。
87 見《朱子大全・答鄭子上篇》。
88 見《朱子語類・性理一篇》。
89 見《朱子語類・性理一篇》。
90 見《朱子語類・學六篇》。

朱氏之人性論亦如張程二氏，主張寡欲滅欲，實違反人性，不可取。魯迅批評說：

> 周末雖有殉葬，並非專用女人，嫁否也任便，並無什麼制裁，便可知道脫離了這宗習俗，為日已久。由漢至唐也並沒有鼓吹節烈，直到宋朝，那一班〝業儒〞的才說出〝餓死事小，失節事大〞的話，看見歷史上〝重適〞兩個字，便大驚小怪起來……到了清朝，儒者真是愈加厲害。看見唐人文章裏有公主改嫁的話，也不免勃然大怒起來道：〝這是什麼事！你竟不為尊者諱，這還了得！〞[91]

二程、朱熹把婦女改嫁說成〝人慾〞，說成罪惡，這些理論成了千百年來殺害廣大婦女的軟刀子。戴東原指責朱熹以理殺人說：「人死於法猶有憐之者，死於理，其誰憐之！」[92]

主張性善說之陸象山則反對朱熹的天地之性與氣質之性二元論，他認為，天地萬物之理都在吾人心中，心與理是合一的，並沒有區別，只有經過吾人之心才能知道萬物的存在，沒有心就無法知道有萬物，因此萬物就在吾人心中，吾心豁然擴充就能充塞宇宙。故曰：「蓋心，一心也；

---

[91] 見魯迅：〈我之節節烈觀〉，載於《魯迅全集》第一卷，（北京：人民文學出版社，1981年），P.121。
[92] 見戴東原：《孟子字義疏證・卷上》。

理，一理也；至當歸一，精義無二，此心此理，實不容有二。」[93]、「人皆有是心，心皆具是理，心即理也。」[94]又曰：「萬物森然於方寸之間，滿心而發，充塞宇宙，無非此理。」[95]他並主張人性本善，惡是由於後天物欲的關係，所引起欲多，心善就少；欲寡，則心善就多，故君子養心莫善於寡欲。他說：「人性本善，具不善者，遷於物也。」[96]、「夫所以害吾心者何也？欲也。欲之多，則心之存者必寡，欲之寡，則心之存者必多。故君子不患夫心之不存，而患夫欲之不寡，欲去則心自存矣。」[97]

陸氏不贊同朱熹以氣質之性為吾人善惡、賢愚之別的決定因素，因實際上氣質之清濁未必是智愚、賢不肖之殊，而賢者不一定智，智者未必就是賢；不肖者也不一定愚，愚者也未必不肖。故曰：

> 人生天地間，氣有清濁，心有智愚，行有賢不肖。必以二塗總之，則宜賢者心必智，氣必清；不肖者心必愚，氣必濁；而乃有大不然者。

又說：

---

93 見《象山全集・與曾宅之篇》。
94 見《象山全集・與李宰篇》。
95 見《象山全集・語錄卷上》。
96 同前註。
97 見《象山全集・養心莫善於寡欲篇》。

由是而言，則所謂清濁智愚者，殆不可以其行之賢不肖論也。[98]

他批評後來論性的人說：「古之性說約。」、「今之性說費。」、「費，散也。」又說：「今之學者讀書，只是解字，更不求血脈。且如情、性、心、才，都只是一般事物，言偶不同身。」[99]在陸氏看來，孟子關於人性的說法已經很精練，但後來的學者對人性愈說愈多，愈分愈細就愈令人費解。本來心即性很單純，後來卻分為心、性、才、情等，讓人如墜五里霧中，使人糊塗。他並用〝獅子咬人，狂狗逐塊〞的比喻來說明這個問題。人用土塊打狗，狗不懂得土塊是由人那裡打來的，便把注意力投到土塊上去了。只注意心、性、才、情等概念的人，就如同狗一樣，只注意聖人教人的心、性、才、情等概念，卻不理解聖人教人在血脈深處存心去欲上用功夫。人用土塊打獅子，獅子則不理會土塊，徑直撲向人。人應該像獅子一樣，不在心、性、才、情等概念上兜圈子，應把精力用在〝本心〞、〝良知〞上。[100]

朱陸二氏儘管在人性的認知上各有不同，然所得結論卻是一樣，皆認為惡之來源乃由吾人的欲望所引起，故一

98 見《象山全集·與包詳道篇》。
99 見《象山全集·語錄卷下》。
100 參見王元明：《人性的探索》，（天津：南開大學出版社，1993年），P.108。

致主張滅欲與去欲。至於如何滅欲去欲，兩人則又有差異，朱熹認為在理和氣的結合過程中，理就分化為在物之理和在心之理，因此既可以向外通過格物去體認（格物致知、明天理），也可以向內在自身探求（存誠持敬、滅欲），這就產生向內向外用功兩條途徑。陸象山則認為，既然理是人心所固有，充塞宇宙之理不過是人心之理的擴張，因此，自然不必他求，沒有必要向外體認什麼在物之理，直接向自己心中尋找就是了。他說：「人孰無心，道不外索，患在戕賊之耳，放失之耳。古人教人，不過存心、養心、求放心。」[101]

兩人於是發生中國哲學史上有名的鵝湖之會（信州鵝湖寺，今江西鉛山縣境），朱氏謂陸子靜之學，看他千般萬般病，只在不知有性質之雜，把許多粗惡底氣，都把作心之妙，而陸氏則謂朱熹之學，支離事業竟浮沈。最後以人各有所見，不如取決於後世，不歡而散；呂伯恭在當日講會上評云：元晦英邁剛明，而工夫就實入細，殊未易量。子靜亦堅實有力，但欠開闊。後來的黃宗羲評論說：「二先生同植綱常，同扶名教，同宗孔孟。即使意見終於不合，亦不過仁者見仁，知者見知。」[102]

陸氏之人性論皆如張載以降的二程、朱氏等，主張寡

---

101 見《象山全集・與舒西美篇》。
102 見《宋元學案・象山學案篇》。

欲滅欲、去欲，這並不合乎人性前已論過，以下戴東原所主張知、情、欲之論，將是爾等最好的批判。雖有些學者批評戴氏未能盡解宋儒理學之欲，就加以評斷是一種誤解，飲食男女之欲，宋儒並不以為惡，特飲食男女之欲不〝正〞者，才謂之欲。朱子謂：「欲則水之流而至於濫也。」[103]所謂〝濫〞，《辭海》釋為〝過度、無節制〞，由之，朱子之意即飲食男女之欲過度，沒有節制者，才謂之欲，才會產生惡。但所謂過度、無節制，朱子並未立下標準，豪富者的飲食男女之欲對貧窮者而言，都是過度，無節制的。然只要他們取得正當，符合社會標準，何惡之有？至於〝欲遂其生，至於戕賊他人而不顧〞之欲，則是批評者推論朱子所謂〝濫〞字之想當然耳！然縱觀朱子之人性論中並無立此為欲之標準。故由此觀之，批評者之說就不見得正確了。

主張性自然論的戴東原以知、情、欲對宋明理學展開無情的批判。他認為自然界之本體是物質性的氣，永遠處在發生、發展和運動變化的過程中，這就叫〝氣化流行，生生不息。〞[104]而〝理〞就是氣化流行，生生不息過程中的法則、規律，它在事物之中，不能脫離事物而存在。有物必有理，物是客觀存在，是自然，理是自然中的必然，故理在氣中，理在事中，不在事物之外，絕不是朱氏所謂

---

103 見《朱子語類・性理二篇》。

104 參見戴東原：《孟子字義疏證・卷中》。

的〝理在氣先、理在事先〞。他說：

> 由其生生有自然之條理，觀於條理之秩然有序，可以知禮矣；條理苟失，則生生之道絕。[105]

又說：

> 詩曰：有物有則，是也。物者，指其實體實事之名；則者，稱其純粹中正之名。實體實事，罔非自然，而歸於必然，天地、人物、事為之理得矣。
>
> 是故就事物言，非事物之外別有禮義也。[106]

戴氏批評程、朱把在事物中的理誇大，說成超乎事物之上的東西，這種理實際上根本不存在，更是求而不得的。他說：

> 舉凡天地、人物、事為，求其必然不可易，理至明顯也。從而尊大之，不徒曰天地、人物、事為之理，而轉其語曰：理無不在，視之如有物焉，將使學者皓首茫然，求其物不得。[107]

簡言之，理即是成物的法則，物成理便在其中，兩者是一體無分先後、內外的。物成之後，就會形成各自的特

---

105 見戴東原：《孟子字義疏證・卷下》。
106 見戴東原：《孟子字義疏證・卷上》。
107 同前註。

點和本質，這就是〝性〞，也就是物與物之間區別的本質屬性，任何一事物在既生之後的各種表現，都是性在發生作用的結果。一物一性，每個事物的性都與其他事物不同，但可以把它們分為若干類。他說：「性者，分於陰陽五行以為血氣、心知、品物，區以別焉。舉凡既生以後所有之事，所具之能，所全之德，咸以是為本。」、「凡有生，即不隔於天地之氣化。陰陽五行之運而不已，天地之氣化也，人物之生生本乎是，由其分而有之不齊，是以成性各殊。」又說：「然性雖有不同，大致以類為之區別。」[108]戴氏指出，氣在運行而形體不能移動者是花草樹木；能移動者是動物。動物之中也各有不同，海生魚類能相忘於水，陸生動物則不能；烏鴉反哺，羔羊跪乳前，鴛鴦成對共游，蜂蟻群居，雌雄分工並服從蜂王、蟻王，這並不是因為它們有仁義道德，而是其性使然。人與其他動物雖都有血氣心知，都有知覺，但兩者的本質不同，人的特點就是知覺已達到理性思維的高度，達到仁、義、禮、智這一最高境界，這也就是人與其他動物在本性上的差異。他說：「人則能擴充其知至於神明，仁義禮智無不全也。仁義禮智非他，心之明之所止也，知之極其量也。知覺運動者，人物之生；知覺運動之所以異者，人物之殊其性。」[109]戴氏並提出知、情、欲三者都是人性，都是血氣心知之自然，是人生而即有的，尤其欲望是最基本的人性，是人存在的基礎，人如

---

108 見戴東原：《孟子字義疏證・卷中》。

果沒有欲望，也就不會有形體生命，更不會有人和人性了。他說：「人生而後有欲、有情、有知三者，血氣心知之自然也。給於欲者，極而通於天地鬼神，是皆成性然也。」[110]又說：「人之血氣心知，原於天地之化者也。有血氣，則所資以養其血氣者，聲、色、臭、味是也。」、「欲，根於血氣，故曰性也。」[111]

戴東原反對程、朱將人性區分為天理之性與氣質之性，他認為理在欲中，欲與理之間的關係就如自然與必然的關係。程、朱把人性化分為二，這是脫離血氣心知來論人性，他說：

> 程子、朱子見常人任其血氣心知之自然之不可，而進以理之必然；於血氣心知之自然謂之氣質，於理之必然謂之性，亦合血氣心知為一本矣，而更增一本。

又說：

> 以天別於人，實以性為別於人也。人之為人，性之為性，判若彼此，自程子、朱子始。[112]

---

109 同前註。
110 見戴東原：《孟子字義疏證．卷下》。
111 同註108。
112 見戴東原：《孟子字義疏證．卷上》。

這就是說，性本是人的血氣心知之性，而程、朱卻說是氣質之性，此外還有個天理之性，這就是離開人的血氣心知，更增一本而歸於天，如此便把性與人彼此分開了。所以他認為人性就是氣質之性，因為沒有氣質，沒有血氣心知就沒有人。由之，根本沒有離開人的氣質，人的血氣心知之天理之性，故他說：「人之為人，舍氣稟氣質，將以何者謂之人哉？」[113]

戴氏亦反對程、朱的天理存則人欲亡之兩不相立主張，他說：「理者存乎欲者也。」、「欲其物；理其則也。」[114]有物必有則，有欲必有理，理就是欲的理，也就是實現欲望的行為準則。他認為慾望是自然的，故說：「欲者，血氣之自然」。[115]而仁義禮智等道德原則是理，是必然之則，他說：

> 使飲食男女與夫感於物而動者脫然無之，以歸於靜，歸於一，又焉有羞惡、有辭讓、有是非？此可以明仁義禮智非他，不過懷生畏死，飲食男女，與夫感於物而動者之皆不可脫然無之，以歸於靜，歸於一，而恃人之心知異於禽獸，能不惑乎所行，即為懿德耳。[116]

---

[113] 見戴東原：《孟子字義疏證·卷中》。
[114] 同註112。
[115] 同註112。
[116] 同註113。

意思是說，仁義禮智等道德原則是理，本出於人欲之自然，出於飲食男女的自然欲求和感於物而動的情感，如果沒有這些慾望與情感，就不會有人的活動，也就沒有仁義禮智等道德原則，沒有理。所謂仁義禮智並不是取消人的情感欲望，而是使人滿足情感欲望的活動不同於禽獸而已。另一方面，他認為自然必須歸於必然，人的欲望要符合道德原則。戴氏說：

> 由血氣之自然，而審察之以知其必然，是之謂理義；自然之與必然非二事也。就其自然，明之盡而無幾微之失焉，是其必然也。如是而後無憾，如是而後安，是乃自然之極則。若任其自然而流於失，轉喪其自然，而非自然也；故歸於必然，適完其自然。[117]

這就是說，所謂理，所謂仁義禮智，就是人的欲望實現之規則，人的欲望只有符合道德原則而無失，才能無憾，才能順而安。如果放任人的欲望，就會轉而喪失人的正當欲望。把自然欲望歸之於必然的理，歸之於仁義禮智，才能使自然欲望得到滿足。在戴氏看來，所謂天理、仁義禮智，並不是消滅和禁止人的欲望，而是使人的欲望得到正當滿足。這就像對水不能塞其流，而只能依據水流的規律引導，使它不泛濫成災。他說：

[117] 見戴東原：《孟子字義疏證·卷上》。

> 性，譬則水也；欲，譬則水之流也；節而不過，則為依乎天理，為相生養之道，譬則水由地中行也；窮人欲而至於有悖逆詐偽之心，有淫泆作亂之事，譬則洪水橫流，汎濫於中國也。[118]

所以戴氏主張對人的欲望作適當節制就是天理，並不是天理為正，人欲為邪，更不是存天理，滅人欲。他說：

> 天理者，節其欲而不窮人欲也。是故欲不可窮，非不可有；有而節之，使無過情，無不及情，可謂之非天理乎。[119]

戴氏之人性論，把屬於人性中社會屬性之仁義禮智道德觀，歸在人性的自然屬性內，較不為筆者所接受外，其反對批評程、朱人性之說及飲食男女之情、欲並非惡，只要在實現欲望，能符合道德要求即是善，皆為筆者所贊同。尤其是他所倡導的〝體民之性，遂民之欲。〞並作適當節制，使其在道德準則內，滿足吾人的自然欲望，讓吾人活著能有所作為之觀點，最為筆者所認同，蓋欲望是促進人類進步的原動力，人類若無欲望，這世界可能還是一片渾渾噩噩的狀態。故他說：

> 天下必無舍生養之道而得存者，凡事為皆有於欲，

118 同前註。

119 見戴東原：《孟子字義疏證・卷上》。

無欲則無為矣；有欲而後有為。

遂己之欲者，廣之能遂人之欲，達己之情者，廣之能達人之情。道德之盛，使人之欲無不遂，人之情無不達，斯已矣。

又說：

人之有欲也，通天下之欲，仁也。[120]

戴氏的聖賢之道不在於無欲，而在於無私，聖人之所以為聖，就在他能以無私通天下之情，遂天下之欲，使天下人的正當欲望得到合理滿足，有欲而無私即是仁也。[121]

佛教雖是宗教，然其人性論是屬哲學性，而非如基督教之神話性，故安排在此論述。論述之前先就佛教所謂的佛性作一解釋，才不致引起誤解，蓋佛性與人性在釋義上是不同的，其內涵也不相同，所以有先解釋的必要。所謂〝佛性〞，是梵文 Buddhata 的漢譯，亦作佛界、佛藏、如來界、如來藏等，〝佛者覺義〞、〝性者種子因本義〞等譯。[122]意即眾生覺悟之因，眾生成佛的可能性，此為中國佛教界最一般的理解。佛性之義，釋者很多，今僅列吾師羅時

---

120 見戴東原：《孟子字義疏證・卷下》。

121 參見王元明：《人性的探索》，（天津：南開大學出版社，1993年），PP.231~234。

122 參見《大般涅槃經》，載於《大藏經》影印日本《大正藏》第四

憲教授在〈六祖壇經管見〉所釋之攝含五義：

1. 數論之物質的本體。

2. 獨立不變之實體。

3. 瑜珈之諸法當前相狀為自性，如依眼了別色為眼識之自性，妄情所執妄相，為遍計所執自性。

4. 與他性相對為自性，他性作他類解，自性作自類解。

5. 因明中之宗之主辭為自性。[123]

佛家之〝佛〞，儒家之〝聖人〞，道家之〝真人〞，皆具有〝至善〞之義，所以佛性之形上觀落在人性內，便可釋為吾人皆有完成道德理想（至善）的可能性，這個〝可能性〞是指每個人都有可能，但非指每個人都能的必然性。勞思光教授謂佛性只是肯定自覺心有此主宰能力；此一肯定只是顯現主體之自由實不受限定，並非說眾生不須努力，即可實現最高自由；亦非說眾生必然皆能有此覺悟。覺或不覺，實現或不實現，皆是自己之事。佛性之肯定，只遮撥外在限制，並非以覺為必然也。[124]故佛家說：「一

十四冊，（台北：新文豐出版公司），P.472。

123 參見羅時憲：〈六祖壇經管見〉，載於張丕介等編：《新亞書院學術年刊》第一期，1959年。

124 參見勞思光：《新編中國哲學史（二）》，（台北：三民書局，1993年），P.219。

切眾生皆有佛性。」[125]透過〝明心見性。〞[126]、〝自覺的實踐，即可見性成佛〞[127]完成道德理想的至善。

由此見之，佛家即從眾生皆有完成道德理想的可能性之處立論，而主張性善之說；有如孟子從〝怵惕惻隱之心〞之處看出吾人所具有〝異於禽獸幾希〞的善心，而立性善之說。進而謂：「人皆可以為堯舜。」[128]透過〝盡其心者，知其性也；知其性，則知天矣！〞[129]即可完成道德理想的至善。吾師牟宗三教授說：

〝怵惕惻隱之心〞底兩個特徵曰覺曰健，其中〝覺悟〞尤為要緊。古人名之曰覺關，因為人禽之辨就在這個關頭上見，孟子說：〝人之所以異於禽獸者幾希〞，這〝幾希〞之差就在覺不覺。當大舜居深山之中，與木石居，與鹿豕遊，其所以異於深山之野人者幾希？幾希言差不多也。這個時候，他只是渾渾沌沌，不識不知，順帝之則，就是順自然的生命活下去。但當他聞一善言，見一善行，便若決江河，沛然莫之能禦，這就是他的覺悟，而且一覺便全盤開悟，覺之充其極。這個時候，他與野人大不相同，但〝野人〞仍然還是〝人〞，不是禽獸，因為孟子說的〝人之異於

---

125 見《大般涅槃經》，載於《大藏經》影印日本《大正藏》第十二冊，（台北：新文豐出版公司），P.404。
126 參見《惠能六祖壇經・序》。
127 同前註。
128 見《孟子・告子篇》。
129 參見《孟子・盡心篇》。

禽獸〞之人並不單指覺悟了的人言。野人或未覺悟的人在原則上是能覺悟的，他是有覺有感之良知的。(覺悟的程度是另一回事)野人不即是禽獸，就靠這個〝原則上能覺悟〞來區別。但這個〝原則上能覺悟〞並不只是永遠是一個空懸的原則，而不實現的。它是隨時可以實現的，而且每一人的四端之心皆隨時可以例證這個原則之實現。人的四端之心常時呈現，即表示人常常實有其覺也。這個覺就是人的良知。這〝良知之覺〞的程度可以很小，但一隙之明就是普照之端。[130]

孟子即據此主張性善之說。大舜聞一善言，見一善行，便若決江河，沛然莫之能禦；就如惠能一聞金剛經，當下覺悟而成佛教東傳的第六代祖師。這就是吾師所講的吾人皆有〝原則上能覺悟的能力〞；勞思光教授所謂的眾生皆有〝自覺心的主宰能力〞，至於能不能覺悟，那是個人的事了。

據此觀之，佛教人性論性善之說，實與孟子性善相似也。

二、西　洋

奠定西洋人性論基礎的蘇格拉底，也未明確指出人性

[130] 參見牟宗三：《道德的理想主義》，(台北：臺灣學生書局，1992年)，PP.24、25。

是善或惡，但他強調客觀知識為行為實踐唯一可靠的手段，所謂的〝德〞根本上只是〝知識〞。因為沒有人會不關懷自己的靈魂，也不會具有知識而作壞事，沒有人故意去為非作歹，作歹的人只是無知。所謂有智慧的人，即是知道什麼是對且願實踐什麼是對的人，故他說：

> 德即是知（virtue is knowledge），如：一切皆是知識—正義、虔誠、節制、勇敢等等無不皆然。

又說：

> 德與智慧一般無二，邪惡的根源乃是無知。[131]

蘇氏就〝德〞之分化機能而言，可有正義、虔誠、節制、勇敢等等分殊德目；就德之統一整體而言，不外指謂智慧本身，所以他是極力主張，一個人只要知道什麼是善，就必然為善，而絕不會為惡，故他又說：「世上沒有自願作惡之人。」[132]

由此可知，蘇氏雖無明確指出人性的善惡，但他從社會屬性知識中的道德觀上，看出人類先天本性所具有的善端，只要在每個人的知識中知道什麼是善，什麼是惡，那人就自然為善，而不會為惡，所以他實際上是一位性善論

---

131 見Plato: *Protagoras*，引自傅偉勳：《西洋哲學史》，（台北：三民書局，1990年），P.73。

132 同前註。

的主張者。亞里士多德雖批評他忽視了靈魂的非合理性（irrationality），諸如自然屬性的情意、衝動等，然蘇氏從社會屬性中發現人性的善端，這也並沒有錯，只是他所看到的只是人性的一面，而非全貌。

柏拉圖繼承其師蘇格拉底人性論的發展，認為：人的本性就是人的靈魂，靈魂是由神造的，也是不朽的。人的靈魂由三部分組成，分別安放在不同的器官裡，第一部分是理性，是靈魂最優秀、高貴的部分，安放在人的頭腦裡，它具有判斷能力和了解真理，並統率其他部分。當理性統率和指導其他部分時，靈魂就有了智慧的德性，故柏氏說：

> 理性是智慧，關注整個靈魂，所以應占統治地位，而激情則是它的臣民和同盟軍。

又說：

> 我們認為一個人的智慧，是由於他靈魂中占統治地位的那部分，能夠運用它所擁有的。[133]

第二部分是激情，是靈魂的中間部分，安放在人的心中，用以發動行為並接受理性的指導。當激情堅定不移的執行理性指示，幫助理性控制欲望時，靈魂就有了勇敢的德性，故柏氏又說：

---

[133] 見苗力田：《古希臘哲學》，（北京：中國人民大學出版社，1989

如果一個人無論在快樂還是痛苦中，他的激情對應怕什麼和應不怕什麼，都是堅持接受理性的控制，那麼我們更由於他靈魂的這個部分，而認為這個人為勇敢。[134]

第三部分是欲望，是靈魂最低劣的部分，安放在人的胃裡，是放蕩行為和貪淫好色的避難所，它的本性貪婪，如果不加以控制，它就會變得妄自尊大，不安己位，試圖奴役和統治非它適合的部分，所以對欲望必須加以控制。當欲望與快樂受到了控制時，靈魂就有了節制的德行。故他說：「節制是一種秩序，一種對於快樂與欲望的控制。」[135]當激情與欲望接受理性的領導而各守其職，各盡其性時，靈魂便有了自然和諧，從而靈魂就具有了最高的德性──〝正義〞，所以柏氏說：「一個人在其靈魂中，各部分各安其位的人是正義的人。」[136]

柏拉圖對人性的看法就比其師更為深入，他不僅從可引發社會屬性之道德觀的理性中去了解人性，更從自然屬性的激情、欲望中去探討，所得出的結論認為，只要激情與欲望聽從理性的領導，在滿足欲望的過程中，自然能符

年），PP.297、298。

134 同前註，P.298。

135 見北京大學哲學系與外國哲學史教研室編譯：《古希臘羅馬哲學》，（北京：中國商務印書館，1961年），P.225。

136 見苗力田：《古希臘哲學》，（北京：中國人民大學出版社，1989年），P.297。

合道德標準，而成為一個正義的人，由此肯定人類天生就是理性的動物，可見他亦是性善論的主張者。不過柏氏把人的本性歸結為神造的，是不朽的，就值得商榷。

亞里士多德續承其師柏拉圖的人性論，認為：在人的靈魂中有理性與非理性兩部分，理性即理智，非理性包含情感、欲望等。理性應當控制與領導非理性，只有這樣才算是有德性的人，故他說：「那些遵循理智而活動並珍愛理智的人，似乎處於最佳狀態，最為神所鐘愛。」[137]亞氏並把靈魂與肉體的關係，理性與非理性的關係推到社會關係中去，他認為人天生是一種社會動物，不能離群而居，如果能脫離社會而存在，那不是野獸就是神。故說：

> 一個孤立的人，就不再是自足的，所以他就要和其他部分一樣與整體相關聯，如果有人不能過共同生活，或者由於自足，而不需要成為城邦的一部分，那麼，他不是一只野獸，就是一尊神。[138]

人天生亦是一種政治的動物，有些人天生就是統治者，有些人天生就是被統治者。人類最早的共同體是家庭，為了種族的延續，男人與女人的結合是自然的；為了生存，主人與奴隸的結合也是自然的，男人與女人的結合、主人與奴隸的結合都是領導與被領導者的結合，這就組成了社

[137] 同前註，P.582。
[138] 同註136，P.586。

會關係，故他說：「天生的領導與被領導是自然的，是為了生存。」[139]所以亞氏認為，從家庭組成村落，從村落組成邦城，以至國家，這種家庭、村落、國家等社會關係就如同靈魂與肉體、理性與非理性的統治關係一樣，不僅是合乎自然且對整體有益，但如果兩者是平行或是顛倒，那就極為有害。故說：

> 靈魂對肉體進行家長式的領導，理智對欲望進行邦主和君主式的領導。由此可見，被靈魂所領導不僅合乎自然而且對肉體有益，被理智和理性部分所領導，對情感部分也是如此。但是，如果兩者平起平坐或者其關係顛倒，便極其有害了。[140]

亞氏除追隨其師從自然屬性的情感、欲望等非理性與可引發社會屬性之道德觀的理智上去探討人類的先天本性外，亦從人類不能離群而居的社會關係上去發揮人類的社會屬性。他更指出人性具有追求幸福和快樂的傾向，事實上都在追求善，而善亦幾乎是所有事物存在的目的，因為所有事物無不企求自身完美。他認為人性的高貴處就在於理智與道德，理智使人認識真理，而道德使人完成人格；前者是人性知性的發展，後者是人性德性的成長。人生在德性成長中，情感生活也扮演了相當重大的角色，喜怒哀

---

139 見苗力田：《古希臘哲學》，（北京：中國人民大學出版社，1989年），P.583。

140 同前註，P.587。

樂、成功或失敗、失意或享受。人生在情感中，在逆來順受的抉擇中就凸顯出自由，有意或無意、自由或命定，都是人類行為的批判準則。但還有一樣情緒問題夾雜其間，那就是快樂與痛苦，行為帶來的心安與不安，都足以構成道德批判的動機，一個人智慧的考驗，往往就是在每一情況中適時適切的反應，針對不同的對象用不同的德目來裝飾自己，使自己的人性變成人格，而從凡人變成聖人。[141]

由此可知，亞氏亦是一位主張性善的人，他對人性的見解比其師有過之而無不及，但他將理性統治非理性的關係推到男人統治女人，自由人統治奴隸的社會關係上，則有待商榷。在古希臘專制統治時代，由於人權的不發達，女人與奴隸在社會上毫無地位，以致會有亞氏的男人統治女人與自由人統治奴隸的理所當然現象。但隨著社會的變遷，今日已非昔日可言，亞氏的這種主張已不適合現代人與人之間的社會關係了。

主張性惡論的霍布士（Thomas Hobbes, 1588-1679 A.D.）則認為：人性的基層乃是物質的結構，進而邁入獸性的求生存領域，在此領域中，人類的倫理是弱肉強食的，因此他說：「人與人之間是豺狼（Homo homini lupus）」[142]

---

141 參見鄔昆如：《倫理學》，（台北：五南圖書出版公司，1993年4月），PP.15、16。

142 見Hobbes: *De Cive*，引自鄔昆如：《西洋哲學史》，（台北：國立編譯館，1991年），P.395。

人為了求生存必然會走向弱肉強食之途，人類不斷的生存，也就不斷的施展暴力，而這一切無非是為保存自己。霍氏更認為：人的一切都是唯物的，思維作用基本上是物質運動，理性作用也是物質作用，人的一切也必然受制於物質的機械原理約束，所以人類絲毫沒有自由可言，僅能依自然界的物理法則行事。人的先天本性亦和自然界一樣弱肉強食，是性惡的，是利己主義，有利於自己的生存就是善，不利於自己的生存就是惡，沒有天理、正義可言。而所謂的倫理道德並不是來自上天，而是來自社會權威以及人類的理性智慧，也即是大家共同努力，使自己的想法和風俗習慣和法律能夠融合。[143]

霍布士對人性本惡的主張，乃從人類進化到物種階段時，那種自然屬性之弱肉強食，物競天擇的求生本能中，去探討人性，完全忽視人類已從物種階段進化到人類階段，並跳離物種之性的藩籬。人類已不再遵循弱肉強食，物競天擇的法則前進，取而代之的是互助合作，相互扶持，共謀全人類的福祉。

人性如白紙的主張者洛克認為：人類心靈有如白紙（tabula rasa），本來一無所有，一切心中觀念的產生不外來自經驗。所謂經驗，可分為感覺（sensation）與反省（reflection），感覺觀念即是感官與外界事物性質直接接觸

---

[143] 同註141，PP.51、52。

之後，第一度在心中刻印而成的外官觀念，諸如白馬觀念，硬板觀念等。至於反省觀念，則為心靈的種種作用所構成的內官觀念，譬如記憶、注意、意欲等。[144]由之，一切觀念的形成，是先藉由感官與外界事物的接觸以形成感覺，後經由反省作用以形成對這些事物的感覺產生信賴或記憶、意欲等經驗，把這一些經驗刻印在心靈上就會形成觀念，善惡的觀念亦是如此形成。故人性猶如一張白紙，並無所謂的善惡，後來之有善惡的觀念，乃因經驗的關係。可見，洛克亦是主張人類的先天本性並無善惡，善惡是由後天環境所造成的。他又以經驗得來的快樂和痛苦作為分別善惡的尺度，也就是倫理的標準，而倫理標準應超過個人感受，以眾人感受前提。

洛克這種人性如白紙的主張，純粹從社會屬性由經驗所獲得的倫理觀來論人性的無善無惡，但他卻完全忽視自然屬性的本能與欲望等作用，雖與告子主張相同，然洛氏就無告氏對人性的深入。

主張性善說的盧梭則認為：「人類天生是善良的。」[145]人類之所以有惡乃被社會文明所污染。故想要了解人類不能只研究現代的人，而應該研究最初自然形成的人究竟是

---

144 參見傅偉勳：《西洋哲學史》，（台北：三民書局，1990年），P.333。

145 見盧梭：《論人類不平等的起源和基礎》中譯本，（北京：中國商務印書館，1982年），P.159。

什麼樣子。人類在社會環境中，由於發生千百種原因，使人變了質，已無法看到原來的面目。所以必須研究沒有被社會文明污染過之自然狀態的人才會正確。他說：「我覺得人類的各種知識中最有用而又最不完備的，就是關於人的知識。」[146]盧氏認為沒有被文明污染過的人，是遵從良心之指導與支配，不僅具有自我保存的要求和自愛的本性，且對同類又有同情和憐憫心。他說：

> 我相信在這裏可以看出兩個先於理性而存在的原理：一個原理使我們熱烈地關切我們的幸福和我們自己的保存；另一個原理使我們在看到任何有感覺的生物，主要是我們的同類遭受滅亡或痛苦的時候，會感到一種天然的憎惡。我們的精神活動能夠使這兩個原理協調並且配合起來。[147]

一切規則正是在這兩個原理之協調和配合下產生出來。在他看來：

> 人是生而自由的。這種人所共有的自由，乃是人性的產物。人性的首要法則，是要維護自身的生存，人性的首要關懷，是對於其自身所應有的關懷；而且，一個人一旦達到有理智的年齡，可以自行判斷

---

146 見盧梭：《論人類不平等的起源和基礎》中譯本，（北京：中國商務印書館，1982年），P.62。

147 同前註，P.67。

> 維護自己生存的適當方法時，他就從這時候起成為自己的主人。[148]

自由就是人類與禽獸之根本區別，禽獸的自我保存活動是受本能所支配，而人類的自我保存活動則是自由自主的。他說：「在禽獸的動作中，自然支配一切，而人則以自由主動者的資格參與其本身的動作。禽獸根據本能決定取捨，而人則通過自由行為決定取捨。」[149]因此，人類區別於禽獸的主要特點，與其說是理性，不如說是人自由主動者的資格，而人類能意識到這種自由，才顯示出他精神的靈性。至於同情心與憐憫心是人類最普遍的、最有益的一種自然美德，誠如他說：

> 憐憫心是一種自然的情感。正是這種情感，使我們不加思索的去救援我們所見到的受苦的人。正是這種情感，在自然狀態中代替著法律、風俗和道德，而且這種情感還有一個優點，就是沒有一個人企圖抗拒它那溫柔的聲音。[150]

縱觀盧氏的人性論，其性善之說係建立在原始人類渾渾噩噩的基礎上，文明社會之進步對人類本性而言，卻變

---

148 見盧梭：《社會契約論》中譯本，（北京：中國商務印書館，1980年），PP.8、9。

149 見盧梭：《論人類不平等的起源和基礎》中譯本，（北京：中國商務印書館，1982年），P.82。

150 同前註，PP.102、103。

成是一種退步，因它破壞人類原有自由、平等的幸福狀態，此實相互矛盾。蓋進步乃是大勢所趨之自然演變的現象，連上帝也無從阻擋，如果可阻擋，也許不會有人類的出現。而研究人性更不能像盧氏所謂的只研究原始人類，而忽視文明人類，這樣的結果將只是片斷的人性而非全面，當然也看不到社會屬性之另一面。

亦主張性善論的康德，在他的道德哲學中，善與至善是具有獨特之位置。基本上康氏將善視為格律（maxim），是依義務而行的，而義務必須透過道德責任（moral obligation）的約制下，由吾人之意志表現在一個具有普遍律則的行為上。這個律則之普遍性只能是客觀的原則，才具有意義與合法性，而這義務的定義與合法性是建立在定然的律令（categorical imperative）之上，康德說：「你只依一個格律來行事，而你是同時認可這格律是一個普遍的律則。」[151]由之，吾人便可視那些具有絕對普遍性的定然律令為決定一個格律是不是道德的標準。因此，普遍律則的善也就是道德的善，故在康氏看來依義務而履行的便是善的。在從普遍的律則方面來說，道德的善是客觀的，意志的善則是主觀的，意志之所以是善，並不是由於它會引致好的結果，而是由於它自身的意願，意願選擇理性所視為必然的道德之義務。這一主觀基礎可以顯示於道德善的

151 引見吳汝鈞：〈康德論善與最高善〉，載於《鵝湖月刊》第一七卷第六期，1991年，P.46。

意識之內在性中。關於這種意識，康德說：

> 要展示平常的人的理性如何，好好地知道怎樣分別什麼是善，什麼是劣，和什麼是與義務相符順，什麼是不與義務相符順，是容易的。那些有關每一個人都有責任去作因而也去知的知識，都是內在於每一個人所能達到（的範圍中）的，即使他是最平凡的人。[152]

這種知善知劣，盡義務與不盡義務之意識是人人都有的，是先驗的（a priori）知識。康氏並認為，人由於先驗的具有道德之善的意識，因而自然會順道德的方向來行事，故據此主張性善之說。

至於最高的善，康德則認為是道德與幸福的結合，他說：

> 可以見到，(作為最高善的第一條件的)至上善是道德；而幸福雖然實際上構成最高善的第二個要素，它作為道德上被限定的東西，只能被視為道德的必然結果才有意義。[153]

康氏的至善係建立在道德與幸福兩個要素上，道德為

---

152 引見吳汝鈞：〈康德論善與最高善〉，載於《鵝湖月刊》第一七卷第六期，1991 年，P.47。

153 同前註，P.48。

第一要素是先行的、根本的；幸福則是次要的，吾人離開道德，便無處安立幸福。由此可見，康德的幸福是建立在道德基礎上，結合成最高的善，道德純精神性；而幸福則涉及欲望、性向的滿足。吾人生命之存在，有理性的導向，也有感性的欲求，理性的導向歸道德，感性的欲求歸幸福，兩者相結合構成吾人最高的至善。[154]

由此觀之，康氏性善的人性論，係建築在吾人具有先驗的道德意識為前提上，此一前提之基礎不穩，後面的論據將隨之而垮。然依康德所說：「這種我們稱為『道德的』的卓越的善，早已具在於順這法則的說法而行的人中。我們不必先由效果方面去尋找這種善。」[155]康氏之先驗的道德知識，是否為吾人與生俱來，不無疑問。如前所論，人類是進化而來，其社會屬性之道德知識亦是吾人在求生過程中，與環境交互作用而形成，絕不是如康氏所謂的與生俱來。

主張性惡論的叔本華認為：世界的一切都是罪惡的、痛苦的，即使是意志也一樣，它本身就表示需要，它想要的總遠於它所能達到的。有一個願望滿足，就會有十個願望不遂，欲望無窮，供給有盡。他說：

---

[154] 同註152，PP.46~49。

[155] 引見吳汝鈞：〈康德論善與最高善〉，載於《鵝湖月刊》第一七卷第六期，1991年，P.47。

> 這好像投給一個乞丐的銅元，給他今天過活，好叫他的痛苦延長到明天。當意識中充塞著意志，當置身於一叢欲望及其常伴的希望和恐懼之中，當委身於要什麼，我們絕不能有持久的幸福或安寧。[156]

人生是罪惡，因為〝貧乏和痛苦才容一個人休息下來，無聊（ennui）又馬上緊跟著，他不得不再轉而他向。〞[157]受更多的苦。即使社會主義的烏托邦果達到了，依舊還有無數罪惡留著，因為有的罪惡如爭鬥是生命的根本；假使一切罪惡都除去，爭鬥也通通結束了，那將煩悶起來同痛苦一樣的難堪。〝所以人生像一個鐘擺，在痛苦與無聊之間擺來擺去。自從人將一切痛苦酷刑化作一個地獄的觀念之後，所留剩給天堂的無他，只有無聊了。〞[158]生命是罪惡，因為生命即戰爭，自然界中在可見到奮鬥、競爭、衝突，以及一種勝與敗交替的自殺，個個種族為爭奪其他種族的物質、時間、空間而搏戰。他說：

> 生命通體的真相給我們看來一若有意打算好喚起這種深信，謂總共沒有什麼值得我們的奮鬥、努力、競爭，一切善的無非虛浮，世界無往不破產，生活

156 見威爾都蘭（Will Durant）著；楊蔭渭、楊蔭鴻合譯：《西方哲學史話》，（台北：河洛圖書出版社，1979年），P.377。

157 參見盧梭：《論人類不平等的起源和基礎》中譯本，（北京：中國商務印書館，1982年），P.378。

158 參見盧梭：《論人類不平等的起源和基礎》中譯本，（北京：中國商務印書館，1982年），PP.378、379。

> 是一件收入永不會抵過支出的行業。[159]

又說：

> 若要快樂，必如少年的無知，少年以為願欲和奮鬥乃是愉快，還沒有發覺欲望的力竭無饜，滿足的毫無結果，還不見到敗亡之不可倖免。[160]

基本上，叔氏之所以認為世界的一切都是罪惡的、痛苦的，乃因人性中之欲望無窮，以致爭奪、衝突相繼而起。吾人若要快樂，就要像少年之無知，不知欲望是無法滿足，不知有一個願望的滿足，將會有十個願望的不遂。叔氏這種罪惡、痛苦的人性論，實過於悲觀，人類自然屬性之本能欲望雖是無窮，然吾人是理性的動物，當知該取或不該取。只要能適當的滿足與節制，又何罪之有？

主張性善惡混論的羅素（Bertrand Russell, 1872-1970 A.D.）則認為：人性並非永遠不變，可用教育的方法令其改善，教育上多引用科學及其方法，會多少養成那種理智上的忠實態度，相信只限於掌握中的證據，就對這證據還常常存有戒心怕錯誤。有了這等方法，教育將證實其足以解除許多罪苦，甚至可將我們的子孫造就成新男女，有了新男女才會有新社會的出現。他說：

---

[159] 見威爾都蘭（Will Durant）著；楊蔭渭、楊蔭鴻合譯：《西方哲學史話》，（台北：河洛圖書出版社，1979年），P.382。

> 品性中屬於本能的部分極易陶冶的。這可從信仰、制度、物質環境、社會環境去改變。[161]

這是可以設想的。譬如，教育如範鑄人心，而使其愛慕藝術過於財富，如在文藝復興時代，且可自己立定目標，「決心去促進凡屬創造方面的，以減低集中於佔有方面的衝動和慾望。」[162]

羅氏雖未論及人性中，自然屬性和社會屬性的形成，然其主張人性的可塑性與杜威等之主張是一致的，尤其是藉由教育環境來創造出一個新的社會，更為筆者所認同。

---

160 同前註。

161 見威爾都蘭（Will Durant）著；楊蔭渭、楊蔭鴻合譯：《西方哲學史話》，（台北：河洛圖書出版社，1979 年），P.556。

162 同前註。

第三節　環境塑造說

據上述，所謂的〞人性〞，係指人類的共性，即人的自然屬性與社會屬性的統一。所謂自然屬性可稱為生物性，而社會屬性則可叫作文化性。人類與禽獸最大區別，就在於人類除自然屬性外，還具有社會屬性，而禽獸僅有自然屬性而已。因此，唯有兩者的統一，才能謂之人性，也才能看清全貌，方不至有偏執的現象。故本節將分為〞自然屬性的形成〞與〞社會屬性的形成〞，來論述人性是隨著適應環境塑造而成。

一、自然屬性的形成

朱子云：「天下無無性之物，蓋有此物，則有此性。」[163]《詩經》云：「有物有則。」[164]由之，萬物皆有性，一物一性，舟車有舟車之性，禽獸有禽獸之性，人有人性也。任何一種物，皆有其特殊的構造與機制，而這種構造與機制形成它獨自的特性，也限制它的功能。如車之構造與機制只能形成它在陸地跑的特性，限制它不能在水中行走或空中飛行，舟只能行於水而不能跑於陸。禽獸是用四隻腳爬行，而人類是用雙足走路，各有各的特性與限制，人類

163 見《朱子語錄・性理一篇》。

在進化過程中亦是如此。

人類自物質演化開始，以致進化成人類止，其性亦隨之演進，在物質階段有物質之性，不具生命，毫無知覺，但它具有化學變化的特性，故能在環境的擺佈下，機緣具足而發生〝生命〞。當物質演化成物種時，其性亦隨之形成物種之性，而脫離物質之性。物種具有生命和知覺，懂得如何去求生，如何去適應環境，不再是物質性的盲目，故物種具有〝求生本能〞的本性，飢而食，渴而飲，寒求暖，為生存不擇手段的特性。當物種演進成人類時，其求生本能的〝本性〞雖不變，但也產生社會屬性之〝道德觀念〞，並制約本性，使之符合社會群體生活的要求，也就是形成人類之性的人性，是〝物種本性〞與〝道德觀念〞的統一，而脫離物種之性。人類不僅具有生命和知覺，還具有理智，懂得互助合作與環境競爭，發明科技改造環境，不再像物質、物種階段的任由環境擺佈。更懂得制定一些遊戲規則來約束求生存時的和諧，諸如：領導階層、行為規範、家庭倫理等，故人類除求生的本能外，還具有理智的特性。所以，人類雖力不如獅牛，行不如犬馬，潛不如魚介，飛不如諸禽，卻能以兩足立足於四足之上而成萬物之靈，統率萬物，實因人有理智的關係。故荀子說：

水火有氣而無生，草木有生而無知，禽獸有知而無

164 見《詩經．大雅蒸民篇》。

義，人有氣有生有知亦且有義，故最為天下貴也。力不若牛，走不若馬，而牛馬為用何也？曰：〝人能群，彼不能群也〞人何以能群？曰：〝分〞。分何以能行？曰：〝義〞。故義以分則和，和則一，一則多力，多力則彊，彊則勝物。[165]

亞里士多德也說：

物質只有存在，植物有存在還有生命，動物有存在有生命還有感覺，人有存在有生命有感覺還有理性。[166]

舉例來說：氫（hydrogen（H））本身是無色、無臭、無味的，具有自燃性氣體的特性，是最簡單的化學元素，氫原子含有一個由帶一單位正電荷的質子構成的核和一個帶一單位負電荷並與這個核相聯繫的電子，很活潑，可以彼此結合成對，成雙原子氫分子（H_2）具有與其他元素產生化學變化的功能。[167]氧（oxygen（O））本身亦是無色、無臭、無味的，具有助燃性氣體的特性，是地殼中含量最多的元素，它除提供給動物氧氣外，亦具有與其他元素產

165 見《荀子・王制篇》。

166 引見周世輔：《中國哲學史》，（台北：三民書局，1990年），P.71。

167 參見廖瑞銘編：《大不列顛百科全書》第十二冊，（台北：丹青圖書公司，1987年），P.316氫條。

生化學變化的功能。[168]當兩個氫分子（H_2）和一個氧分子（O）因環境的作用而結合一起時，它們就會產生化學變化而成為水（water 化學式為 H_2O），其特性也由自燃與助燃的氣體特性，轉變為可滅火的液體特性，其功能也隨之改變。當環境的溫度降為零度以下時，水會結成冰，其特性又由液體特性，轉變為固體特性，其功能又完全的不同。當環境的溫度恢復原來時，它又會從冰還原成水，加熱到一百度以上時，就變成水蒸氣，其特性也從液體轉變為氣體，還可還原成原來的氫與氧，特性與功能亦可回復原來狀態。物質雖因環境而轉變成各種不同構造與機制，但仍不失其本質，也就是本性，故可還原，動植物雖各有其不同構造與機制，死後不也都化成土嗎？

然而，造成氣體之所以變成液體，液體之所以成為固體，固體之所以得以還原；物質之性而物種之性，物種之性而人類之性的動力因是什麼？那就是〝環境〞。如果沒有環境的作用，豈能造就出這麼神奇的世界。

二、社會屬性的形成

人類善惡觀念及行為規範等社會屬性的產生，起自於原始人類懂得集體狩獵開始。在這之前，物種皆單打獨鬥，

[168] 同前註，第十六冊，P.46氧條。

互相殘殺，勝者為王，敗者也為亡，毋需道德觀念或行為規範，牠們也不懂這些。但自人類產生理智後，即懂得以集體方式來與環境競爭，在生存上比個人有利時，具有團體組織的社會模式便出現，為了這個團體的共同利益與和諧，就必須建立領導階層，規範行為以及家庭倫理等，這是因環境的需要而產生。當魯賓遜漂流荒島時，他要這些作什麼呢？他盡可為所欲為，也不會有人說他錯。

雖然，有一些動物如：蜜蜂、螞蟻或猩猩等，在牠們生活裏也有社會組織的形態，但牠們只局限於雛形而已，並無社會屬性的道德良心，是非善惡，亦無人類社會具有文化性的成熟與健全。兩者之間的差異，就在於人類已進化到產生理智的階段，而猩猩等動物還沒有到達而已。在生物演進的歷程中，是緩慢而連續的，不會有突然冒出或截斷的現象，它反映在一個族群內統計頻率的變遷上，而不是突發的新模式。個體突變的特徵是直接的，有就是有，沒有就是沒有，但突變可能促成較大的變遷模式卻是複雜而且逐漸連續的。這是個人之所以說猩猩等動物還沒有到達理智階段的理由，我們不能直截了當的說，人類有理智而猩猩沒有，這顯然在人類由猩猩（猿類）演進而來的中間，截下一刀使之不連續。問題是人類既由猩猩演進而來，何以人類產生理智而猩猩沒有呢？這要從中新世的時候說起，在當時的猿類有一部分是朝人類的方向演進，另一部分是朝現代猿類的方向演進。這兩部分的演進速率並不相同，就像人類發明文字後，至今僅四千年之久，其進步之神速遠超過文字發明前至人類誕生後的二百萬年時間。猿類其中之一部分一旦踏上開往人類方向的列車後，與另一部分的距離，將會愈拉愈遠，以至今日的差異。

當人類在生物性的進化上產生理智後，其文化性的行為規範、家庭倫理等也隨之出現，個人行為符合當時的社會標準時，就會受到獎賞或鼓舞。反之，就會受到懲罰或責罵，於是慢慢形成了道德良心、善惡觀念。可見，人類社會屬性之善惡觀念是在產生理智後才能發生，是後天形成的，且會因不同環境、不同社會而有不同的善惡標準，也會隨著環境或社會變遷而改變。就如：在現代中國只允許一夫一妻，一夫多妻是不容許的，但在阿拉伯國家一夫多妻是很正常的事，沒人會說錯；在古代中國一夫可擁有三妻四妾是很平常的事，但現在就不行。

所謂理智，係指理性與智慧，智慧指聰明才智而言，而理性指能控制純動物性本能的衝動，以冷靜的態度分析利害關係，選擇最有利的條件而言。所謂有利的條件包含：小我的自我利益、大我的國家社會，甚至全人類的利益以及實現自我的理想等。人類除自然屬性的本能與理智外，還具有社會屬性的善惡觀念；禽獸除具有本能外，亦有智慧（當然不及人類），唯獨缺乏理性，故無從引發形成社會屬性的道德觀。由之，人類的社會屬性是依環境的需要而產生，也是由環境逐漸塑造而成。

綜上所述，我們得出之結論是：人性是自然屬性與社會屬性的統一，在人類的進化中，自然屬性是求生本能的〝本性〞雖不變，但也產生社會屬性之〝道德觀念〞，並制約本性，使之符合社會群體生活的要求，也就是形成人類之性的人性，是〝物種本性〞與〝道德觀念〞的統一；而社會屬性是依環境的需要而產生，並亦由環境逐漸塑造而成。故人性是由後天環境所塑造，具有〝可變性〞與〝可塑性〞，絕不是上帝的旨意或與生俱來如此。

此種見解，雖是筆者個人之愚見，然揆諸前哲思想，其可資佐證之高見，亦所在多有，謹敘述如下：

1.老子雖無明確談論人性問題，他的《道德經》亦未出現過一個性字，然他的人性論與宇宙論卻是融合為一的，他說：

> 道生之，德蓄之，物形之，勢成之。是以萬物莫不尊道而貴德。道之尊，德之貴，夫莫之命，而常自然。[169]

意思就是說，宇宙萬物皆依道生一，一生二，二生三，三生萬物的宇宙法則演進出來，由最初恍惚之無，逐漸往

[169] 見《老子道德經・第五十一章》。

萬物的方向凝結（德畜之），以致形成萬物（物形之），萬物形成之後需賴外在條件而成長（勢成之）。由此可知，萬物皆由道與德而來，亦由道與德流貫其中，表現於形，所以萬物莫不尊道而貴德，道與德為何這麼尊貴呢？因為它的創生是無意志，無目的，自自然然的。老子的道除作宇宙法則解，亦含宇宙本質之義，德除作凝結解釋外，亦可作大環境解釋（動力因），勢亦指外在環境而言。因此，可解釋為：道這個宇宙本質是隨著大環境（德）演進，由物質階段而物種階段而人類階段（物形之），並賴外在環境的條件而成長（勢成立）。在每一階段皆有每一階段的構造與機制以及所形成的特性，一物一性，萬物皆有性，但仍不失其本質，故說萬物皆由道與德流貫其中，表現於形。由之，老子也認為：人性是自自然然的隨由環境（德畜之）去塑造而成，所以他是性自然論者。

2.同為性自然論的莊子說：

> 泰初有無，無有無名。一之所起，有一而未形。物得以生謂之德，未形者有分。且然無間謂之命。留動而生物；物成生理，謂之形。形體保神，各有儀則，謂之性。[170]

莊子對人性問題的看法也與老子相同。

---

[170] 見《莊子・天地篇》。

3.集宋明理學之大成的王陽明亦認為：

> 性無定體，論亦無定體，有自本體上說者，有自發用上說者，有自源頭上說者，有自流弊處說者。總而言之，只是這個性，但所見有深淺爾。若執定一邊，便不是了。性之本體原是無善無惡的，發用上也原是可以為善，可以為不善的，其流弊也原是一定善一定惡的。[171]

周世輔教授以泉水為例，最能說明王氏之人性論，他舉例說：

A.所謂自本體上說，性原是無善無惡的，好比泉水尚未自山岩縫出來，無清濁利弊可言。

B.所謂自源頭上說，性是善的，好比泉水初出，清澄可愛，未雜任何污泥。

C.所謂自發用上說，性是可以為善，可以為不善的，好比引水灌溉可造成善，決堤淹沒人與物，可造成不善。

D.所謂從流弊上說，性是一定善一定惡的，如果把〝流弊〞改作〝結果〞看，則自最後結果言，灌溉的結果一定是善，淹沒人與物的結果，一定是惡。

---

171 見《陽明全書・傳習錄下》。

由之，人性原本無善無惡，就像物質演化之初，豈會有善惡，後來之形成有善有惡，全因環境造成，河川通暢，引水灌溉，有利民生，當然是善，河川阻塞，決堤淹沒人畜，有害民生，當然是惡。就像人類在進化過程中一樣，愈容易生存的環境，互相殘殺、暴力現象就愈少，愈不容易生存的環境，盜劫搶奪，暴力現象就會愈多，所以，人性之善惡實由環境造成。

4.支持人性是隨著環境進化而來的孫中山先生說：

> 人類初生之時，亦與禽獸無異，再經幾許萬年之進化，而始長成人性。

又說：

> 人類本從物種而來，其入於第三期之進化，為時尚淺，而一切物種遺傳之性，尚未能悉行化除也。然而人類自入文明之後，則天性所趨，已莫之為而為，莫之致而致，向於互助之原則，以求達人類進化之目的矣。人類進化的目的為何？即孔子所謂〝大道之行也，天下為公。〞[172]

孫先生的人性進化論是具有目的之必然性，達到世界

[172] 見孫中山：《孫文學說》，載於中國國民黨中央黨史史料編纂委員會編輯，《國父全集》第二集，（台北：中央文物供應社，1961年），P.44。

大同的神性是必然之結果，只是時間問題而已。

5.進化論的始祖達爾文，除對人類的生理構造提出進化說明外，亦對人類的道德屬性（moral qualities）有所解釋。他說：

> 道德屬性的發展是一個更加有趣的問題，其基礎建築在社會本能之上，在社會的本能這一名詞中含有家庭紐帶的意義。這等本能是高度複雜的，在低於人類的動物場合中，有進行某些一定活動的特別傾向；但其更重要的組成部分還是愛，以及明確的同情感。賦有社會本能的動物樂於彼此合群，彼此警告危險，以及用許多方法彼此互保和互助。這等本能並不擴展到同一物種的一切個體，而只擴展到同一群落的那些個體。由於這等本能對物種高度有利，所以牠們完全可能是通過自然選擇而被獲得的。[173]

又說：

> 社會性的動物局部地受到一種願望所驅使，這就是以一般方式對其同群成員進行幫助的願望，但更為普遍的是履行某些一定的行為，人類給予幫助的動

[173] 見達爾文（Darwin: *The descent of man and selection in relation to sex*）：《人類的由來及性選擇》，引自倉孝和：《自然科學史簡編》，（北京：北京出版社，1988年），P.689。

> 機同樣也發生了重大改變，它已不再單純是盲目的本能衝動了，而是大大地受到其同伙的稱讚或譴責的影響。由於所有的人都希望有自己的幸福，所以對行為和動機所給予的稱讚或譴責都是以他們能否導致幸福這一目的來決定的，由於幸福是公共利益的一個重要部分，所以最大幸福原理就會作為是非的基本穩妥標準而間接地發生作用。由於推理能力的進展以及經驗的獲得，就會察覺到某種一系列行為對個人性格以及公共利益所發生的更為遙遠的作用；於是自尊的美德就會放在輿論範圍之中而受到稱讚，反是者就要受到譴責。
>
> 一般認為道德官能比智力具有更高的價值，這種看法是正當的。人類的道德本性之所以能夠達到今天這樣的標準，部分是由於推理能力的進步，因而引起公正輿論的進步，特別是由於通過習性、範例、教育以及反省。他的同情心變得更加敏感而且廣泛普及。[174]

可見達氏除認為人類的生理構造是由進化而來外，亦主張人類的道德屬性（社會屬性）是通過自然環境的選擇而獲得，特別是通過習性、範例、教育、反省等以及受稱

---

[174] 見達爾文（Darwin: *The descent of man and selection in relation to sex*）：《人類的由來及性選擇》，引自倉孝和：《自然科學史簡編》，（北京：北京出版社，1988年），P.690。

讚的鼓舞或譴責的制約而更加廣泛普及。

6.主張性無善惡論的杜威認為：人性是可變的，因人類之經驗永遠前進，人性即由經驗之累積中逐漸形成，經驗即人類行為交互影響之歷程，人性即在此歷程中逐漸形成，並不是固定不變的。他又認為：人性是社會的產物，人類不僅是與自然環境發生交互作用之有機體，亦是生活於社會中之高等動物。一個人往往在繼承其社會團體的語言，同時就已經得到了道德，因人在本性上就是社會的產物，個人在社會中，養成了習慣，陶冶了思想，產生了道德觀念，所以人性和經驗相同，均在參加團體的活動中形成。除此之外，他還認為：人性之變化又與文化有關，人性的表現，必須通過文化及社會組織。文化並非一成不變，它常隨時代及環境之變遷，在內容上起很大變化，每一個國家社會的文化都在有形、無形的變動中，尤其是在戰亂時期或朝代遞嬗的時期，其文化的演變更大，人性受此影響也會不斷的改變。故他說：

> 任何衝動性，可依其與環境交互接觸之方式而組成任何心向，例如恐慌的本能就是一種衝動性，也可以成為怯懦，也可以成為謹慎，也可以使其尊重長上，恭敬同輩，也可以使其過度迷惘，憂慮懷疑。[175]

---

[175] 見杜威（John Dewey: *Human nature and conduct*）：《人性與行為》，引自高廣孚：《哲學概論》，（台北：五南圖書公司，1991年），PP.255、256。

由此可知，杜威亦認為人類的自然屬性與社會屬性，均是社會環境交互作用下的產物，道德觀之產生，乃是與環境接觸後才逐漸形成的，其表現出之善惡也會隨著環境的因素而改變。

綜上所論，人性的形成，實由於人類在進化過程中，不斷的與環境交互作用下，逐漸塑造而成，具有〝可塑性〞及〝可變性〞。它不僅會因不同的環境而有不同之標準，亦會隨著環境之變遷而改變，就是在個人之間也會因環境的因素而產生差異，以致它所表現出之善惡行為，也相當複雜，並無一致性。茲藉佛洛依德的〝本我〞（id）、〝自我〞（ego）與〝超我〞（superego），來說明一下這複雜的人性：

本我：係指自然屬性的本能欲望等。

自我：係指理性，具有調節本我與超我之間衝突的功能。

超我：係指社會屬性的社會標準，包含道德性與法律性。

舉例來說：吾人之本我因受饑餓的內驅力，而引起尋找食物之行為，看到路邊的攤販賣食物，本我即在饑餓的衝動下，拿起食物就想吃，但超我對本我說，這個食物是別人的，你不能吃。於是兩者發生衝突各不相讓。此時，自我就會出面協調，它先衡量當時環境的狀況，口袋有沒有錢，如果有錢，就拿錢來買，以滿足本我的欲望，亦符合超我的要求。如果沒錢，自我會請本我先忍一忍，回家再吃，或尋找其他方法，可符合雙方要求，這就是健全人格，也就是〝善〞。如果本我不聽從自我的勸告而硬著搶來吃，本能的需求欲望，強過理性，雖明知那是錯，然卻依舊去作，這就是不健全人格，也就是〝惡〞。再如：吾人之本我因受外界的誘因，在路上看到一位婀娜多姿的女孩，而引起愛慕追求之行為，想一親芳澤。但超我對本我說，不行！你已經結婚了，不能再追求這位女孩。於是兩者產生衝突，此時，自我就會出面協調，它經由衡量後，告訴本我，不能一親芳澤，不過你可多看她幾眼，過過癮，甚至作作白日夢也行，但絕不能有任何追求的行動。這就是〝善〞，反之就是〝惡〞。易言之，本我能聽從自我的協調，以符合超我要求者即是善；不聽從協調者則是惡。當然，惡之產生除本能將欲望強過理性外，亦有無知，不知那是惡及本能衝動，未經理性衡量者，皆易造成〝惡〞。

在人類的現階段中，本我聽從協調者有之，不聽從者亦有之，某些事情聽從協調，某些事情則不聽從，或有些時候聽，有些時候不聽者皆有，也就是有善者、有惡者，亦有善惡混者皆有，不一而足。因每一個人所稟受之遺傳成份與環境之塑造各不相同，以致有各式各樣的人性。

由此觀之，前哲對人性的看法，不管是性善、性惡、無善惡抑是性善惡混、有善有惡者，皆沒有錯，各從不同角度，不同立場、方法或斷面（指某一段時間內）、片面（指某一區域或族群）去看人性，所得之結果，的確是如此，只是各人所看到的，僅是人性中之一隅而已，非人性的全面。故歷二千多年來的人性之爭，實屬無謂。

第五章

人性與環境、行為的關係

我們既認為人性係由環境塑造而成，那人性與環境自有其密切關係，而人性的善惡又需藉由行為表現，方能識得，可見人性、環境、行為三者必有其相互的因果循環。故本章將分成：一為人性與環境的關係、二為人性與行為的關係、三為環境與行為的關係等三方面來加以探討，並嘗試建立三者互動的架構理論。

第一節　人性與環境的關係

人類自物質階段開始，即隨著時間的長流，受環境之主導，而展開他的演進史；人類自呱呱墮地後，也必須生活在環境中，去展開他的生命之旅，人性當然亦不例外的要與環境接觸，受環境的影響。因此，本節將從自然環境、社會環境以及文化環境中來探究人性與環境的關係：

一、自然環境

所謂〝自然環境〞，係指氣候、地貌、大氣、陽光、水、土壤、岩石、生物界等綜合體。它是人類賴以生存的物質基礎和必備的條件，會隨著人類進化和社會活動的不斷影響下，慢慢改變，而這種改變在空間上會逐漸擴大，在時間上也會不斷加深，所以今日的自然環境與原始的自然環境相差甚遠。然在這些變化當中，自然環境對人類產生了什麼樣的影響呢？

古希臘時期的亞里士多德就認為：北方地區寒冷，各民族性格是精力充足，富於熱忱，但大都絀於技巧而缺少理解；亞洲氣候炎熱，各民族擅於機巧，深於理解，但精神卑弱，熱忱不足，故常屈從於人而為臣民，甚至淪為奴隸；希臘在地理位置上因處於兩大陸之間，其秉性也兼有兩者的品質，他們既有熱忱，也有理智，精神健旺，所以能永保自由，對於政治也得到高度發展，倘使各種性格一旦能夠統一於政體之內，他們也就能治理世上其他民族了，這是首次較有系統闡述自然環境對人類的影響。

法國著名的政治哲學家孟德斯鳩（Joseph-Francois Montesquieu, 1689-1775 A.D.）也強調自然環境對民族、政治、宗教方面的決定性作用。例如：在民族性格方面，他認為炎熱國家的人民就像老頭子一樣怯懦；寒冷國家的人民則像青年人一樣勇敢。在政治制度方面，他認為生長在氣候炎熱的人，身體容易疲憊，沒有勇氣，所以奴性重，通常為專制主義所籠罩；生長在寒帶的人；體質和精神較能從事長久、艱苦、宏偉和勇敢的活動，保持政治自由，所以歐洲多民主政治。在宗教方面，他認為寒帶使人有自由獨立精神，熱帶使人有順從性格，所以北歐盛行新教，西歐盛行天主教，印度產生佛教，伊斯蘭教則出現於亞洲。

在其後不久，德國著名哲學家黑格爾亦認為世界上有三種自然環境：1.乾燥的高地，同廣闊的草原和平原；2.平原流域，是巨川、大江所流過的地方；3.和海洋相連的海岸區域。從蒙古經阿拉伯到北非的沙漠地區，居民過著游牧生活，他們好客和掠奪成性，往往侵擾周圍文明國土，過著無法律制度和家長制的生活；在平原流域，四大文明古國所在地，居民依靠農業，被束縛在土地上，捲入無窮依賴，性情守舊、呆板、孤僻，過著君主制生活；大海卻需要冒險精神、勇氣和智慧，居住在海岸區域的人們從事工商業，過著民主制生活。

世界著名生物學家達爾文也提出了：〝適者生存〞、〝自然選擇〞等概念來闡明人類進化與自然環境的關係。

德國著名的地理學家拉采爾，亦提出人類是自身環境的產物，他認為：人類的活動、發育以及前途都在無情地受著環境的控制，他和動植物沒有什麼兩樣。所以他稱國家是屬於土地的有機體；環境以盲目的殘酷性統治著人類的命運，因此一個民族必須居住於命定的土地上，受了定律的支配，而老死於斯。

美國地理學家辛普爾（Semple Ellen Churchill, 1863-1932 A.D.）繼承其師拉采爾的學說，把人當作地球表面的產物，把地球當作人類生活的場所，環境條件必然對其產生影響。她認為：人類歷史上的重大事件是特定自然環境造成的，即人的內因與環境的外因；人類對征服自然的道路叫得響亮，而自然卻如此持久的靜靜影響著人類，從而在人類發展的等式中地理因素被忽視了。她並把自然環境對人類及人類社會的影響分為四類：

1.生理的影響：她承認人的生理特徵在人類進化中必然受環境條件的影響，但她認為地理學家在研究環境對生理影響的機制方面，不應在生理學家……作出深入研究之前就匆匆下結論。

2.精神的影響：她認為這種反映在語言、文學、宗教和氣質等方面的環境影響不是直接的、而是間接的，環境主要通過人們的經濟和社會生活影響人們更高級的精神生活。

3.經濟和社會的影響：她認為人類正是在與大自然的鬥爭中組織起來，同時也正是這種鬥爭促進了科學和文明的發展。她說：人類產生於熱帶，而成長於溫帶；熱帶有豐盛的物質滿足人類的基本要求，因而它像一個娛姆，使人類永遠是一個兒童，而溫帶則提供了人類自我發展的可能性。

4.對人口遷移、分布以及文化傳播的影響：她用環境的吸引力及環境對交通條件的通達性來分析這方面的影響與後果。

但法國的地理學家維達爾·白蘭士，卻不同意環境決定論者認為自然環境對人類發展，具有決定性影響的見解。他認為：自然環境對社會發展等方面的影響，只是提供了各種可能性，而人類在創造他們居住地的時候，則是按照他們的需要、願望和能力來利用這種可能性，也就是說環境包含著許多可能性，它們的被利用，實現哪種可能性，則完全取決於人類的選擇能力。

他的學生白呂納，更進一步發揮並傳播其思想，把維達爾之〝人類的選擇能力〞解釋為來自〝心理因素〞，認為心理因素是地理事實的源泉，是人類與自然的媒介和一切行為的指導者。他說：心理因素是隨不同社會和時代而變遷的，人們可以按心理的動力在同一自然環境內不斷創造出不同的人生事實來，因此，自然是固定的，人文是無定的，而兩者之間的關係常隨時代而變化。

不滿白蘭士師徒所提倡〝環境可能論或稱環境或然論〞的英國羅士培和美國巴羅斯，則另提出一種〝環境適應論〞。它既意味著自然環境對人類活動的控制，也意味著人類社會對環境利用的可能性，地理學是研究人類對自然環境的反應，〝論述人與自然和生物環境的相互影響〞。

第二次世界大戰後，科學技術的發展使得人類在利用自然環境、改善自然環境方面有很大成就，在這種條件下，人們對〝環境決定論〞的觀點除了指責之外，更加不屑一顧。但是，隨著〝征服自然〞、〝改造自然〞聲中出現之〝倫敦的煙霧〞、〝洛杉磯的光化學煙霧〞、〝日本的水俁病〞、〝北歐的酸雨〞等一連串事件，使人們意識到環境並不是毫無影響與作用的，也想到了過去批判環境決定論中存在的問題。

故從五十年代開始所產生的種種問題，使人們不得不重新考慮對環境的態度及人類與自然環境的關係，為此，聯合國於一九七二年六月在斯德哥爾摩召開了人類環境會議，並發表了〝人類環境宣言〞，號召各國政府和人民重視環境問題。宣言提到：〝為了在自然獲得自由，人類必須運用知識，同自然取得協調，以便建設更好的環境。〞其中談到人類與自然的〝協調〞。一九八〇年八月在東京召開的第二十四屆國際地理大會，主席懷斯教授在開幕詞中指出：〝如何去和諧自然環境和人類文化生活的關係，已成為國際地理學界所面臨的主要任務。〞這樣，〝協調論〞、〝和諧論〞便成為新的〝人類與自然觀〞，同時也為許多人所接受。[1]

以上是前哲對於人類與自然環境之間關係所提出的看法，姑且不論他們之環境決定論、環境或然論、環境適應論或是環境協調論、和諧論等的爭辯。總的來說，自然環境對人類發展的影響主要有三方面：

---

1 參見王恩涌：〈人地關係的思想〉，載於黃楠森主編：《北京大學學報》第一期，（北京大學出版社哲學社會科學版（雙月刊），1992年），PP.82~85。

1.生理構造方面：

人類自物質階段開始，即受自然環境的擺佈，隨著時間作盲目的演化。進入物種階段時，雖已有生命，懂得如何改變自己去適應環境，以產生生理構造上的進化，但仍由自然環境所主導，物種也只能與環境作物競天擇的演進。進入人類階段後，人類除懂得如何去適應自然環境外，亦有能力改造自然環境來適應人類，自此，自然環境即不再主導人類，人類便在這種自然環境與人為改造過的環境（如：社會環境、文化環境等）的交互作用下，逐漸發展。生理構造便產生適應性的變化，且各種不同的自然環境，會產生各種不同的變化，以致變成今日形形色色的生物界，人類也由最初的單細胞，演變到今日人體具有二兆之多的細胞，分別構成各部分的器官。法國動物學家居維葉（Baron Cuvier Georges, 1769-1832 A.D.）就曾說：「各器官功能與構造上的特點，則是與環境交互影響的結果。」[2]

2.精神、性格方面：

人類進入物種階段時，是一個弱肉強食，物競天擇的時期，物種個體需單打獨鬥的與自然環境或同類間的搏鬥，生存不易，又無能力改造這種求生困難的環境。因此，便逐漸形成非常強烈且具攻擊性的求生意志，為生存而不

[2] 引見廖瑞銘主編：《大不列顛百科全書》第七冊，（台北：丹青圖書公司，1987年），P.458居維葉條。

擇手段的求生本能，凡生物皆有此特性。所以，人類在物種階段，除生理構造隨環境演進外，亦因環境因素而產生自然屬性之求生本能。當進入人類階段後，人類已知道用團體力量與自然環境競爭，要比個體的單打獨鬥來得容易多，進而知道如何的利用自然、控制自然、改造自然，使人類在求生上大大的改善，不再像物種階段時，每天為尋找食物而奔波，他們會有很多空閒的時間來思考，作自己想作的事。也為使這個團體能和睦共處，便建立領導階層、行為規範、家庭倫理等，於是慢慢形成道德觀念，生存已不再是唯一的目的，還會去追求實現自我的理想。所以，人類在這個階段時，除生理構造與自然屬性外，同時也產生社會屬性，隨著自然環境與人為環境的交互作用下逐漸發展。

由於社會屬性產生於自然環境與人為環境的交互作用下，以致其形成因素複雜，它所表現出的精神、性格方面也顯得相當分岐。在不同的自然環境會有不同的性格精神，就如我們經驗中的事項：天氣炎熱，使人脾氣急躁，不耐煩，精神頹喪，懶洋洋，尤其是涼風徐徐而來，更讓人想入夢鄉；天氣適中，使人冷靜，精神爽，作事積極；天氣寒冷，使人不易衝動，性格平穩等。在不同的社會或文化背景，社會屬性也會有不同的表象，就如每個國家、每個民族或不同的地域，在道德觀上也不盡相同。即使是在同一環境裏，人與人之間也會有所差異，這除了環境因素外，有一部分是牽涉到遺傳問題。科學家雖認為影響人格發展的主要原因來自遺傳與環境，但遺傳基因的形成，亦是人類祖先代代在環境的作用下逐漸發展而來，其主要還是環境的因素。故前哲所謂的：勇敢、怯懦、呆板、孤僻、智慧、好客或是掠奪成性等社會屬性，都是在自然環境與人為環境的交互作用下形成的。

3.社會、文化方面：

自然環境為提供社會物質生活的基礎和必要的條件，所以它與社會、文化方面有一定的關係與影響，尤其是在人類有能力改造自然環境及創造社會環境和文化環境時，其關係與影響就更加的複雜與深遠，且往往會受多種因素的相互制約（mutual conditioning）互為因果的現象。就如：古埃及的文明，由於馴化小麥對栽種條件的要求與自然環境所提供的條件（尼羅河下游定期氾濫形成的水文條件，氾濫造成的泥沙淤積所帶來的土壤養分條件，地形所提供有利的灌溉條件），兩者的結合為農業生產創造了豐產與高效率，這不能不說是對其燦爛文明古國之出現提供了決定性影響；再者，埃及東、西兩邊的沙漠，北面三角洲上的沼澤，南面的瀑布與沙漠形成的封閉環境，對埃及避免早期歷史的外族入侵，保證其王朝穩定發展則有決定性作用。

相比之下，巴比倫的古文明卻沒有這種有利的環境條件，成為各方戰爭之地，不斷遭受外族入侵，王朝經常更替，缺少安定的發展條件。這就是兩個不同的自然環境，對其社會、文化所產生不同結果的影響。

在現代，就拿海灣國家來說，原來由於沙漠環境，他們不能不依靠游牧為生，經濟比較落後，人民生活比較困難。當科技發達而發現其地下埋藏著豐富的石油資源後，其國家的經濟狀況發生根本性的變化，它們擺脫了貧窮和落後，一躍而成為富裕的國家，與周圍沒有石油資源的阿拉伯國家相比，經濟和社會情況截然不同，這也是自然環境另一決定性影響的實例。[3]

二、社會環境

所謂〝社會環境〞，係指家庭、學校、團體、鄉村、都市、國家、經濟、教育、政治等綜合體。它起自於原始人類懂得互助合作，團體狩獵的時候，為使團體間能行動一致發揮力量及和睦相處，於是語言、領導階層、行為規範、家庭組織、族群組織等一一出現，社會模式也逐漸形成。隨著時間的演進，環境間的交互影響，這個社會環境也趨向健全。

社會環境出現後，對於人類的生存發展，產生很大的

[3] 參見王恩涌：〈人地關係的思想〉，載於黃楠森主編：《北京大學學報》第一期，（北京大學出版社哲學社會科學版（雙月刊），1992年），PP.86、87。

意義，它除供給人類生活安定，求生容易外，更提供人類一個學習的環境，可輕易習得祖先一切的求生技能等文化遺產，以致發展出今日的文明。人類自此依賴它的程度也日益深遠，其食、衣、住、行、育、樂，樣樣都得靠社會分工合作，社會環境提供。故人類一出生便不能離開社會而獨活，即使能生存下來也跟人猿泰山一樣，與禽獸沒有什麼區別，就是成人離開了社會，跑進與社會隔絕的深山，他是否能活下去還是一個問題呢？誠如行為主義大師史基納所說的：

> 沒有社會環境的話，一個人根本是封閉的，就像所謂被狼養大的小孩或像在早年一種有利的境遇下即能夠獨立生活的孩子一般。一個自誕生即開始孤獨的人將不會有言語行為，不會自覺到自己是一個人，不會擁有治理自己的技巧，並且面對環繞在他周圍的世界，他將只擁有那些在短短的一生中，從非社會性續發後果中得到的簡陋的技術。在但丁的地獄裏，他將遭受那些〝活著沒有譴責也沒有讚美〞的人所受的特別痛楚，像那些〝為了自己而活的天使〞一般，因為他們自己幾乎什麼都不是。那些經常被提及以顯示個人自由的價值的偉大的個人主義者，其成功要歸功於早期的社會環境。魯賓遜的非出於志願的個人主義和梭羅的出於志願的個人主義顯然都要歸功於社會。如果魯賓遜在嬰兒時期就漂

> 流到荒島上，如果梭羅從小就在華爾登湖岸邊自個兒長大，他們的故事就將是另一回事了。[4]

由此可知，人類依賴社會環境之深，社會環境影響人類之大，可見一斑。人性中的善惡觀念，亦隨著社會環境的形成而發生，原始人類為使社會和諧，訂定出一些行為規範、家庭倫理等來約束個體行為，凡服從社會所訂的行為規範者，則給予獎勵、鼓舞，違反者則給予懲罰、責備。久而久之，漸漸形成觀念，而這種社會屬性的道德觀，便會深深刻印在人類的心靈上，成為文化的一部分代代流傳下來。所以，人類從社會環境所習得的文化遺產中，亦包括了是非善惡的道德觀，而這種道德觀並非固定不變，會隨著不同朝代或不同社會環境而轉變。也就是杜威所認為的，人類之觀念並非固定不變，在應付環境問題時，常被改造以適合有利之情況，因觀念之重造，而思想之性質必因之改造，此種作用即杜氏所謂的反省。故他說：

> 反省包括將各種觀念加以過目，將其揀出，彼此加以比較，再選擇可結合兩種力量於其本身之一個，尋求新觀點，發展新建議；猜測提示，選擇及拒絕。問題愈大，則所懷疑之震撼、所生之混亂及不確定亦愈大。而『純粹思想』(mere thinking) 之歷程，

---

4 見史基納（Burrhus Fredric Skinner）著、文榮光譯：《行為主義的烏托邦》，（台北：志文出版社，1990年），PP.131、132。

亦愈延長及重要。[5]

易言之，人性中之道德觀，決定於社會環境如何的教育，在透過自身的學習與反省，以產生適應當時社會情境的觀念。

茲將有關論述觀念之形成的派別說明如下，並印證筆者上述之觀點：

1.上帝論（God theory）：

此派學者主張：人類的觀念是先天的，是理智直接從上帝處獲得，其主要代表者有：馬勒伯朗士（Nicolas Malebranche, 1638-1715 A.D.）等。馬氏認為：我們在上帝身上看到一切事物，如果人與上帝之間沒有聯繫的話，則人類既不可能認識內心世界，也不可能認識外部世界。無論是物體位置的改變，還是一個人思想的變化並不是直接由物體或個人本身造成的，而是直接由上帝造成的。人們通常稱為〝原因〞的東西只不過是上帝為了造成後果而製造的〝偶然的誘因〞。

至於感覺，他認為感性經驗只有一種實用價值，作為取得知識的輔助手段，感性經驗是靠不住的，因為他們並不提供真正的證據來證明所覺察的事物的實際性質，只有

[5] 引見高廣孚：《杜威教育思想》，（台北：水牛圖書公司，1991年），P.61。

觀念才是人類思想過程的對象，上帝的精神或理性包含人們所能發現的全部真理觀念。上帝在思索了人們只部分地認識而上帝能完全認識的同樣觀念之後便創造了世界。[6]

2.理性主義（rationalism）：

此派學者主張：人類的觀念是先天的，是理智與生俱來就存在，並非由後天環境中獲得。其主要代表者有：笛卡兒、蘇比諾莎等。笛氏認為：人類賦有兩種心靈：一為智力，是被動的，一切感覺、想像、構想均為智力（知覺）的表現；一為意志，是主動的，凡欲、惡、然、否、懷疑等，則為意志的方式。智力認識對象而發生變化，此等由對象所生之變化或形式，稱為〝觀念〞。觀念有三種：A.人造觀念，如希臘神話中的神駝及馬獅鷹等是，前者為半人半馬之怪物；後者為半馬半獅鷹之怪物，皆由人憑一己之幻想虛擬而成。B.偶生觀念，如色、聲、香、味等是，乃外物之刺激，經由感官而入於意識，然後生出之觀念。C.先天觀念（innate ideas），如數學幾何學中之真理即是，乃與生俱來之觀念，不能由感官而得，此種觀念即是理性。

所謂先天觀念，包括上帝觀念、心靈觀念、物體（本體）觀念、以及種種的數理觀念，只有先天觀念，方為一

[6] 參見廖瑞銘主編：《大不列顛百科全書》第十冊，（台北：丹青圖書公司，1987年），P.63馬勒伯朗士條。

切知識的標準。[7]蘇氏認為：真理是天賦的，經驗不能產生觀念，心靈中包括著存在（being）、本體（substance）、單一（unity）、一致（identity）、原因（cause）、知覺（perception）、推理（reasoning）、量（quantity）等範疇。人心絕不像一塊平滑無紋的大理石，可以造成各種塑像；卻像一塊具有特殊紋理，適宜於造成某一個人之型像的大理石。先天觀念的完成，雖賴外界經驗始能引起，但就其傾向而言，是與生俱來的。故觀念為人心所固有，絕非外來的，由感官所知覺者，都是事物之現象，由理性而認知者，才是清晰的觀念。[8]

3.經驗主義（empiricism）：

此派學者主張：人類的觀念是理智透過印象而得，印象再透過感官，感官則透過外物而得感覺，簡言之，觀念不是先天的，它是理智從經驗中獲得。其主要代表者有：洛克、穆勒等。洛氏認為：在吾人心靈中原無思辨的和實踐的原理，如果有的話，我們可能早已用探求其他真理之方式，而獲得這種原理了。如果在吾人心靈中生而即有這些原理的話，為什麼未受教育的兒童和野蠻人的心靈中沒有這些先天觀念呢？道德律則不能稱為先天的，因為它們

---

[7] 參見高廣孚：《哲學概論》，（台北：五南圖書公司，1991年），PP.95、96。

[8] 參見高廣孚：《哲學概論》，（台北：五南圖書公司，1991 年），PP.98、99。

不是自明的或被普遍認識的（universally recognized），不能強迫人去實踐。笛卡兒認為上帝的觀念是先天的，但各原始部落民族並沒有上帝的觀念和知識，對於上帝沒有什麼印象。

此外，如火、太陽、熱和數等觀念，也不能證明它們有先天的基礎。簡言之，觀念和原理像藝術和科學一樣，有很少的先天成分。人類初生時的心靈有如一張白紙，既無各種特性，亦無任何觀念，一切的知識以經驗為基礎，自經驗中來。觀念的來源有二：一為感覺，稱外感官；一為反省，稱內感官。前者以感覺材料給予心靈；後者從知覺、思考、懷疑、相信、推理、知、欲等活動中，將許多觀念給予了心靈。人類心靈的基本能力，就是接受印象的理智能力（intellects ability），或以感官接受外界物體，或自其本身之活動而反省。[9]穆氏認為：一切知識均從經驗中歸納而得，數學也不例外，數的法則（the law of number）是觀察了許多事物之後，而從量的方面考慮加以類化而來的。知識的材料只是感覺，我們不能知道物自體，我們對於外界繼續存在的物體，要求心理的解釋，不必訴諸形而上學的思辨，去求與感覺對立的實在本質。我看到在桌子上有一張白紙，離開屋子而沒有看到它時，希望那張白紙還留在那裏，當我回來時又可看到它，但當看到那張紙時，在我心中只是一組感覺。我們認知某些外在的事物時，就

[9] 同前註，P.105。

可有許多感覺，此即我們真正了解物質（matter）的原因，物質就是感覺持久的可能性（the permanent possibility of sensations）。[10]

4.批判主義（criticism）：

此派學者主張：感覺的能力，在於接受印象，使之成為可感覺性的觀念；理智的作用，在綜合直覺觀念，而加以判斷、推理，以增加人類的知識。其主要代表者有：康德等。康氏認為：人的認識能力可分為：覺性、悟性和理性三種：

A.覺性（sensibilitas）：人的認識，第一步來自感覺，而感覺的認識，是來自外界事物的印象（impression），再加上兩種先天的格式：空間與時間，此種認識是直覺性的（intuition），人五官所接觸到的事物，皆是伴隨著時空而呈現出外物形態與現象，不是外物的本體真相。

B.悟性（intellectus）：悟性是判斷的能力，其內涵是感覺認識所呈現的現象，作為悟性認識的物質對象，藉悟性的先天形式，以構成判斷，悟性的先天格式，名為〝範疇（categoria）〞。

C.理性（ratio）：此理性是就理性的功能所形成之綜

[10] 參見高廣孚：《哲學概論》，（台北：五南圖書公司，1991年），PP.116、117。

合判斷，理性的綜合判斷是感覺所得的材料，藉悟性的範疇所形成的。故理性能藉著感覺形成事物的綜合判斷，因為知識的形成，是先由直觀形式的時空，得到感官作用；以悟性的範疇，界定思想的形式；理性再藉感官得來的實質，依思想的形式，加工作綜合。[11]

5.實驗主義（experimentalism）：

此派學者主張：在知識發展的歷程中，理性和經驗是互相關懷和依賴的兩種因素，不是各自獨立互不相關的東西。很明顯的，此派係在謀求解決理性派與經驗派互相對立的困難和衝突。其主要代表者有：詹姆士（William James, 1842-1910 A.D.）、杜威等。他們認為：知識的起源，由於困難問題的發生。在日常生活中，吾人常遇到許多問題，當一個問題來到面前，我們便運用思想，以求解決的途徑，這樣便產生了知識的問題。換句話說，知識起源於思想發生的階段，在解決問題的時候，一方面就憑著思想，也就是觀念；一方面要憑藉著經驗。觀念審視目前的情境和困難的性質，便組織過去的經驗，使成為有系統的方法，以用於解決問題，問題解決了，便證明知識的真實；問題不能解決，再從而探求其中的原因，改造經驗，再求解決。故自思想的發生，到問題的解決，中間是一個活動和實踐

---

[11] 參見張振東：《西洋哲學導論》，（台北：臺灣學生書局，1989年），PP.179~182。

的歷程，連接觀念和經驗的是行動。無觀念，則不能運用經驗，無經驗，觀念則無所憑藉。就解決問題的整個歷程來看，觀念（理性）和經驗是互相依賴的，而不是彼此衝突的。

詹氏曾舉了一個例子說，一個人在回家途中，遇到兩條叉路，在他沒有決定走那條路之前，不曉得那條是對的。這時他有兩個可能的行動計畫，一條路是對的，另一條路是錯的。根據這個例子，我們知道在這個人選擇決定之前，他一定先運用他的思考，對當時的情境詳細的加以觀察和研判，供給觀察研判和決定最後方針的資料，則是經驗。所以詹姆士不僅認為〝實在〞應由經驗決定之，就是〝經驗〞也應憑著本身的條件來決定，故一切取決於經驗自身，不必求之於超經驗的本體，或先天的綜合意識。他不但承認一切可經驗的才是實在的，而且亦認為〝意識〞也不是經驗外的實體，只是許多經驗中的一種聯結關係而已。而杜氏把知識看作生物應付環境以圖生存的工具，理性和經驗在生物與環境交互作用之中則互相連接，互相倚畀，而共同完成適應的活動。譬如一個河蚌在水中張開外殼等候食物時，一粒沙子塞進牠的肉裏，不能弄出，於是便感到痛楚，為了解除痛苦，便時常分泌液汁以包圍這顆沙粒，積年累月，遂成了一顆珍珠。真知好比珍珠，在沒有用以解決困難問題之前，不能證明它的真實性。杜威視經驗為解決事件的手段，以經驗的繼續重組和改造看成是教育的作用。前面的經驗指導後來的經驗；而後來的經驗則可促起以往經驗的改造，經驗的這些性質，就是使知識豐富和增加的原因。[12]

以上即為各派之主張，然各派之論點皆有其所長亦有其所短，理性主義者認為觀念來自理性，是與生俱來與經驗毫無關係，理性的知識自身完備，無所不包，生而即有之自明之理（axiom）無待外求。人類若真的生而即知，無待社會環境的教育與學習，是否也意謂剛出生的嬰兒，就應什麼都懂，可能嗎？

經驗主義者則認為觀念、知識來自經驗而非理性，一切知識皆由感官的知覺而生，人心一切的內容，均為感官所賦與，完全否定心靈的活動。但若真的一切知識皆來自經驗，無理性之作用，試問經驗主義者們，當您們完成這洋洋灑灑一大篇的經驗論時，是否其中每一個論點皆為經驗中的事項，無待思維、推理或舉一而反三。

為解決理性主義與經驗主義兩者極端的偏執，於是出現了融合雙方優點的批判主義與實驗主義兩派，既承認理性的作用，又不否定經驗的功能。批判主義認為觀念、知識的構成，一方面須賴感官和知覺，另一方面要靠思維和悟性，認知始於感官經驗的獲得，以經驗為知識的材料，

[12] 參見高廣孚：《哲學概論》，（台北：五南圖書公司，1991年），PP.137~139。

然後由先驗的悟性範疇陶鑄而為有效的知識。但此種論點亦受到很多的非議，美國哲學家威爾杜蘭（Will Durant, 1885-1981 A.D.）就曾批評他說：譬如地球每年環繞太陽而行的橢圓形軌道，只能由我們〝心靈〞來表述，確與知覺無關；大西洋中深藍的海水，並不因拜倫而掀起波濤，無論在他生前死後，都是照樣洶湧著。至於時間，吾人如從事物的先後意義，或測量的動作方面來看，時間固有其主觀性；但無論吾人曾否觀察或測量一棵樹的生長經過，這棵樹照樣會變得衰老、枯萎乃至腐朽。這樣說來，時、空之主觀性則大成問題了。

斯賓塞批評他時亦認為：範疇附屬於個體，不過仍是由種族保留下來的特性；他甚至懷疑範疇是先天所得的，稱範疇可能是思想的常軌，知覺和概念的習慣，由感覺和知覺逐漸形成。而這感覺和知覺都能自動排列成序，從散漫的狀態，經過一番分類形式的自然淘汰，變成整齊，可以適應一切，並且含有啟示的作用。把各種感覺組成知覺，以及把各種知覺組成概念，都依賴我們的記憶，但我們所記憶的事物，是由經驗而增加的。故康德認為先天〝心靈〞之單一性，實際上是後天所得，而且並非每個人都有；〝心靈〞的單一性，可以獲得，也可以喪失，患了健忘症和精神病的人就沒有。總而言之，概念是造成的，不是天生的。[13]

---

[13] 參見高廣孚：《哲學概論》，（台北：五南圖書公司，1991年），PP.136、137。

而實驗主義則認為觀念、知識的獲得，來自於理性與經驗的交互作用下，連接理性和經驗的是行動，此為在解決問題時成了知識（觀念）之互相依賴不可缺少的要素。由之，實驗主義雖與批判主義同為試圖解決理性主義與經驗主義之間的衝突，然實驗主義實比批判主義高明得多了，且易於了解。實驗主義者重視行中求知，賦予知識以行動性，將知識看成是活的東西，不像理性主義者和經驗主義者，只把知識視為死寂和靜態的東西，容易使人誤解，尤其是兩者極端的偏執，更不可取。知識既然是活的東西，所以才能繼續的改造、重組、而發生自身更新的歷程。

杜威的見解：經驗是人類和環境積極交涉的結果，經驗是觀念重造的歷程，理性根據觀念來指導行動而產生新的經驗，新經驗的累積又會重造出新的觀念。此最為筆者所贊同，人類善惡的道德觀念，也是在這樣的交互作用下產生或改變。至於上帝論所主張觀念是先天的，是理智直接從上帝處獲得。筆者則持一貫態度，不予置評。

三、文化環境

所謂〝文化環境〞，係指語言、道德、宗教、藝術、法律、科學、哲學、風俗習慣等綜合體。它是人類在進化過程中，由野蠻而至文明，其努力所得之成績，是人類運用智慧創造出來的具體事物和抽象道理。具體事物如日常生活所用的物品、工具、語言、文字和常識等；抽象道理如哲學、科學、宗教、道德等。人類便藉由社會環境的教育，習得祖先的文化遺產，而代代流傳下去並逐漸擴充豐富之。

〝文化〞（culture）一詞，英國人類學家泰洛（Edward Burnett Taylor, 1832-1917 A.D.）曾有這樣的界說：

> 文化從廣義來講，是一個包括人在社會中所習得的知識、信仰、美術、道德、法律、風俗以及任何其他能力與習慣的整體。[14]

由此可知，文化乃是一部人類求生存的奮鬥史，是經驗累積的結晶，亦是人類精神生活與物質生活的依據。人類在求生存的過程中，會不斷的遭遇問題，不斷的解決問題，不僅要適應自然，且要利用自然、控制自然、改造自然，以增進人類的福祉。在這求生存的過程當中，人類將會習得一切求生存的能力，並把這個能力代代流傳下來，且不斷的在創新中，這便是〝文化遺產〞。

龍冠海曾指出文化環境對人類社會的主要功能有：

1.文化是社會區別的標誌：

一個民族的特徵，文化所表明的比人類皮膚的顏色或任何其他生理現象所表明的更為有意義，也比地域或政治疆界更能反映一個社會與眾不同的性質。

---

[14] 引見蔡文輝：《社會學》，（台北：三民書局，1991年），P.91。

2.文化使一個社會的價值更加有系統化：

經由文化，人們發現社會與個人生活的意義和目的，個人了解文化愈徹底，他愈明白它是生活計畫的一個總體；在文化中及經由文化、意義與價值乃成為整合的東西。

3.文化對社會團體的團結提供一個最重要的基礎：

愛國心、愛民族的表現在事實上，至少是對自己文化特點的一種欣賞。

4.文化對社會結構供給材料與藍圖：

它使社會行為系統化，使個人參與社會不必時常重新學習和發明作事的方法。

5.文化是建立與模塑社會人格方面的主要因素：

文化影響社會個人的人格，也經由社會化而一代代相傳下去。[15]

文化環境既對人類社會有那麼多重要的功能，那麼社會與社會之間自然也不會有完全不同的文化模式。人類有幾乎相同的生理與心理性質，因此在某些方面，會共同享有類似的文化，可是因為每一個社會對它們處理方式的不

[15] 參見龍冠海：《社會學》，（台北：三民書局，1989年），PP.149、150。

同，也就有不同的文化。學者們稱這些類似的文化特質為〝文化的普遍性〞（cultural universals）。而這種文化特質幾乎每一個社會都有，但是至於怎樣實施，則社會與社會之間常常是不同的。舉例來說，好客的對人態度每個社會都有，但實際上好客的方式，則大有所異。愛斯基摩人（Eskimo）有時以妻子來陪侍客人為好客之道，中國人則常常是請吃東西為好客之道。又如打招呼，東方人以握手方式，西方人則以相互擁抱的方式，各不盡相同。

所以，不同的社會會有不同的文化，而不同的文化環境也會造就出不同的社會以及不同的人性，即使在相同的文化環境裏，其對人類的影響程度，也會因人而異，如文盲、小學生、中學生、碩博士等，或哲學家、科學家、宗教家等不同人才，當然亦有個人不同的人性表現。

經上所述，我們所得出的結論是：自然環境提供人類生存的依據；社會環境提供人類學習的場所；文化環境提供人類發展的機會。無自然環境，人類無以生存，一切就免談；無社會環境，人類無以學習，就像人猿泰山；無文化環境，人類無以發展，至今依舊會停留在野蠻時代。由此可知，環境對人類生存以及發展的重要性，其環境的好壞對人類亦有決定性的影響，尤其是人性。三者之間，任何一方的改變，將直接牽動另外二方的變化，而構成一交互作用，相互影響的現象，人性也隨之轉變。當然這種轉變並非短時間可成，而是歷經長時間的連續，逐漸塑造而成的。

舉個例來說：文化環境有如原料（知識、觀念等的內容），社會環境有如工廠（學習場所），產品有如人性。產品的好壞決定於原料與工廠，劣質的原料，再好的工廠，也製造不出好的產品；優質的原料，碰上不好的工廠，其製出產品的好，亦是有限；好原料加上好工廠，自可製出上等的產品，當然還需自然環境提供動力的配合才能完成。故三者缺一不可，任何一方的不足，均會影響產品的好壞，而產品的好壞，又會影響其市場銷售及財源問題，財源問題對原料的採購和工廠的設備等又具有決定性的影響。

由之，人性與環境的關係，係建立在環境塑造了人性上，而人性的善或惡所感染蔚成之風氣，又將影響環境的形成，誠如俗語說：〝近朱者赤、近墨者黑。〞兩者間便發生交互影響現象，任何一方的改變，將使另一方也產生變化。

第二節 人性與行為的關係

人性雖由環境逐漸塑造而成，然其所塑造的善惡僅是人類的內部活動而已，還需藉由行為表現出其外部活動，方能觀察或測得其結果。雖然動機論者一再強調，行為的善惡，應取決於動機為何，如果是善意，其結果縱然是惡，他仍然是善。但動機係屬個體的內部活動，根本無法觀察或測量，如何得知其善惡，作奸犯科之人有誰會承認其動機為惡呢？所以，國家社會如以此作為衡量善惡之標準，將會陷於混亂。而若僅止於動機而已，並無行為表現，那即使動機再惡，亦不會對人類社會產生危害或違反社會標準，這又豈能謂之惡呢？結果論者則持相反的意見，他們認為行為的善惡，應取決於可觀察或測量的外部活動來衡量其善惡，強調行為的結果。但如果僅以結果論善惡，而忽視動機，那天下將無人敢作善事，因一件事情從動機以致到結果，其中之過程，有太多不是行為人所能掌控的變數，往往動機與結果是不一樣的。舉個例來說：

有一個漁夫撈了很多蛤及田螺，路上碰到一個乞丐，就分給他一些蛤及田螺，乞丐回家後就把蛤和田螺一起煮來吃，結果中毒死亡[16]（蛤和田螺一起煮會產生中毒，漁夫並不知情），法官就將漁夫判刑坐牢。所以，如果好人沒

---

[16] 案根據傳統農民曆之食物相剋圖，蛤和田螺一起煮會產生中毒。

好報，反而要坐牢，那誰還敢當好人呢？可見動機論者與結果論者皆有所偏執。

筆者認為，人類個體行為的內部活動與外部活動，有其交互的作用影響，內部活動（動機）指引外部活動（外顯行為），而產生行為結果。雖有些時候會發生動機與結果不一致的現象，然若沒有動機自無結果的產生，兩者之間息息相關，交互影響，動機實施產生結果，結果會影響下次的動機。故衡量行為的善惡，除重視行為的結果外，亦需考慮其動機為何？這也是世界絕大部分國家的法律，對犯罪份子在量刑時，非常重視其動機如何？故意或過失，兩者的刑期相差甚大。

目前研究人類行為如何發生的理論，大致上有如下之主張：

一、理性論（rationalism）：

理性論者主張：人類是理性的，人類在選擇目標及決定行動時都非常理智，每個人所選擇的目標決定了他行動方向；人類可以對各種目標或行為作選擇，但選擇的好壞須視個人智慧及教育程度而定，假使個人有足夠的知識，他自然會作最佳的選擇。並強調人皆有〝自由意志〞（free will），個人必須對他的行為負完全責任；人類不會受限於環境，理性是人類行為的決定要素。簡言之，理性論者以理性、自由意志等概念來說明人類行為的產生。代表者有：柏拉圖等。

二、機械論（mechanism）：

機械論者認為：人沒有自由意志可言，如同機器一般，人是被動的有機體，人的行為是由一些物理規則或力量所決定，人的行為是可被預測的。代表者有：笛卡兒、休謨（David Hume, 1711-1776 A.D.）等。

三、本能論（instinct theory）：

本能論者認為：某些行為傾向（propensity）是遺傳的、本能的，且對任何種族或年齡的人而言，皆有共同的特徵。本能包含三方面：

1.選擇性的知覺某些刺激之一種傾向（如一個饑餓的人，比較會知覺到食物，而較不會知覺到其他東西）。

2.在知覺某對象（object）時，會經驗到一種相對應的興奮情緒（此為本能的根源）。

3.促動一種傾向以尋求某一目標。換言之，某些行動或對象，天生的就會引起一種興奮情緒，此興奮情緒遂促使個體產生朝向該目標之活動，這些目標導引的現象稱之為本能或傾向，或稱為動機。代表者有：麥克道格（William Mc Dougall, 1908-1932〔1871-1938〕A.D.）等。

四、驅力論（drive theory）或稱需求論（need theory）：

當有機體的身體或組織，其生理上的匱乏愈多，所產生需求就愈強烈，而相對應的驅力（即激發狀態）也就愈強。為了解除這種驅力，有機體必須作出或進行某些行為（如尋找食物）來滿足需求。驅力概念是以恆定作用（homeostasis）的原則為基礎，例如，我們可把饑及渴視為恆定機制，因為它們可以激起行為，使血液的某些物質恢復平衡。從恆定作用的觀點看，所謂需求是指各種生理的不平衡，或是偏離最適況的狀態，相對於此的心理部分，即為驅力。當生理不平衡產生，驅力即提高，當有機體作出某些活動，而使得生理恢復平衡時，驅力即降低，而有機體的活動也就停止。然而此種驅力的減除，具有強化作用（reinforcement），亦即有機體作出某些活動的反應受到強化，當有機體生理再度失衡時（即產生需求），驅力因此而增高，有機體則會繼續作出與以往相同或相似的活動或行為。代表者有：霍爾（Clark Leonard Hull, 1884-1952 A.D.）等。

五、誘因論（*incentive theory*）：

誘因論者認為：誘因是指環境中的事物或狀況，它具有使有機體達到一種激發狀態，導引有機體趨向誘因或逃離誘因的兩種功能。一般而言，有機體會趨向正性誘因（positive incentive），而逃避負性誘因（negative incentive）。例如，對口渴的動物來說，水是正性誘因；至於會引起痛苦或傷害的事或情境，則是負性誘因。代表者有：史本斯（Kenneth Wartinbee Spence, 1907-1967 A.D.）等。[17]

六、潛意識論（*unconscious theory*）：

潛意識論者認為：一個人在他的成長過程中，有一些行為是不被環境社會所接受而受到壓抑，尤其是兒童時期的性及攻擊衝動被父母所禁止，於是壓抑成潛意識動機（unconscious motive）。個體行為會不知不覺的受這個潛意識動機所支配，就像有時我們無心說錯話，寫錯字或無心的小動作等，即受潛意識的影響而發生。代表者有：佛洛依德、艾力遜等。

---

[17] 參見瞿海源：《社會心理學新論》，（台北：巨流圖書公司，1991年），PP.342~346。

以上即是各派對行為發生的主張，然人類行為錯綜複雜，並非任何一派理論所能盡釋，我們同意理性論者所說的，人類有理性，懂得有所為有所不為，但不是每件事情均能按理性的方式去作，如果吾人行為事事都能依理性，那今日就不會有層出不窮的社會問題。人類若如機械論者或本能論者所說的，根本無自由意志可言，一切行為都是物理規則所決定或受本能所支配，那何以自古以來，有那麼多英雄豪傑，捨生取義，殺身成仁，子曰：「無求生以害仁，有殺身以成仁。」[18]孟子曰：「生，亦我所欲也，義，亦我所欲也。二者不可得兼，舍生而取義者也。」[19]人類若如驅力論所說，一切行為的發生，皆來自個體內在需求的驅力使然，但在吾人經驗中的事項，經常有肚子已吃飽，卻因桌上有一盤好菜而想再吃的念頭，這也就是俗語說的：〝肚子飽，眼睛未飽。〞的現象。所以，引發行為的產生，並非僅有內在需求的驅力而已，外界環境的誘因是不可忽視的。人類若如誘因論者所說的，一切行為的發生，皆來自外界環境的誘因所致，那吾人在青春期時，在生理上會有一股強烈的性需求，又當何解釋？人類若如潛意識論者所說的，有一些行為不被環境社會接受而受到壓抑成潛意識，在不知不覺中支配個體行為，但被壓抑的行為畢竟是極為少數，如何說明吾人錯綜複雜之行為呢？可見任

[18] 見《論語・衛靈公篇》。

[19] 見《孟子・告子篇》。

何一派的主張皆無法盡括人類所有的行為。如果我們把這些主張加以綜合歸納一下，將更有利於對人類行為的詮釋。

故總的來說，人類行為的發生主要決定於個人變因（personal variables）及環境變因（environmental variables），個人變因包含：個人現況（如：年齡、性別、智能、身體狀況、自我觀念、知識、經驗）以及動機等。環境變因包含：個人以外的任何人、事、物等或家庭、學校、社會、團體等或語言、文字、科學、哲學、道德、宗教等，任何可變的因素。在這些變因當中，以動機最為重要，所謂〝動機〞（motivation），係指一切發動、維持（意志）和引導行為的個體內部活動之總稱，亦是個體行為的動力因，也是行為的指針，它能使行為發動後，繼續朝向目標前進。而引發動機的原因，主要來自：

一、自發性：

1.驅力（drive）：例如饑餓驅力是因饑餓而產生的驅使力，能引發求食充饑的行為；性驅力是因性慾而產生的驅使力，能引發求愛的行為等。

2.學習意志（the will to learn）：學習意志是決心改變行為的意志，是改善行為、追求進步的動力。

3.情緒（emotion）：例如對失敗的懼怕會使我們避免失敗，因成功而感到高興會使我們繼續追求成功；喜歡的事物，就會想接近；討厭的事物，就想避開等。

4.自我實現（self-actualization）：例如個人的興趣、願望、理想等，吾人會因想要實現自己的理想或興趣，而引發追求的行為。

5.價值觀念（values idea）：例如財富、權力、名位等價值觀念或是真、善、美、忠、孝、節、義、誠實等道德觀念，皆會引發追求的行為。

6.潛意識（unconscious）：是指個體在不知不覺中，會有一些自己意識察覺不到的行為等。

二、被動性：

1.刺激與反應（stimulus and response）：係指個體受外界環境的刺激後，所採取應對的反應行為，例如人家請你吃東西，你會說謝謝；或是置身於一個新環境，或是看到一個新的事物，會有好奇、探索的行為等。

2.誘因（incentive）：例如報酬、榮譽、自由、愛情、權力、財富等，皆會引發追求的行為。

以上這麼多不同種類和不同性質的變因，皆足以決定或影響個體的行為，人類行為便在這些變因中交互作用、影響下產生。

所以，不管引發行為動機的原因是，〝今人乍見孺子將入於井〞之外界環境刺激，而產生〝皆有怵惕惻隱之心〞的被動性反應，或是〝今人之性，生而有好利焉〞的自發性去追求權力、名利。如果僅止於個體內部活動的動機，只是想想而已，這就沒有善或惡可言，當然也無從識得人性如何？故除引發動機外，還需進一步的指引個體外部活動而產生行為，有了行為的表象自可判定其善惡。但並不是引發什麼樣的動機，就會照著原動機去執行，動機是可變的，而且經常在變，影響動機的因素太多了，上述之任何一項變因，皆有可能使動機改變。

舉例來說：有一個人的個性非常暴躁，動不動就有發脾氣罵人的行為，尤其是對他的晚輩，但對其長輩他則不敢。這時，如果將他安排在與晚輩一起生活，就會助長其個性，因環境容許他的行為表現，對其行為具有強化作用，久而久之便養成習慣性。但如果將他安排在與長輩一起生活，則會削減其個性，因環境不容許他的行為表現。雖有引發他罵人的動機，然理智會判斷環境是否容許，當環境不容許時，自會改變其動機而憋在心裏，不敢發洩出來。對他的行為具有抑制作用（inhibition），久而久之也會變成習慣性，歷經數代之進化後，此個性將從其子孫中消失，人性的善惡亦是如此。

由之，人性與行為的關係，係建立在人性的善惡表現於行為上，而行為可制約（conditioning）人性的發展。

第三節 環境與行為的關係

人類自受精懷孕那一刻起，即與環境發生了關係，從母體期階段、幼稚期階段、青年期階段、成年期階段，以至到老年期階段，無不受環境的影響。個體行為也隨著生理成長而不斷的發展，由簡單而複雜、由粗略而精細、由分立而調和、由分化而統整等多面的變化。

影響或支配人類行為發展的因素很多，但概括性來說，不外乎遺傳、環境、成熟及學習四方面。在這四大因素中，心理學家認為遺傳與環境是影響行為發展的主要因素，然在這四大因素中，其實都與環境脫離不了關係。遺傳基因的形成，如前所述是人類世世代代與環境交互作用下形成的；成熟亦是在環境下完成；學習與環境的關係就更為密切，個體從小到大，無不由社會環境提供學習場所，使他能順利由家庭走到團體，走到社會，甚至世界，從學習中完成社會性行為，同時也由文化環境提供學習的內容，薰陶我們的人格，以完成一健全的社會人（social mans）。所以，筆者認為影響行為發展的主要關鍵在於環境，它對人類行為具有決定性的影響。

目前研究人類行為如何在環境中發展的主張很多，最主要的有五派學說：

一、神經生物論（nerve biological theory）：

神經生物論者認為：原則上，所有的心理現象都以腦部、神經系統的活動與體內其他系統的連合表現出來的。他們嘗試用體內發生的事件，特別是腦部和神經系統的活動，來解釋人類行為，其意在採用生物神經過程，來探討如思維與情緒等可觀察（外顯）的行為及心理現象。例如，一個採用這種方法的心理學家，當他研究有關學習的現象時，對學習一件新工作所造成神經系統的變化，會特別感到興趣。腦部的活動、人類的行為及人類的感覺、感受之間，有著十分密切的關係。用輕微電流刺激腦部深處的特定部位，可以使動物及人類產生恐懼及生氣等情緒反應。用電流刺激人腦的某些部分，可產生痛苦及歡愉的感覺，甚且清楚的憶起已往的情景。[20]

二、行為論（behavior theory）：

行為論者對行為發展的主張，主要建立在三個學習原理上：

---

[20] 參見西爾格德（Ernes R.Hilgard ect）等著；張東峰、鄭伯壎合譯；楊國樞、張春興合編：《心理學》，（台北：桂冠圖書公司，1989年），PP.4、5。

1.古典制約（classical conditioning）：

經由此一學習過程，可使任何新的刺激，皆能引發原始的或固有的反應，用以解釋及預測人類行為。例如人類生來厭惡不愉快的經驗，喜愛愉快的經驗，喜愛或厭惡為非制約反應，愉快或不愉快的經驗為非制約刺激。一個人對於某人或某事，本無愛惡，如果某人或某事與愉快的經驗，相配出現至少一次或數次，則對某人或某事將產生喜愛。如某人或某事與不愉快的經驗聯在一起，則某人或某事即易引起厭惡的反應。

2.操作制約（operant conditioning）：

前述古典制約，限於學習新的不同的刺激，引起舊的原有的反應，如欲學習新的反應，則有賴操作制約。在操作制約中，個人必須對其環境中之人、事或物件加以操作（有所作為），以期達到某一目的（滿足其某種需要）。在此過程中，個人之操作行為或反應，乃是達到某一目的之手段或媒介。

在操作制約中有一不可缺少的因素，稱為強化，強化是對某種需求的滿足，能使人感覺愉快。具有強化功能之事物或刺激，稱為強化物（reinforcer），例如食物、注意、讚賞、感謝、榮譽、獎品、高分、美色、金錢等。凡經強化行為反應，不論善惡，皆有重複發生而變成習慣之可能。

3.觀察學習（observational learning）：

學習不僅根據前述古典制約和操作制約兩種模式進行，同時亦依〝觀察學習〞之模式進行。觀察學習有二面：一面為模示（modeling），另一面為模倣（imitation）；一面有模示者（the model），另一面亦有模倣者（imitator）。模倣者即觀察者與學習者，其觀察與學習之行為，亦即被模倣之行為。觀察學習與古典制約及操作制約之學習，有一重要區別，即觀察學習可以僅憑觀察而學會一種反應或行為，可以不必親身嘗試，故可稱為〝無試學習〞（no-trial learning）。換言之，觀察者或模倣者可對模示者的行為〝學而不為〞：僅有學習（learning）而無〝作為〞（performance）。例如眼見（直接觀察）或聽說（間接觀察）別人考試舞弊而學會舞弊的技巧，但自己無需親自嘗試舞弊。[21]

二、認知論（cognitive theory）：

認知論者認為：個體的行為是按其事先的設想與計畫，向預定目標進行的，個體除對自己所作所為了解之外，主要包括以下三個主體：

1.抱負水準（level of aspiration）：

---

[21] 參見呂俊甫：《發展心理與教育》，（台北：臺灣商務印書館，1991年），PP.13~19。

所謂〝抱負水準〞，是指個人從事某種實際工作之前，估計自己所能達到的成就目標，這個自定的目標，代表個人對自己的一種願望，與將來參與工作之後所得的實際成就未必相符。

2.認知失調（cognitive dissonance）：

從認知的觀點談行為，是指我們不但知道作什麼事，而且知道為什麼要作這件事。在多數情形下，我們內在的認知與外顯的行為是一致的，例如，我們知道黃皮的香蕉是熟的，所以我們吃它，綠皮的香蕉是生的，所以我們不吃它。但有時候認知與行為未必一致，甚至兩者衝突，這時候即稱為〝認知失調〞。

3.預期價值（expectancy-value）：

人類行為之所以有目標有方向，是因行為的背後有一個動機。因此，由動機促動的行為，也稱為〝目標導向行為〞（goal-directed behavior）或稱〝目標尋求行為〞（goal-seeking behavior）。〝目標〞一事，對人類言未必是眼前的事物，也未必是具體的事物，而且達到目標的手段也未必是直接的。在很多情形之下，個人可以犧牲現在的小目標以追求將來的大目標。

例如，為什麼有人願意花錢買一片不能生產的荒地而不把錢存在銀行裏生利息？為什麼每年有那麼多青年捨棄舒適安全的家庭生活而冒險犯難去國外留學？這些問題牽涉到個人對事物預期價值的判斷。[22]

三、心理分析論（Psychoanalytic theory）：

心理分析論者認為：人類的一切行為導源於〝性〞與〝攻擊〞兩種本能的衝動，〝性〞衝動乃人類的〝生之本能〞，是人類賴之以生存，賴之以生長的。在性驅力的支配之下，人類行為之發展有一定的模式，由口腔期而肛門期而性器期而潛伏期而兩性期，每一時期都是以性滿足為一切行為的動力。與生之本能相對的是〝死之本能〞，這個本能也就是人類生而具有的攻擊衝動。人類在幼稚期各階段行為的發展受性與攻擊兩種原始衝動所支配，所以在兒童的外顯行為中自然帶有很少與社會規範及人倫道德標準的行為在內。因而幼兒之行為時時遭到父母的管制，例如幼兒便溺時即獲得性的滿足，但父母對之視為生活習慣的養成，自幼就對他們隨時隨地便溺的行為嚴加管制。同理，父母對幼兒破壞物體甚至咬自己手指等行為，也是禁止的。如此，受性與攻擊兩種原始動機所促動的行為既不能隨意（意識的）表現獲得滿足，甚至此種動機，存在時會令人感到焦慮與緊張，因而被個人主動將意識的動機（conscious

---

[22] 參見張春興：《心理學》，（台北：臺灣東華書局，1985年），PP.426~430。

motive）壓抑而變成潛意識的動機。潛意識動機仍然是支配行為的內在力量。不過，潛意識動機支配的行為多是偽裝的，或是變形的。他們指出，潛意識動機所引起的行為，主要有三種形式：

1.作夢：個人在清醒時所不能由意識行為表現的慾望和衝動（性與攻擊），常在失去個人意識控制的睡夢中顯現。

2.口角溜言與潛意識的動作：個人潛伏的慾望或衝動，有時在意識行為的夾縫中，在個人暫時疏忽的情況下，從口語中〝溜〞了出來，或是從不經心的動作中表現出來，例如聽到自己厭惡的朋友遭遇災難時不自覺的喜形於色，即屬此種情形。

3.神經性徵狀：潛意識動機過度強烈時，可能使人形成變態行為，例如有的人無理由的過多次洗手，即屬此類變態行為之一。[23]

四、人本論（humanism）：

人本論又稱需求層次論（hierarchy of needs theory）。該派學者認為：人類的各種動機是彼此關連的，各種動機間關係的變化又與個體生長發展之社會環境具有密切的關

23 參見張春興：《心理學》，（台北：臺灣東華書局，1985年），PP.423~425。

係。他們強調，人類的所有行為係由〝需求〞（need）所引起，需求又有高低層次之分，人類的需求排列為五個層次，每當較低層次的需求因目的達到獲得滿足時，較高一層的需求將隨之而生。茲說明如下：

1.生理需求：人類需求中最基本者為生理的需求，生理需求所指者即飢餓、渴、性等生理性動機，此等需求，其普遍性大變化較少，是所有其他需求的基礎。生理需求獲得相當滿足後，才會產生上一層次的需求。

2.安全需求：個人需要免於威脅、免於孤獨、需求保障、免於別人侵犯，只有此一需求獲得滿足，個人生活才有安全感。

3.愛與隸屬需求：愛與隸屬需求是社會性的動機，在這方面包括親子之愛、異性之愛、同胞手足之愛，擴而大之鄰居親友的關懷、團體分子的接受與讚許等，只有此一需求獲得滿足，個人才有愛與被愛和隸屬團體的感受。

4.尊重需求：尊重需求包括〝人尊〞與〝自尊〞（self-esteem）兩方面，前者乃指別人對自己尊重（如注意、接受、承認、讚許、支持、擁護等），後者乃指個人對自己的尊重（如自信、自強、求成、領導、指揮等）。只有此一需求獲得滿足，個人才會體驗到生活的價值，至少覺得和別人一樣重要，甚至覺得比別人更重要。

5.自我實現需求：人類動機發展的最高層次乃自我實現需求，亦即人類具有一種自我導向的潛力（potential of self-direction），此種潛力隨個人的生長、發展並與環境交往而表現。對個人，由了解自己而接受自己而發揮了自己的才能，對人對事，盡了全力，負了責任。自我實現需求的滿足，乃是人生追求的最高境界，也是趨向真善美的理想境界。[24]

以上即是各派對行為發展的主張，每一派皆有每一派的理論，每一種理論也透過不同方式來預測行為、控制行為、進而改變行為。例如：在研究攻擊行為時，神經生物論者會著重於腦部機構如何控制行為上，並尋求藥物、外科手術等醫學方法來改變行為。行為論者可能會探討在什麼情況下，引起攻擊行為的刺激，並尋求改變外在環境，提供新的學習經驗來改變行為。認知論者可能會把目標集中在個體對某些事件的知覺方式及接受到不同的訊息時，其知覺是否會改變、如何改變上，並尋求改變外在環境，提供新的情況、新的訊息來改變行為。心理分析論者可能想找出兒童期的經驗，以幫助個體控制攻擊性行為，或以社會允許的方式發洩出來，並尋求導向一種可接受途徑的環境來改變行為。人本論者可能會找出那一種社會事件阻礙了個體的自我實現，助長了攻擊性，並尋求改善社會的

[24] 參見張春興：《心理學》，（台北：臺灣東華書局，1985年），PP.430~432。

本質，人際的關係，提供發展個人潛能的環境。

由此可知，環境與行為之間的關係密不可分，尤其是在行為發展上，更受環境所支配，改變環境即可相對應的讓行為發生變化，行為是否能在環境上得到充分發展，也會相對應影響到人性的形成。故英國社會學家歐文（Robert Owen, 1771-1858 A.D.）就曾指出：「環境造成個性，以及環境受到人的控制。」[25]塞爾德（Gilbert Seldes）也曾說：「人是環境的產物，如果你交換三十個南洲的小土人和三十個英國貴族小孩的環境，則為了一切習俗的目的，貴族將變成土人，而土人變成小保守主義者的人。」[26]所以，人性是否能得到充分發展，全在於環境是否容許行為充分的表現，易言之，環境可控制行為的表現，而吾人理智卻可指揮行為選擇或改造環境，讓行為得以充分發展。就如上所舉之例，他亦可選擇不跟長輩生活一起，而跟晚輩一起生活，至於能不能如其所願，則又是另一輪迴的變因之交互作用所決定。

由之，環境與行為的關係，係建立在環境可控制行為的表現上，而行為可改變環境讓其得到充分發展。

---

[25] 見史基納（Burrhus Fredric Skinner）著、文榮光譯：《行為主義的烏托邦》，（台北：志文出版社，1990年），P.187。

[26] 見史基納（Burrhus Fredric Skinner ）著、文榮光譯：《行為主義的烏托邦》，（台北：志文出版社，1990年），P.187。

綜上所論：人類行為錯綜複雜，從一個動機的引發，以致到行為的完成，其間之過程，環環相扣、交錯成網，互相制約，也交互影響，任何一個變因皆足以停止或改變其行為。其過程可以如圖（筆者自製）表示並說明之：

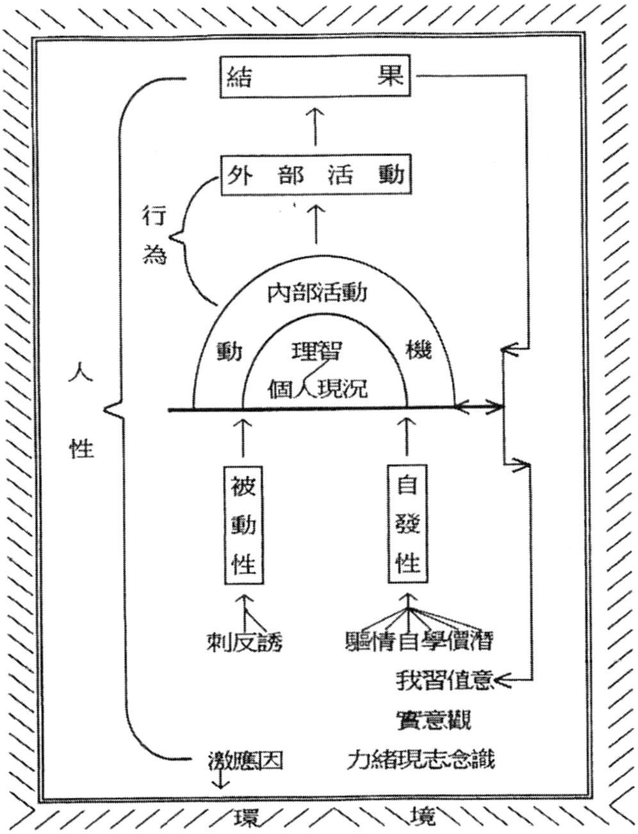

當個體的動機受被動性之環境刺激等或自發性之驅力等所引發後，即產生原始動機（primitive motive）的需求，經由理智依個人現況而加以判斷分析、選擇，以決定執行原動機或修正原動機。如果環境允許，則執行原動機，如果不允許則修正原動機，再不允許再修正（亦有先作嘗試，以取得經驗者），決定後即執行修正動機（revise motive），產生外部活動以得到行為結

果。如果結果是環境所允許或所讚賞的，則會具有強化作用；如果結果是環境所不允許或所責備的，則會具有壓抑作用，這些經驗將會輸入理智內以作為下次動機的參考。

如果引發的動機是被環境所禁止的，則會壓抑至潛意識內或經自我調適（self-accomodation）而作罷。原則上，動機服從理智的指揮，就會產生正當行為，也就是善；反之，則會產生偏差行為，也就是惡。故吾人論人性中的善或惡，筆者認為應以此作為論斷標準，同時還需具備對環境的適應性（adaptation），因不同環境有不同的社會標準。簡言之，〝人性的善惡〞即在於表現出其對環境的適應性，適應者謂之〝善〞，不適應者謂之〝惡〞。

由此，我們的結論是：環境塑造了人性，人性表現於行為；行為可改變環境，環境可控制行為；行為可制約人性，人性影響了環境。其三者互動的架構理論如圖（筆者自製）：

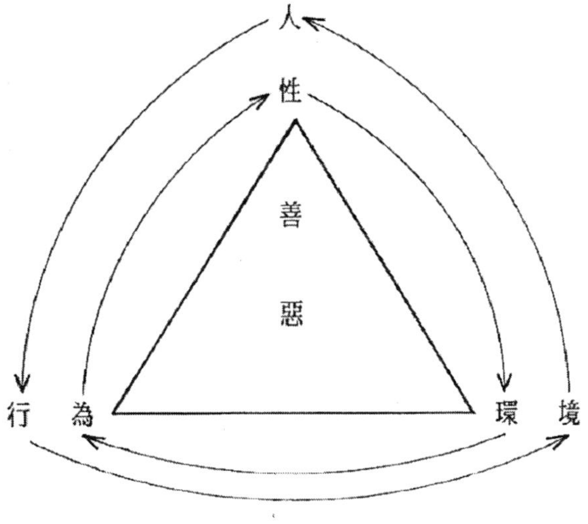

人性、環境、行為三者，任何一方的改變，皆會引起另外二方的互動變化。

控制一方，即可預測、控制或改變另外二方，其公式為：

H＝E／2＋B／2

其中：H 代表人性，E 代表環境，B 代表行為；決定人性者有環境、行為兩個因素，故各占一半除以二。以數字表示，一〇〇分為滿分代表極善（好）、〇分為最低分代表極惡（壞）；五〇分為善惡或好壞之分水嶺。當環境為六〇分、行為為六〇分時，所造就出人性為：

H＝60／2＋60／2，H＝60 分

當環境改善至八〇分時，其人性可得七〇分的結果。

以上即是筆者所欲嘗試建立之人性、環境、行為三者互動的架構理論。

第六章

人性的性私

人性的性私，乃因生存的需求所造成，是人類進化過程中的主軸，該主軸可以〝生存的需求〞、〝人性的慾望〞，以及〝人性的惻隱〞等三部分來說明：

第一節 生存的需求

當地球上的第一個單細胞生命體發生於海洋後，即本著以生存為目的作物競天擇的演進，歷經物質演化時期、物種演進時期，以及人類進化時期等三個階段。物質時期之演化是盲目性，無所謂朝好或壞的方向前進，是好是壞皆是〝或然率〞（Probability）的問題；然當物質演化成生物後，接著的進化則具有目的性（teleonomy），朝好的方向進行。所以，一般皆認為生物有趨向光明的天性，性善論者更認為人之本性趨向善，據此主張〝性善說〞。殊不知，植物之所以趨光（太陽），乃因他需要〝光合作用〞[1]才能生存；動物之所以趨光，乃因他陷入黑暗時，唯有光

1 光合作用也稱光能合成（photosynthesis），是很多植物、藻類和藍菌等生產者利用光能把水、二氧化碳或者硫化氫等無機物轉變成可以儲存化學能的有機物，如碳水化合物的生物過程；光合作用可分為產氧光合作用和不產氧光合作用兩類，而且並會因為不同環境改變反應速率；植物之所以稱為食物鏈的生產者，因為它們能夠透過光合作用利用無機物生產有機物並且貯存生物能，其能量轉換效率約為 6%。通過食用，食物鏈的消費者可以吸收到植物所貯存的能量，效率為 10%左右，對大多數生物來說，這個過程是賴以生存的關鍵；而地球上的碳氧循環，光合作用是其中最重要的一環。

明能讓他走出黑暗，生存才不受威脅，且陽光、空氣和水，是人類生存的三大必要條件。

可見，生物的進化朝好的方向進行，這裡所謂的好，是指朝向對自己生存有利的方向進行。而生物有趨向光明的天性，也是因對自己生存有利，此等皆建立在生存需求的私性上。尤其是人類進化到物種時，由於動物的生存條件沒有植物那麼好，植物因不能移動，各自有自己的食物範圍，且能穩定供應，無須爭奪。而動物的食物獲取，都必須靠自己去尋找，在尋找過程中，動物之間難免因食物而爭奪，有時找不到食物就必須忍受飢餓，故當食物獲得時，就不只是溫飽而已，還會希望越多越好，才會感到安心，以致產生慾望無窮的現象，該現象就是戰爭的起源。

人類戰爭的模式，隨著人類進化也發展出多種模式。從最早的本能撕殺、原始戰爭、刀箭戰爭、槍砲戰爭，以致現代戰爭，其死傷及範圍也越來越大，越來越恐怖。以現代戰爭中的核彈為例，第二次世界大戰之最後一年，也就是1945年美國分別在日本廣島、長崎投下原子彈，根據資料記載，廣島約有14萬人，長崎則約有7.4萬人，超過20萬人死於原爆，兩島全毀。這兩枚原子彈，爆炸威力分別相當於約1萬5000噸TNT炸藥和2萬噸TNT炸藥。而蘇聯在1961年於新地島（Novaya Zemlya）試爆〝沙皇炸彈（Tsar Bomba）〞，爆炸威力相當於5千萬噸TNT炸藥，被視為史上最強大的核武器，比原子彈的威力高出2千5百倍以上。

目前擁有核子武器的國家，分別是俄羅斯、美國、中華人民共和國、英國、法國、巴基斯坦、印度、朝鮮民主主義人民共和國、以色列等共約14,450枚核彈，只要300枚就能讓人類消失，地球全毀。曾任國際原子能機構總幹事，埃及・埃爾巴拉迪（Mohamed ElBaradei, 1942-? A.D.）甚至稱：「有30個國家，在三個月內就可以迅速生產核子武器的能力。」可見，現代戰爭不爆發則已，一爆發就有可能世界毀滅。

第二節　人性的慾望

人類之自然屬性，也就是動物性的求生本能，乃因生存需求而形成的私慾，又因求生過程中，食物獲得不易，甚至長期饑寒，故當食物獲得時，就不只是溫飽而已，還會希望越多越好，才會感到安心，以致產生慾望無窮的現象，它並沒有善惡之分。善惡之區別，在於取得生存之需時，符不符合人類之社會屬性，它是人類文明的象徵，也就是社會的道德觀念，符合即為善，如君子愛財取之有道；不符合即為惡，如小人愛財不擇手段。而在滿足生存之需後，還會發生為惡現象，便是自然屬性太過於強烈，不為社會屬性所約束，也就是人性中太過於慾望無窮，最終想要蛇吞象，自然爭奪不斷，從佛洛伊德心理學的觀點說，這便是不健全的人格。

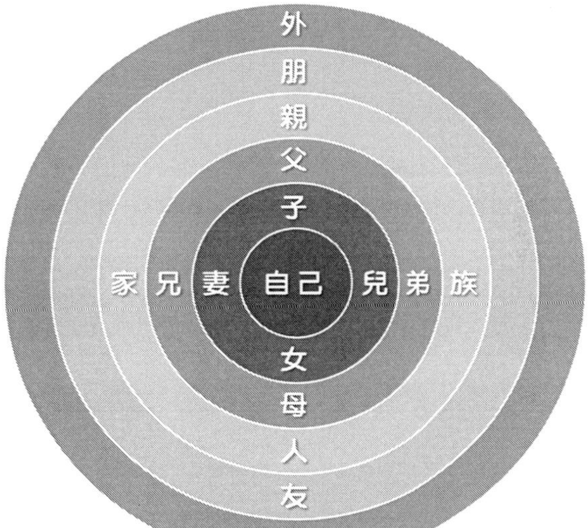

人類私性層次圖
圖片來源：作者自製

人類之私慾，如層次圖，乃由內而外，首

先是自身的利益為第一優先，接著大概是子女妻兒、父母兄弟、親人家族，以及朋友、外人等依序的關注，縱然兄弟有仇，然在面對外來的敵人時，還是打虎抓賊親兄弟的團結一起。人類雖有施捨、救濟，甚至捨身取義的善舉，也是因價值觀（values idea）所致。有的人在乎財富、權力、名位等價值觀念，或是真、善、美、忠、孝、節、義、誠實等道德觀念，該等觀念皆會引發追求的行為，而這種行為，則建立在自身利益的基礎上，如想獲得名望，千秋萬載受人敬仰。文天祥（1236 年－1283 年），宋亡後於五坡嶺兵敗被俘，為何寧死也不願降，乃因想要「人生自古誰無死？留取丹心照汗青」留名，千秋萬載受人敬仰。

第三節 人性的惻隱

〝母愛〞雖是天性，然牠也是建立在私性的基礎上，隨著物種進化而形成。由於各種物種在進化之初，需要適應環境而生存，容易造成大量死亡，因此物種為自身的生命能延續下去，故當生命受到威脅時，便會大量繁延並保護下一代，如植物之番荔枝，又稱釋迦。當牠認為生命受到威脅，便會刺激枝條重新萌芽並開花結果。這種現象，隨著物種的演變，最終進化成可為保護幼兒而犧牲自身生命的母愛，如動物之章魚。在茫茫的海洋中，章魚媽媽為養育兒女付出最大犧牲的母愛，其一生僅有一次交配機會，便會因守護幼兒出生後衰竭而亡。當章魚完成交配後，便會在數天內產下大約 2~10 萬枚卵，這些卵像串串葡萄般，懸掛在岩洞巢穴頂部，章魚媽媽則躲在巢穴中，寸步不離地守護著尚未孵化的寶寶，並輕輕撥動海水，讓卵可以接觸流動的新鮮海水，順便驅除卵上的寄生蟲。這些章魚卵的孵化過程，可能長達 2~8 個月，在此期間章魚媽媽完全沒有時間、沒有機會進食。所以，當章魚寶寶全部孵化，章魚媽媽便用力晃動海水，把孩子推向海洋後，便因氣力用盡而死亡。

這種母愛，因人類社會屬性的形成，而加以擴展成〝愛己及人〞的胸懷，先愛自己，愛自己的小孩，愛自己的親人，以致到愛護眾生的德行，進而〝世界大同〞，這就是孟子所謂的：「見孺子入井，惻隱之心油然而生。」的原因。但這不是人類自然屬性在先天的〝性善〞，也就是說孟子所主張的〝性善說〞非人類的本性，因它還是建立在私性的基礎上，雖擴展成愛己及人，但也因〝世界大同〞對人類、對親人、對自己皆有利。

至於〝親情〞，則因人類是群居族群，長期生活在一起，相互依存，互相取暖的需求。如小孩需要父母的呵護養育，父母則需要小孩心靈的慰藉，看到自己生命的延續，後繼有人並可以奉承。如像〝人猿泰山〞，他的親情是養育他的〝猩猩〞，不是拋棄他的親生父母，誠如俗話所說：「養育之恩大於天」，這就是說養育的父母，其恩惠比親生父母還要大，親情也自然比較濃厚。兄弟姊妹之間則需要彼此關照與安慰，相互扶持的需求。此等親情皆建立在私性的基礎上。可見，從人類的自然屬性言，人類的先天本性，就是〝性私〞，也就是〝求生本能〞。然要說其善惡，必須加上人類的社會屬性才可以論斷，符合當時的社會道德標準者，即是〝善〞；不符合當時的社會道德標準者，即是〝惡〞。

綜上所說，人類自誕生以後，即為渾渾噩噩的世界帶來一線曙光，他挾其萬能的雙手、智慧的大腦而成為萬物之主，帶領萬物邁向文明，使未來充滿希望。而人類之所以能進化成萬物之靈，乃因生存之需求所造成，然卻因人性中的慾望無窮，以致爭奪不斷，國家更會因利益甚至發動戰爭，尤其是現代戰爭不爆發則已，一爆發就有可能造成世界毀滅。由此可見，一部人類的進化史，乃是人類求生存的過程，不管是〝家庭〞的爭吵，或是〝群族〞的爭奪，以致是〝國家〞的爭戰，皆起源於人類生存之需求，以及人性慾望之無窮所致。

因此可以歸結，從人類的自然屬性言，人類的先天本性，就是〝性私〞，也就是〝求生本能〞。然要說其善惡，必須加上人類的社會屬性才可以論斷，符合當時的社會道德標準者，即是〝善〞；不符合當時的社會道德標準者，即是〝惡〞。

第七章

結　論

本文之研究，旨在探討人性問題，嘗試融合形而上學與形而下學兩者的領域，從進化角度切入，以觀人性之堂奧。其研究的成果如下：

本文由生命的起源、人類的進化，來探討人性的形式，並確立人性是隨進化長流，逐漸由環境塑造而成。所塑出之人性，是善抑是惡呢？由於各人所處環境不同，所受影響也有所差異，個人與環境交互作用出之人性，當然也不盡相同。有生而即善、有生而即惡、有生而善惡混，全賴人類在進化過程中受環境的塑造為何及置身所處環境的狀況來決定。原則上，人性的善惡，在於表現出其對環境的適應性，適者即善，不適者即惡，然在吾人現實的生活中，適者與不適者或居中者皆有。此即目前人類本性的現況，幾百年或幾千年過後，人性是否會如國父所說的朝向〝神性〞則不可知，不過吾人現在如何去創造環境，對未來則具有決定性影響。由此可知，環境對人性形成的關鍵性。

人性雖由環境塑造而成，仍需藉行為表現，方能識得。而行為能否在環境中充分表現，又會影響人性的發展，於是人性與環境、行為三者，便構成互動的關係。環境塑造了人性，人性表現於行為；行為可改變環境，環境可控制行為；行為可制約人性，人性可影響環境。任何一方的改變，皆會引起另外二方相對應的變化，控制一方即可預測或改變其結果，這便是筆者所欲於建立之三者互動的架構理論。

然人類自誕生以後，即為渾渾噩噩的世界帶來一線曙光，他夾其萬能的雙手、智慧的大腦而成為萬物之主，帶領萬物邁向文明，使未來充滿希望。而人類之所以能進化成萬物之靈，乃因生存之需求所造成，然卻因人性中的慾望無窮，以致爭奪不斷，國家更會因利益甚至發動戰爭，尤其是現代戰爭不爆發則已，一爆發就有可能造成世界毀滅。由此可見，一部人類的進化史，乃是人類求生存的過程，不管是〝家庭〞的爭吵，或是〝群族〞的爭奪，以致是〝國家〞的爭戰，皆起源於人類生存之需求，以及人性慾望之無窮所致。

因此可以歸結，從人類的自然屬性言，人類的先天本性，就是〝性私〞，也就是〝求生本能〞。然要說其善惡，必須加上人類的社會屬性才可以論斷，符合當時的社會道德標準者，即是〝善〞；不符合當時的社會道德標準者，即是〝惡〞。

附　錄

壹、參考書目

一、中文參考書目

（一）古籍專書（按年代排序）

1. 《易經》十三經注疏第一冊，（台北：藝文印書館，1973 年）。
2. 《尚書》十三經注疏第一冊，（台北：藝文印書館，1973 年）。
3. 《詩經》十三經注疏第二冊，（台北：藝文印書館，1973 年）。
4. 《禮記》十三經注疏第五冊，（台北：藝文印書館，1973 年）。
5. 《老子》四書備要本，（台北：臺灣中華書局珍倣宋版印）。
6. 《論語》四書備要本，（台北：臺灣中華書局珍倣宋版印）。
7. 《孟子》四書備要本，（台北：臺灣中華書局珍倣宋版印）。
8. 《中庸》四書備要本，（台北：臺灣中華書局珍倣宋版印）。
9. 《墨子》四書備要本，（台北：臺灣中華書局珍倣宋版印）。
10. 《荀子》四書備要本，（台北：臺灣中華書局珍倣宋版印）。
11. 《莊子》四書備要本，（台北：臺灣中華書局珍倣宋版印）。
12. 《列子》四書備要本，（台北：臺灣中華書局珍倣宋版印）。
13. 《管子》四書備要本，（台北：臺灣中華書局珍倣宋版印）。
14. 《韓非子》四書備要本，（台北：臺灣中華書局珍倣宋版印）。

15. 《慎子》四書備要本，（台北：臺灣中華書局珍倣宋版印）。

16. 《商君書》四書備要本，（台北：臺灣中華書局珍倣宋版印）。

17. 《聖經》（香港：聖經公會印發）。

18. 司馬遷：《史記》四書備要本，（台北：臺灣中華書局珍倣宋版印）。

19. 《淮南子》四書備要本，（台北：臺灣中華書局珍倣宋版印）。

20. 《春秋繁露》四書備要本，（台北：臺灣中華書局珍倣宋版印）。

21. 《法言》四書備要本，（台北：臺灣中華書局珍倣宋版印）。

22. 《論衡》四書備要本，（台北：臺灣中華書局珍倣宋版印）。

23. 《大般涅槃經》大藏經第十二冊，（台北：新文豐出版公司印行）。

24. 《中論》大藏經第三十冊，（台北：新文豐出版公司印行）。

25. 《寶藏論》大藏經第四十五冊，（台北：新文豐出版公司印行）。

26. 《六祖壇經箋註》，（台北：天華出版公司印行）。

27. 《韓昌黎全集》四書備要本，（台北：臺灣中華書局珍倣宋版印）。

28. 《李文公集》四部叢刊正編，（台北：臺灣商務印書館印行）。

29. 《周子通書》四書備要本，（台北：臺灣中華書局珍倣宋版印）。

30. 《太極圖說》四書備要本，（台北：臺灣中華書局珍倣宋版印）。

31. 《皇極經世》四書備要本，（台北：臺灣中華書局珍倣宋版印）。

32. 《張子全書》四書備要本，（台北：臺灣中華書局珍倣宋版印）。

33. 《二程全書》四書備要本，（台北：臺灣中華書局珍倣宋版印）。

34. 《臨川全集》四書備要本，（台北：臺灣中華書局珍倣宋版印）。

35. 《朱子大全》四書備要本，（台北：臺灣中華書局珍倣宋版印）。

36. 《朱子語類》四書備要本，（台北：臺灣中華書局珍倣宋版印）。

37. 《象山全集》四書備要本，（台北：臺灣中華書局珍倣宋版印）。

38. 《陽明全書》四書備要本，（台北：臺灣中華書局珍倣宋版印）。

39. 《戴東原集》四書備要本，（台北：臺灣中華書局珍倣宋版印）。

40. 戴震：《孟子字義疏證》，（台北：廣文書局，1978 年）。

41. 黃宗羲：《宋元學案》四書備要本，（台北：臺灣中華書局珍倣宋版印）。

42. 康有為：《大同書》，（香港：長興書局鉛印本）。

43. 譚嗣同：《譚嗣同全集》，（北京：三聯書店，1954 年）。

（二）現代專書（按筆畫排序）

1. 山羽儀兵著、陶秉珍譯：《植物學通論》，（台北：正中書局，1959 年）。

2. 尤玉柱：《史前考古埋藏學概論》，（北京：文物出版社，1989 年）。

3. 牛實為：《人性是甚麼》，（台北：老古文化事業公司，1993 年）。

4. 王臣瑞：《倫理學》，（台北：臺灣學生書局，1991 年）。

5. 王元明：《人性的探索》，（天津：南開大學出版社，1993 年）。

6. 史基納（Burrhus Fredric Skinner）著、文榮光譯：《行為主義的烏托邦》，（台北：志文出版社，1990 年）。

7. 史蒂文森（Leslie Stevenson）著、袁榮生、張蘗生合譯：《人性與人性七說》，（香港：香港商務印書館，1991 年）。

8. 田弘茂主編、胡祖慶譯：《政治經濟學導論》，（台北：五南圖書公司，1993 年）。

9. 北京大學哲學系與外國哲學史教研室編譯：《古希臘羅馬哲學》，（北京：中國商務印書館，1961 年）。

10. 布朗諾斯基（J. Bronowski）著；徐興、呂應鐘合譯：《人類文明的演進》，（台北：世界文物出版社，1975 年）。

11. 西爾格德（Emes R,Hilgard etc.）等著；張東峰等譯：《心理學》，（台北：桂冠圖書公司，1989 年）。

12. 艾西摩夫（Issac Asimov）著、牛頓翻譯中心譯：《最新科學入門》，（台北：牛頓出版公司，1992 年）。

13. 牟宗三：《道德的理想主義》，（台北：臺灣學生書局，1992 年）。

14. 牟宗三譯註：《康德的道德哲學》，（台北：臺灣學生書局，1992 年）。

15. 李大釗：《李大釗選集》，（北京：人民出版社，1959 年）。

16. 李霜青：《人生哲學導論》，（台北：五洲出版社，1987 年）。

17. 李澤厚：《批判哲學的批判》，（台北：風雲時代出版公司，1990 年）。

18. 呂俊甫：《發展心理與教育》，（台北：臺灣商務印書館，1991 年）。

19. 吳襄：《生理學大綱》，（台北：正中書局，1959 年）。

20. 卓播英：《現代西洋教育思想》，（台北：幼獅出版社，1976 年）。

21. 周世輔：《中國哲學史》，（台北：三民書局，1990 年）。

22. 祁致賢：《人理學》，（台北：遠流出版公司，1992 年）。

23. 金岳霖：《論道》，（北京：中國商務印書館，1985 年）。

24. 金祖孟：《地球科學概論》，（台北：五南圖書公司，1992 年）。

25. 胡適：《胡適文存》，（台北：遠東圖書公司，1953 年）。

26. 馬克思、恩格斯合著、馬克思、恩格斯、列寧、斯大林著作編譯局編譯：《馬克思恩格斯全集》，（北京：人民出版社，1979 年）。

27. 威爾都蘭（Will Durant）著；楊蔭渭、楊蔭鴻合譯：《西方哲學史話》，（台北：河洛圖書出版社，1979 年）。

28. 威柏爾（Alfred Weber）、柏雷（Prof.R.B.Perry）合著：《西洋哲學史》，（台北：水牛出版社，1989 年）。

29. 苗力田主編：《古希臘哲學》，（北京：中國人民大學出版社，1989 年）。

30. 孫中山：《國父全集》，（中國國民黨中央黨史史料編纂委員會編輯台北：中央文物供應社，1961 年）。

31. 孫邦正、鄒季婉合著：《教育心理學》，（台北：臺灣商務印書館，1976 年）。

32. 孫邦正：《教育概論》，（台北：臺灣商務印書館，1980 年）。

33. 倉孝和：《自然科學史簡編》，（北京：北京出版社，1988 年）。

34. 唐君毅：《中國哲學原論原性篇》，（台北：臺灣學生書局，1989 年）。

35. 徐復觀：《中國人性論史》，（台北：臺灣商務印書館，1990 年）。

36. 陳立夫：《生之原理》，（台北：正中書局，1959 年）。

37. 高廣孚：《杜威教育思想》，（台北：水牛圖書公司，1991 年）。

38. 高廣孚：《哲學概論》，（台北：五南圖書公司，民 1991 年）。

39. 麥克威特兄弟著、時報文化出版公司譯：《世界紀錄大典》，（台北：時報文化出版公司，1976 年）。

40. 黃雲生：《王充教育思想論》，（高雄：復文圖書出版社，1985 年）。

41. 基辛（R. keesing）著；張恭啟、于嘉雲合譯：《文化人類學》，（台北：巨流圖書公司，1989 年）。

42. 基辛（R. keesing）著；張恭啟、于嘉雲合譯：《人類學緒論》，（台北：巨流圖書公司，1989 年）。

43. 傅偉勳：《西洋哲學史》，（台北：三民書局，1990 年）。

44. 飯塚啟著、嵇聯晉譯：《普通動物學》，（台北：正中書局，1959 年）。

45. 惠格納（Alfrod Wogonor）著、沐紹良譯：《大陸移動論》，（台北：臺灣商務印書館，1983 年）。

46. 張春興：《心理學》，（台北：臺灣東華書局，1985 年）。

47. 張華葆：《社會心理學》，（台北：三民書局，1987 年）。

48. 張振東：《西洋哲學導論》，（台北：臺灣學生書局，1989 年）。

49. 張春興、楊國樞合著：《心理學》，（台北：三民書局，1992 年）。

50. 張宏生、谷春德合編；吳博文整理：《西洋法律思想史》，（台北：漢興書局，1993 年）。

51. 勞思光：《新編中國哲學史》，（台北：三民書局，1991 年）。

52. 馮友蘭：《中國現代哲學史》，（香港：中華書局，1992 年）。

53. 鄒謙：《教育心理學》，（台北：正中書局，1970 年）。

54. 達爾文：《物種起源》中譯本，（北京：科學出版社，1972 年）。

55. 達爾文著；潘光旦、胡壽文合譯：《人類的由來》，（北京：中國商務印書館，1983 年）。

56. 楊希震纂：《國父思想》，（台北：建華印書公司，1972 年）。

57. 楊鶴皋主編、吳博文整理：《中國法律思想史》，（台北：漢興書局，1993 年）。

58. 董承文：《孔孟荀教育思想》，（高雄：復文圖書出版社，1987 年）。

59. 賈馥茗主編：《經驗與教育》，（台北：五南圖書公司，1992 年）。

60. 鄔昆如：《西洋哲學史》，（台北：國立編譯館，1991 年）。

61. 鄔昆如：《倫理學》，（台北：五南圖書公司，1993 年）。

62. 熊十力：《體用論》，（台北：臺灣學生書局，1976 年）。

63. 德斯伯里（D. A. Dewsbury）、雷斯林沙弗（D. A. Rethlingshafer）合著；邵郊等譯：《比較心理學》，（北京：科學出版社，1984 年）。

64. 對伏海：《西方倫理思想主要學派概論》，（湖南：湖南師範大學出版社，1992 年）。

65. 摩爾（John M.Moore）、爾歐森（Ingrith olren）合編；孫克勤譯：《最新生物學》，（台北：徐氏基金會，1979 年）。

66. 鄭公玄：《人性論》，（台北：中國文化大學出版部，1987 年）。

67. 盧梭：《社會契約論》中譯本，（北京：中國商務印書館，1980 年）。

68. 盧梭：《論人類不平等的起源和基礎》中譯本，（北京：中國商務印書館，1982 年）。

69. 魯迅：《魯迅全集》，（上海：人民文學出版社，1981 年）。

70. 蔣中正著、張其昀主編：《蔣總統全集》，（台北：國防研究院、中華大典編印會，1968 年）。

71. 薩孟武：《社會科學概論》，（台北：三民書局，1989 年）。

72. 蔡元培著：《蔡元培全集》（台南：王家出版社，1968 年）。

73. 蔡仁厚：《中國哲學史大綱》，（台北：臺灣學生書局，1988 年）。

74. 蔡輝龍：《力行哲學與現代教育思潮》，（高雄：復文出版社，1990 年）。

75. 蔡文輝：《社會學》，（台北：三民書局，1991 年）。

76. 錢穆：《中國近三百年學術史》，（北京：中華書局，1989 年）。

77. 賴永海：《中國佛性論》，（高雄：佛光出版社，1990 年）。

78. 鄺士元：《中國學術思想史》，（香港：波文書局，1983 年）。

79. 龍冠海：《社會學》，（台北：三民書局，1989 年）。

80. 瞿海源：《社會心理學新論》，（台北：巨流圖書公司，民 1991 年）。

81. 魏爾森（Edward O.Wilson）著、宋文里譯：《人類本性原論》，（台北：桂冠圖書公司，1992 年）。

82. 羅香林：《中國通史》，（台北：正中書局，1971 年）。

83. 譚正璧：《國學概論新編》，（台北：河洛圖書出版社，1978 年）。

84. Falix Haurowiti 著、程崇道譯：《生物化學》，（台北：正中書局，1970 年）。

85. Franklin L.Baumer 著、李日章譯：《西方近代思想史》，（台北：聯經出版公司，1992 年）。

86. J.F. Donceel, S.J.著；劉費傑譯：《哲學人類學》，（台北：巨流圖書公司，1989 年）。

（三）期刊學報（按筆畫排序）

1. 王恩涌：〈人地關係的思想〉，《北京大學學報》第一期，1992 年。

2. 吳汝鈞：〈康德論善與最高善〉，《鵝湖月刊》第十七卷第六期，1991 年 12 月。

3. 羅時憲著、張丕介等編：〈六祖壇經管見〉，《香港：新亞書院學術年刊》第一期，1959 年 10 月。

（四）學位論文（按筆畫排序）

1. 鐘偉光：《龍樹緣起觀之研究》，（香港：能仁書院哲學研究所碩士論文，1983 年）。

（五）工具書資料（按筆畫排序）

1. 布魯格著、項退結譯、國立編譯館主編：《西洋哲學辭典》，（台北：華香園出版社，1992 年）。
2. 韋政通：《中國哲學辭典》，（台北：水牛出版社，1991 年）。
3. 唐鉞等：《教育大辭書》：（台北：臺灣商務印書館，1974 年）。
4. 夏征農主編：《辭海》，（上海：辭書出版社，1990 年）。
5. 慈怡主編：《佛光大辭典》，（高雄：佛光出版社，1988 年）。
6. 廖瑞銘主編：《大不列顛百科全書》中文版，（台北：丹表圖書公司，1987 年）。

（六）研究方法論（按筆畫排序）

1. 宋楚瑜：《學術論文規範》，（台北：正中書局，1977 年）。
2. 周昌忠：《西方科學方法論史》，（上海：新華書店，1986 年）。
3. 張世賢等編：《論文寫作研究》，（台北：三民書局，1983 年）。
4. 鄒公玄：《理則學與科學方法》，（台北：臺灣商務印書館，1977 年）。

二、西文參考書目（按字母排序）：

1. Alex Inkeles, What is Sociology? Englewood Cliffs. N.J. : Prentice - Hall. Alax Inkeles and David H. Smith, 1964.

2. Burrhus Frederic Skinner, Beyond Freedom and Dignity. N.Y. : Knopf, 1971.

3. Ernest R. Hilgard, Introduction to Psychology (6th ed.). N. Y. : Harcourt Brace Jovanovich, 1975.

4. John Dewey, Democracy and Education. N.Y. : Macmillan, 1916.

5. John Dewey, Experience and Education. N.Y. : Macmillan, 1938.

6. Martin Staniland, What is Political Economy? : Yale University Press, 1985.

貳、外來人名與學術名詞中英對照(按字母排序)

一、外來人名：

A

班吉納　（A.Bandura）

馬士洛　（Abraham Harold Maslow, 1908-1970 A.D.）

叔本華　（Arthur Schopenhauer, 1788-1860 A.D.）

格林克斯　（Arnold Geulincx, 1625-1669 A.D.）

劉文厚克　（Antonie Van Leeuwenhoek, 1632-1723 A.D.）

愛因斯坦　（Albert Einstein, 1879-1955 A.D.）

聖多瑪斯　（Aquinas Thomas, 1224-1274 A.D.）

亞里士多德　（Aristoteles, 384-322 B.C.）

亞諾芝曼德　（Anaximandros, 610-546 B. C.）

亞諾西姆內　（Anaximenes, 585-528 B.C.）

亞那薩哥拉　（Anaxagoras, 500-428 B.C.）

B

羅素　（Bertrand Russell, 1872-1970 A.D.）

史基納　（Burrhus Frederic Skinner, 1904-? A.D.）

居維葉　（Baron Cuvier Georges, 1769-1832 A.D.）

鮑德溫　（B.Baldwin）

蘇比諾莎　（Baruch Spinoza, 1632-1677 A.D.）

C

霍爾（Clark Leonard Hull, 1884-1952 A.D.）
莎岡（Carl Sagan）
達爾文（Charles Robert Darwin, 1809-1882 A.D.）
皮爾士（Charles Sanders Peirce, 1839-1914 A.D.）
沃爾夫（Caspar Friedrich Wolff, 1733-1794 A.D.）
勞吉士（Carl Ransom Rogers, 1902-? A.D.）
萊不尼爾（Cottfried Wilhelm Leibniz, 1646-1716 A.D.）
龐南培魯馬（Cyril Ponnamperuma）

D

休謨（David Hume, 1711-1776 A.D.）
步達生（布拉克）（Davidson Black, 1884-1934 A.D.）
德謨克利圖斯（Demokritos, 460-370 B.C.）

E

泰洛（Edward Burnett Taylor, 1832-1917 A.D.）
赫克爾（Ernst Haeckel, 1834-1919 A.D.）
巴古姆（Eiso Sterrenberg Barghoorm）
艾力遜（Erik Homburger Erikson, 1902-? A.D.）
哈特曼（Eduard Von Hartmann, 1842-1906 A.D.）
胡塞爾（Edmund Husserl, 1859-1938 A.D.）
伊比鳩魯（Epicurean, 341-270 B.C.）
恩培多列斯（Empedokles, 492-432 B.C.）
地摩忌里特氏（Empedocles, Democritus）

F

培根（Francis Bacon, 1561-1626 A.D.）

雷迪　（Francesco Redi, 1626-1697 A.D.）
浦歇　（Felix-Archimede Pouchet, 1800-1872 A.D.）
謝林（Fridrich Wilhelm Joseph Schelling, 1775-1854 A.D.）
拉采爾　（Friedrich Ratzel, 1844-1904 A.D.）

G

布豐（Georges Louis Lecler Buffon,1707-1788 A.D.）
曲衛　（Georges Baron Cuvier, 1769-1832 A.D.）
布魯諾　（Giordano Bruno, 1548-1600 A.D.）
黑格爾（Georg Wilhelm Friedrich Hegel,1770-1831 A.D.）
伽利略　（Galilea Galilei, 1564-1642 A.D.）
塞爾德　（Gilbert Seldes）
凡科尼格斯瓦（Gustav H.R. Von Koenigswald）

H

荷馬　（Homeros, 約前 9 世紀-前 8 世紀）
毛奇　（Helmuth Moltke, 1800-1891 A.D.）
柏克森　（Henri Bergson, 1859-1941 A.D.）
斯賓塞　（Herbert Spencer, 1820-1902 A.D.）
威爾斯　（Herbert George Wells, 1866-1946 A.D.）
嚇西奧　（Hesiodos）
魏森荷夫　（H.Von Weyssenhoff）
德夫里斯　（Hugo De Vries, 1848-1935 A.D.）
赫拉克利圖斯（Herakleitos, 544-484 B.C.）
巴羅斯　（H.H. Barrows 1877-1960 A.D.）

I

康德 （Immanuel Kant, 1724-1804 A.D.）

J

杜威 （John Dewey, 1859-1952 A.D.）

華生 （John Broadus Watson, 1878-1958 A.D.）

盧梭 （Jean-Jacques Rousseau, 1712-1778 A.D.）

洛克 （John Locke, 1632-1704 A.D.）

穆勒 （John Stuart Mill, 1803-1873 A.D.）

邊沁 （Jeremy Bentham, 1748-1832 A.D.）

奧羅 （Juan Oro）

拉馬克 （Jean Baptiste Pierre Antoine De Monet Lamarck, 1744 - 1829 A.D.）

費希特 （Johann Gottlieb Fichte, 1762-1814 A.D.）

皮亞傑 （Jean Piaget, 1896-1980 A.D.）

克普勒 （Johannes kepler, 1571-1630 A.D.）

孟德斯鳩 （Joseph-Francois Montesquieu, 1689-1775 A.D.）

葉里格那 （Johannes Scotus Eriugena, 810-877 A.D.）

白呂納 （Jean Brunhes, 1869-1930 A.D.）

K

雅士培 （karl Jaspers, 1883-1969 A.D.）

馬克思 （Karl Marx, 1818-1883 A.D.）

史本斯 （Kenneth Wartinbee Spence,1907-1967 A.D.）

L

李奇 （Louis Seymour Bazett Leakey, 1903-1972 A.D.）

推孟 （Lewis Madison Terman, 1877-1956 A.D.）

柯柏 （L.Kohlberg）
巴斯德 （Louis Pasteur, 1822-1895 A.D.）
路西帕斯 （Leucippus, 500-440 B.C.）
費爾巴哈 （Ludwing Feuerbach, 1804-1872 A.D.）

M

謝勒 （Max Scheler, 1874-1928 A.D.）
史立克 （Moritz Schlick, 1882-1936 A.D.）
杜布瓦 （Marie Eugene Francois Thomas Dubois, 1858-1940 A.D.）
居禮夫人 （Marie Curie, 1867-1934 A.D.）

N

奈端氏 （Newton）
哥白尼 （Nicolaus Copernicus, 1473-1543 A.D.）
馬勒伯朗士 （Nicolas Malebranche, 1638-1715 A.D.）
馬爾布蘭西 （Nicolas Malebranche, 1638-1715 A.D.）

O

奧而菲 （Orpheus）

P

柏拉圖 （Plato, 427-347 B.C.）
夏爾丹 （Pierre Teilhard Chardin, 1881-1955 A.D.）
裴拉鳩斯 （Pelagius, 約 360-約 420 A.D.）
愛比爾森 （Philip Hauge Abelson）
畢達哥拉斯 （Pythagoras, 570-469 B.C.）
普羅提諾斯 （Plotinus, 204-269 A.D.）

白蘭士　（Paul Vidal de la Blache,1845-1918 A.D.）
羅士培　（P M RoXby, 1880-1947 A.D.）

R、

達特　（Raymond Arthur Dart, 1893-? A.D.）
歐文　（Robert Owen, 1771-1858 A.D.）
布隆　（Robert Broom）
笛卡兒　（Rene Descartes, 1596-1650 A.D.）
馬利那　（Ruth Mariner）
小李奇　（Richard Leakey）

S

牛頓　（Sir Isaac Newton, 1642-1727 A.D.）
米勒　（Stanley Lloyd Miller）
宋納　（Sunner）
巴列多　（Socrates, Plato）
禮尼詩　（Spinoza, Leibniz）
蘇格拉底　（Sokrates, 470-399 B.C.）
佛洛依德　（Sigmund Freud, 1856-1939 A.D.）
阿摩紐斯　（Saccas Ammonius）
聖奧古斯丁　（St.Augustinus, 354-430 A.D.）
克里西帕斯　（Soloi chrysippus ,280-207 B.C.）
辛普爾　(Semple Ellen Churchill, 1863-1932 A.D.）

T

霍布士　（Thomas Hobbes, 1588-1679 A.D.）

泰勒士　（Thales, 624-546 B.C.）

W

默爾　（Wilbert E.Moore）

詹姆士　（William James, 1842-1910 A.D.）

葛羅斯　（Wilhelm Groth）

艾瓦瑞茲　（Walter Alvarez）

威爾杜蘭　（Will Durant, 1885-? A.D.）

麥克道格　（William Mc Dougall, 1871-1938 A.D.）

X

色諾芬尼　（Xenophanes, 570-475 B.C.）

二、學術名詞：

a

自體	（an-sich）
無明	（梵 avidya）
原質	（arche）
原子	（atoma）
腺嘌呤	（adenine）
海鞘類	（ascidians）
抗血清	（antisera）
先驗的	（a priori）
非限定	（apeiron）
動力因	（arkhe）
無界限	（apeiron）
適應論	（adaptation theory）
原子論	（atomism）
宇宙太初	（arche）
偏差行為	（abnormal behavior）
主動理性	（active reason）
南方原人	（Australopithecus Africanus）
自明之理	（axiom）
後天性環境	（a posteriori environment）
絕對非理性	（absolute unvernunft）
絕對觀念論	（absoluter idealism）

腺嘌呤核　（adenosine）

腺嘌呤核　三磷酸　（ATP）

b

有　（梵 bhava）

佛性　（梵 Buddata）

存在　（being）

行為　（behavior）

物體　（bodies）

行為論　（behavior theory）

生源論　（biogenesism）

物體的觀念　（bodies of ideas）

枝節型進化論　（branching evolution theory）

盲目的生存意欲　（blinder wille zum leben）

c

原因　（cause）

相應　（correspondence）

扣拉　（chora）

氰胺　（$CNNH_2$）

乙烷　（CH_3CH_3）

範疇　（categoria）

文化　（culture）

制約　（conditioning）

偶然的　（contingent）

批判法　（critical method）

基督教	（christianity）
認知論	（cognitive theory）
結果論	（consequentism）
溝通交往	（communication）
意識歷程	（conscious process）
交互影響	（cross impact）
批判主義	（criticism）
機會因說	（occasional cause theory）
古典制約	（classical conditioning）
認知失調	（cognitive dissonance）
先天性遺傳	（congenital heredity）
意識的動機	（conscious motive）
笛卡兒學派	（Cartesians）
克羅馬儂人	（Cro-Magnon man）
定然的律令	（categorical imperative）
細胞色素-C	（cytochrome-c）
文化的普遍性	（cultural universals）
縮環式進化論	（cycles evolution theory）
d	
延續	（dure'e）
驅力	（drive）
驅力論	（drive theory）
絕對我	（das absolute ich）
去氧核醣	（deoxyribose）

宇宙之謎（die weltratsel）
狄米奧吉（demiurge）
神即自然（deus sive natura）
文獻分析法（documentory analysis method）
辯證唯物論（dialecticus materialism）

e

以太（ether）
圓極（entelecheia）
環境（environment）
無聊（ennui）
自我（ego）
情緒（emotion）
經濟（economy）
教育（education）
形相因（eidos）
自發性（emitted）
認識論（epistemologie）
進化論（evolutionary theory）
自因存在（ens causa sui）
生命活力（elan vital）
環境刺激（environment stimulus）
環境變因（environment variables）
存在主義（existentialism）
經驗主義（empiricism）

實驗主義 （experimentalism）
真獸亞綱 （eutheria）
預期價值 （expectancy-value）
環境決定論 （environment determinism）
環境或然論 （environment probabilism）
環境適應論 （environment adaptationism）
愛斯基摩人 （Eskimo）
日光的流出 （emanation）
伊利亞學派 （Eleatic School）
本質涵蘊存在 （essence involves existence）
伊比鳩魯學派 （Epicurean School）
環境即是教育 （environment is a education）

f

化石 （fossils）
自由意志 （free will）

g

上帝（天主） （God）
花岡岩 （granite）
善、惡 （good、evil）
上帝論 （God theory）
認識你自己 （gnose seauton）
精神與壓力 （geist and drang）
意識的種粒 （grains de conscience）
上帝創生說 （God creationism）

目標導向行為　（goal-directed behavior）
目標尋求行為　（goal-seeking behavior）

h

氫　（hydrogen（H））
人性　（Human Nature）
人屬　（Homo）
物質　（hyle）
氰化氫　（hydrogen eyanide）
質料因　（hule）
人本論　（humanism）
下降之道　（hodos kato）
上昇之道　（hodos ano）
存在層級　（hierarchy of existence）
預定和諧　（harmonia Praestabilita）
快樂主義　（hedonism）
恒定作用　（homeostasis）
太陽中心說　（helio-centric theory）
需求層次論　（hierarchy of needs theory）
人與人之間是豺狼　（Homo Homini Lupus）

i

一致　（identity）
印象　（impression）
本我　（id）
本能　（instincts）

悟性 (intellectus)
誘因 (incentive)
互動（交互作用） (interactions)
模仿 (imitation)
歸納法 (inductive mehtod)
觀念論 (idealism)
火成岩 (igneous rocks)
本能論 (instinct theory)
誘因論 (incentive theory)
直覺性的 (intuition)
先天觀念 (Innate ideas)
理智能力 (intellects ability)
個體行為 (individual behavior)
無限睿智 (intellectus infinitus)
慣性定律 (inertia law)
抑制作用 (inhibition)
天體的睿智 (intelligences of spheres)

j

生 (梵 jatc)
老死 (梵 jaramarana)
自耶那 (jena)
爪哇人 (Java Man)

k

克普勒行星運動定律 (Keplers planetary motion laws)

l

理　（logos）
民生　（livelihood）
熔岩　（lava）
學習　（learning）
側鰓囊　（lateral gill pouch）
抱負水準　（level of aspiration）
生命哲學　（lebensphilosophie）
先天生命　（la previe）
邏輯實證論　（logical Positivism）

m

心靈　（minds）
物質　（matter）
世界　（mundus）
突變　（mutation）
單子　（monade）
動機　（motivation）
模示　（modeling）
格律　（maxim）
單子論　（monadologie）
動機論　（motivism　）
唯物論　（materialism）
機械論　（mechanism）
突變論　（mutation theory）

粒線體 （mitochondria）
心理歷程 （mental process）
失落環節 （missing link）
道德屬性 （moral qualities）
純粹思想 （mere thinking）
米勒學派 （Miletos School）
道德責任 （moral obligation）
相互制約 （mutual conditioning）
後獸亞綱 （metatheria）
心物二元論 （mind-body dualism）
唯物辯證法 （material discursive）
擴延屬性側面的動靜 （motion-and-rest）

n

恨 （neikos）
名色 （梵 namarupa）
精神 （nous）
睿智 （nous）
核酸 （nucleic acid）
需求 （need）
需求論 （need theory）
連結性 （necessary connection）
負性誘因 （negative incentive）
無試學習 （no-trial learning）
神經生物論 （nerve biological theory）

物競天擇說	（natural selection theory）
能產的自然	（natura naturans）
所產的自然	（natura naturata）
尼安德泰人	（Neanderthal Man）
新柏拉圖主義	（Neo-Platonism）
腺嘌呤核酸	（nucleotides）
牛頓萬有引力定律	（Newtons gravitation law）
創造而不被創造的自然	（natura quae creat et non creatur）
創造而又被創造的自然	（natura quae et creatur et creat）
不創造而被創造的自然	（natura quae creatur et non creat）
既不創造又不被創造的自然	（natura quae nec creat nec creatur）

O

氧	（oxygen（O））
對象	（object）
原罪	（original sin）
本體論	（ontology）
操作制約	（operant conditioning）
觀察學習	（observational learning）
紅杆月見草	（oenothera lamarckiana）
客觀觀念論	（objective idealism）

客觀道德律	（objective moral law）
p	
蛾	（Peppered moth）
愛	（philia）
知覺	（perception）
限定	（peras）
自然	（physis）
分有	（participations）
作為	（performance）
刑法	（penal law）
現象學	（phanomenologie）
汎神論	（pantheism）
限定論	（peras theory）
蛋白質	（protein）
北京人	（Peking Man）
保護色	（protective coloration）
行為傾向	（propensity）
正性誘因	（positive incentive）
個人變因	（personal variables）
原始動機	（primitive motive）
利群行為	（prosocial behavior）
內在活力	（previe）
永恆靈火	（pyr aeizoon）
原獸亞綱	（prototheria）

悲觀主義者 （pessimist）
心理分析論 （psychoanalytic theory）
萬物流轉說 （panta rhei theory）
宇宙整體的範型 （pattern of the entive universe）
畢達哥拉斯學派 （Pythagoras School）
自我導向的潛力 （potential of self-direction）

q

量 （quantity）

r

反應 （response）
根原 （rhizomata）
反省 （reflection）
推理 （reasoning）
核醣 （ribose）
理性 （ratio）
法治 （rule by law）
理性論 （rationalism）
強化物 （reinforcer）
強化作用 （reinforcement）
修正動機 （revise motive）
定常系列 （regular sequence）
理性主義 （rationalism）

s

觸 （梵 spaysa）
行 （梵 samskara）
六處 （梵 sad ayatana）

感覺	（sensation）
覺性	（sensibilitas）
本體	（substance）
標準	（social standard）
自尊	（self-esteem）
缺如	（steresis）
變成	（se fait）
超我	（superego）
塑造	（shaping）
約束性	（sanctioned）
社會人	（Social Mans）
詭異論	（sophistes）
沈積岩	（sedimentary rocks）
光之缺如	（steresis）
自我實現	（self-actualization）
自我意識	（self-conscious）
自動自發	（spontaneitat des ich）
兩棲動物	（sozobranchia）
現代人類	（Sapiens Homo）
詭辯學派	（Sophistes）
自我調適	（self-accomodation）
社會性行為	（sociality behavior）
自然發生說	（spontaneous theory）
主觀觀念論	（subjective idealism）
斯多亞學派	（Stoic School）
刺激與反應	（Stimulus and response）

主觀道德律　（swbjektiver moral law）
單直線進化論　（simple rectilinear evolution theory）
階段式進化論　（stages evolution theory）

t

愛　（梵 trsna）
上帝　（theos）
太一　（the one）
白紙　（tabula rasa）
觀照　（theoria）
自同　（tauton）
他異　（thateron）
三葉蟲　（trilobites）
大浩劫　（the great dying）
混合物　（to meikton）
目的因　（telos）
目的論　（teleologie）
模示者　（the model）
宇宙面貌　（the face of the universe）
數的法則　（the law of number）
世界靈魂　（the world-soul）
學習意志　（the will to learh）
心靈總括系統　（the total system of minds）
物體總括系統　（the total system of bodies）
綜合演化理論　（the synthetic theory of evolution）
感覺持久的可能性　（the permanent possibility of sensations）

u

取	（梵 upadana）
單一	（unity）
潛意識	（unconscious）
潛意識論	（unconscious theory）
潛意識動機	（unconscious motive）
潛意識歷程	（unconscious process）
被普遍認識的	（universally recognized）
不等速進化論	（unegual rates evolution theory）

v

識	（梵 vijnana）
受	（梵 vedana）
轉變論	（variationism）
生機論	（vitalism）
可檢證性	（verificability）
價值觀念	（values idea）
德即是知	（virtue is knowledge）

w

水	（water（H_2O））
意欲	（wille）

國家圖書館出版品預行編目（CIP）資料

人性新論／蔡輝振　著－初版－
臺中市：天空數位圖書　2023.04
版面：17 公分 X 23 公分
ISBN：978-626-7161-59-3（平裝）
1.人性 2.善惡 3.性私 4.生命由來 5.自然屬性 6.社會屬性
191.6　112005227

書　　名：人性新論
發 行 人：蔡輝振
出 版 者：天空數位圖書有限公司
作　　者：蔡輝振
版面編輯：採編組
美工設計：設計組
出版日期：2023年04月（初版）
銀行名稱：合作金庫銀行南臺中分行
銀行帳戶：天空數位圖書有限公司
銀行帳號：006-1070717811498
郵政帳戶：天空數位圖書有限公司
劃撥帳號：22670142
定　　價：新臺幣680元整
電子書發明專利第　I　306564 號
※如有缺頁、破損等請寄回更換

TEL　：(04)22623893
FAX　：(04)22623863　MOB：0900602919
E-mail：familysky@familysky.com.tw
Https　://www.familysky.com.tw/
地　址：台中市南區忠明南路 787 號 30 樓國王大樓
No.787-30, Zhongming S. Rd., South District, Taichung City 402, Taiwan (R.O.C.)